THE AI가 묻고 미래가 답하다

THE AI가 묻고 미래가 답하다

AI는 어떻게 세상을 다시 설계하는가?

THE AI 창간 5주년 기획

김동원, 구아현, 유덕규 지음 | 황민수 기획

THE Ai BM 황금부엉이

추천의 말

AI의 현재와 미래를 깊이 있게 이해하고자 한다면 이 책을 꼭 읽어보길 권한다. AI가 적용될 수 있는 전 분야를 폭넓게 다루되, 각 주제를 국내외 전문가와의 심도 있는 인터뷰를 통해 생생하게 전달하고 있다. 특히 AI 에이전트가 단순한 업무 자동화를 넘어 인간과 어떤 방식으로 협업하고, 그 결과 조직의 역량을 어떻게 근본적으로 재편하는지를 구체적 사례를 통해 설득력 있게 보여준다. 아울러 AI가 기술적 도구를 넘어 산업과 사회 전반을 혁신하고, 미래를 주도하는 핵심 동력으로 자리매김해 가는 과정을 통찰력 있게 조망한다.
에이전틱(Agentic) AI 시대를 살아가는 우리에게 이 책은, 마치 미래에서 온 귀중한 안내서와도 같다.

배경훈 과학기술정보통신부 장관

정부의 디지털 뉴딜과 K-디지털 전략을 추진해 온 입장에서, 이 책은 우리나라 AI 산업 발전의 현주소를 정확히 진단하고, 미래 방향을 제시하는 소중한 자료다. 에이전트, 피지컬 AI, LLM 등 핵심 기술부터 각 산업 분야의 디지털 전환 사례까지, AI의 현재와 미래를 체계적으로 담아낸 의미 있는 성과물이다.
특히 기술 발전과 더불어 AI 안전성에 대한 균형 잡힌 시각을 제시한 점이 인상적이다. 이는 NIPA가 추진하는 '신뢰할 수 있는 AI' 정책 방향과도 완전히 일치한다. 현장 전문가들의 생생한 경험과 통찰이 담긴 이 책이 우리나라 AI 생태계 발전과 산업 혁신을 이끄는 실질적인 가이드가 되리라 확신한다.
한국이 AI 강국으로 도약하기 위해서는 기술개발뿐 아니라 산업 전반의 AI 활용 확산이 필수적이다. 이 시점에 AI 전문가들의 지혜를 한데 모은 이 책의 출간을 진심으로 축하하며, NIPA 원장으로서 강력히 추천한다.

박윤규 정보통신산업진흥원장

75인의 국내외 AI 전문가들이 전하는 생생한 목소리를 통해, 우리는 AI 기술의 진짜 현주소와 미래의 방향을 가늠할 수 있다. 기술적 통찰과 산업 현장의 현실이 절묘하게 어우러진 이 책은, 우리 사회가 AI 시대를 어떻게 준비해야 하는지에 대한 훌륭한 나침반이 될 것이다. 한국 AI 연구의 흐름을 지켜본 연구자로서, 이 기록이 우리나라 AI 발전사의 중요한 이정표가 될 것이라고 확신한다. AI의 본질을 꿰뚫고 싶다면 반드시 읽어야 할 책이다. 저자의 기획력과 실행력에 깊은 존경을 담아 추천한다.

김진형 KAIST 명예교수/한국 1세대 AI 연구자

들어가며

패러다임 전환의 기로에서

2025년 3월, 스페인 바르셀로나 MWC 현장에서 기술이 인식을 뒤집는 순간을 목격했습니다. HONOR의 혁신적 디스플레이 기술, 샤오미의 자율주행 전기차 SU7. 중국은 더 이상 '모방자'가 아니었습니다. 같은 시기 오픈AI가 공개한 박사급 AI 에이전트는 월 2만 달러의 가격표를 달고 인간 전문가를 대체하기 시작했습니다.

세계는 이미 새로운 게임의 규칙을 쓰고 있습니다. 미국은 기술 수출 규제로 패권을 지키고, 중국은 자체 초거대 AI로 기술 자립을 가속화하고 있습니다. 유럽은 AI 거버넌스를, 일본과 대만은 반도체 생태계를 중심으로 각자의 전략을 구축해 나가고 있습니다.

한국의 현실 진단

그렇다면 우리는 어디에 서 있는가?

냉정한 현실은 이렇습니다. 우리는 아직 글로벌 경쟁력을 갖춘 초거대 언어모델도, 차세대 AI 반도체 기술도 보유하지 못했습니다. 산업의 AI 전환은 초기 단계에 머물러 있고, 풍부한 산업 데이터를 AI 가치로 전환하는 역량은 여전히 부족합니다.

하지만 절망할 이유는 없습니다. 오히려 기회가 더 큽니다.

소버린 AI, 새로운 가능성

이재명 정부의 'AI 대전환(AX)' 전략은 한국 AI 정책사에 분수령이 될 것입니다. AI미래기획수석 신설과 5년간 100조 원 투자 계획은 단순한 정책 선언을 넘어, 국가 차원의 패러다임 전환 의지를 보여주는 것입니다.

핵심은 '소버린 AI' 전략입니다. 범용 AI 경쟁에서 후발주자라면, 우리만의 강점 영역에서 게임체인저가 돼야 합니다. 세계 최고 수준의 의료, 조선, 반도체, 에너지 데이터를 활용한 도메인 특화 파운데이션 모델 개발. 이것이 우리가 AI 강국으로 도약할 가장 현실적이면서도 효과적인 경로일 것입니다.

기술이 아닌 사람이 중심이다

AI 시대의 진정한 경쟁력은 얼마나 많은 기술을 보유했느냐가 아니라, 얼마나 현명하게 활용하느냐에 달려 있습니다. 그 중심에는 기술이 아닌 사람이 있습니다. 준비된 국민이 많을수록 국가는 더 강해집니다.

이 책이 제시하는 길

THE AI는 지난 5년간 기술 최전선에서 인간의 미래를 고민해 왔습니다. 이 책은 국내외 AI 석학들과 실무 전문가들의 통찰을 통해, 기술과 사회가 만나는 접점에서 우리가 선택해야 할 방향을 제시합니다. 지금 우리에게 필요한 것은 기술에 대한 맹목적 찬사도 막연한 공포도 아닙니다. 깊이 있는 이해와 전략적 사고, 그리고 현명한 실행입니다.

바쁜 일정에도 불구하고 소중한 시간을 내어 인터뷰에 응해주신 모든 석학께 깊은 감사를 드립니다. 힘든 여정에 즐겁게 함께해 준 김동원, 구아현, 유덕규 기자에게도 고마움을 전합니다.

그리고 지난 5년간 THE AI와 함께해 온 독자 여러분께 진심으로 감사드리며, 이 책이 새로운 시대를 항해하는 나침반이 되기를 소망합니다.

2025년 7월 광화문에서
THE AI 대표이사 황민수

인공지능 1세대

우리는 인공지능 1세대입니다.

사실 AI 기술 자체는 새로운 것이 아닙니다. 1950년대 앨런 튜링이 기계의 사고 능력을 논했고, 1990년대에는 IBM의 딥블루가 체스 세계 챔피언을 이겼습니다. 수십 년간 과학자들이 묵묵히 쌓아온 기술의 산물입니다.

하지만 중요한 건 활용입니다. 과거의 AI는 연구실에 갇혀 있거나 특정 기업을 위해 제한된 용도로만 사용됐습니다. 일반인에게는 먼 미래의 이야기였죠. 그런데 2022년 말 챗GPT가 등장하면서 모든 것이 바뀌었습니다. 누구나 스마트폰이나 PC만 있으면 AI와 대화할 수 있게 됐습니다. 복잡한 지식도, 비싼 장비도 필요 없습니다.

지금 우리 일상은 어떨까요? 아침엔 AI에게 일정을 정리해 달라고 부탁하고, 회사에선 AI가 작성한 이메일 초안을 다듬습니다. 프로그래밍을 모르는 사람도 AI로 앱을 만들고, 외국어를 못하는 사람도 AI 번역으로 해외 고객과 비즈니스를 합니다.

불과 3년 전만 해도 공상과학 영화에서나 볼 수 있던 장면이 이제는 당연한 일상이 되었습니다. 후손들이 역사를 돌아볼 때, 우리는 'AI 시대의 시작을 함께한 세대'로 기록될 것입니다. 우리가 지금 AI를 어떻게 사용하느냐에 따라 향후 인류와 AI의 관계가 결정될 것입니다.

무너지는 인간의 영역

하지만 인간은 늘 오만합니다.

생성형 AI가 처음 공개되었을 때, 전문가들은 성급하게 미래를 예측했습니다. 'AI로 대체될 직업', '절대 대체되지 않을 직업' 목록이 쏟아져 나왔습니다. 단순 반복 업무는 사라지겠지만, 창의성과 고도의 전문성이 필요한 분야는 인간의 고유 영역으로 남을 것이라고 했습니다.

특히 창작 분야에 대한 확신은 절대적이었습니다. 2022년 초만 해도 전문가들은 AI가 창작 영역에 진출하기까지 최소 10년은 걸릴 것으로 예측했습니다. 그림, 음악, 소설은 인간만의 감성과 상상력이 필요한 절대 영역이라고 여겨졌으니까요.

현실은 모든 예측을 산산조각 냈습니다.

2022년 8월, AI가 그린 〈스페이스 오페라 극장〉이 콜로라도 주립박람회 디지털 아트 부문에서 1등을 차지했습니다. AI가 작곡한 팝송이 스포티파이 차트 상위권에 올랐고, AI가 쓴 소설이 일본 문학상 1차 심사를 통과

했습니다. 놀라운 것은 이런 변화가 기존 예측보다 훨씬 빨리 일어났다는 점입니다. 10년이 걸릴 것이라던 변화가 1년 만에 일어났습니다. 우리가 '절대 불가능하다'라고 확신했던 일들이 하나씩 무너지고 있습니다.

선택의 순간

역사는 명확한 교훈을 줍니다.

기술 변화에 적응한 이들은 살아남았고, 그렇지 못한 이들은 사라졌습니다. 자동차가 등장했을 때 마부라는 직업은 변화를 겪었습니다. 일부는 운전기사나 자동차 정비사로 바뀌었지만, 변화를 거부한 이들은 직업을 잃는 어려움을 겪었습니다. 카메라가 등장했을 때도 인물을 그리던 화가들은 직업의 변화를 겪어야 했습니다.

지금 우리에게도 같은 선택의 순간이 왔습니다.

AI와 함께 일하는 방법을 배울 것인가, 아니면 과거로 돌아가려 할 것인가? AI를 적으로 보거나 맹목적으로 거부하자는 게 아닙니다. 중요한 것은 이 강력한 기술을 우리의 파트너로 만드는 것입니다. 계산기가 수학자를 없애지 못했듯이, AI도 우리가 어떻게 활용하느냐에 따라 위협이 될 수도, 최고의 동반자가 될 수도 있습니다.

인공지능 1세대에게

이 책은 AI를 맹목적으로 찬양하거나 무작정 두려워하자고 이야기하지 않습니다. AI 기술을 정확히 이해하고, 우리의 앞날을 준비하자는 제안입니다.

THE AI는 그 변화에 앞장선 이들을 취재했습니다. 사실 AI 산업은 1년 앞도 예상하기 어려울 정도로 기술 발전이 빠릅니다. 그 전망을 제시할 수 있는 사람은 지금 AI 기술을 연구하거나 적용하고 있는 이들일 것이라고 생각했습니다.

이 책에는 다양한 글로벌 AI 전문가와 AX 전문가가 등장합니다. 이들은 현재의 '실제' AI 이야기를 들려줍니다. 변화는 이미 시작되었습니다. 이제 우리가 그 변화에 어떻게 대응할지 결정할 차례입니다. 이 책의 이야기가 그 변화에 도움을 줄 수 있길 기대합니다.

이 책에 참여해 주신 모든 취재원께 감사의 인사를 드립니다. 공유해 준 인사이트를 토대로 원활하게 책을 완성할 수 있었습니다. 함께 취재하고 글을 완성해 준 구아현, 유덕규 기자에게도 감사를 전합니다. 또 이 책의 마침표를 찍을 수 있게 도와주신 THE AI 황민수 대표님과 황금부엉이 출판사 임직원, PR 관계자들께도 감사드립니다.

끝으로 이 책을 펼친 독자들의 AI 이야기를 언젠가 취재할 수 있기를 간절히 소망합니다.

대표 저자, THE AI 편집장 김동원

차례

추천의 말   4
들어가며   6

PART 1
AI 현재와 미래

1
AI 에이전트

01   **4,500년 시간 절감, AI 에이전트의 진짜 힘**
디팍 싱 AWS 개발자 에이전트 및 경험 부문 부사장   27

02   **AI 에이전트 고용, 기업 생존 전략**
존 쿠세라 세일즈포스 제품관리 수석부사장   32

03   **AI 에이전트를 동료로 맞이하는 법**
세바스찬 슈뢰텔 유아이패스 제품총괄 부사장   37

04   **돈 버는 AI vs 잠자는 인간, 웹 3.0 시대 생존 방법**
김민현 커먼컴퓨터 대표   42

05   **AI 에이전트로 구성된 '어벤져스'가 온다**
김기응 국가AI연구거점센터장   47

2 피지컬 AI

06 로봇과 일하는 방법
제임스 데이비슨 테라다인로보틱스 CAIO 55

07 로봇도 인턴 과정을 거쳐야 한다
마니쉬 쿠마 다쏘시스템 솔리드웍스 CEO 60

08 AI의 마지막 퍼즐, 피지컬 AI
장병탁 서울대 AI 연구원장 65

09 로봇, 도구에서 동반자로
강경태, 고민삼 한양대에리카 교수 69

10 로봇이 스마트폰처럼 되는 세상
김용재 위로보틱스 대표 73

3 LLM, sLLM

11 산업형 LLM의 교과서, 엑사원
최정규 LG AI연구원 랩장 81

12 AI의 실전 동력, sLLM
김동환 포티투마루 대표 87

13 LLM과 글쓰기
이민아 시카고대 교수 92

4 일상 AI

14 BTS, 뇌가 전하는 목소리
이성환 고려대 교수 99

15 나는 AI랑 논다
박규병 튜닙 대표 104

16 모든 PC는 'AI PC'가 된다
박승재 인텔코리아 상무 108

PART 2
AI 준비(AI와 동행 방안)

1
AI 정책

17 한국 AI, 숨 좀 쉬자
    이준석 의원 **119**

18 AI 정책, 지도를 펴라
    이해민 의원 **124**

19 AI, 누구를 위한 것인가
    조경현 뉴욕대 교수 **129**

2
AI 안전

20 진짜 무서운 건, 똑똑한 AI가 아니다
    토비 월시 뉴사우스웨일스대 교수 **138**

21 안전한 AI는 없다
    가브리엘레 마치니 MIT 박사 **143**

22 중국이 AI 잘하는 비결? 안전에 있다
    주 샤오민 퉁지대 교수 **147**

23 AI에서 발생할 안전 문제, '무한대'
    김명주 AI안전연구소장 **152**

24 모두가 중요하다면서 아무도 하지 않는다
    박지환 씽크포비엘 대표 **157**

3 교육

25 AI 시대, 교육의 본질은?
탄운셍 난양기술대 교수 **165**

26 AI 세상, 학교에 가야만 하는 이유
김봉제 서울교대 교수 **169**

27 AI 변화, 응답하라 공교육
정제영 KERIS 원장 **174**

28 퍼스트무버가 AI를 지휘한다
이지형 성균관대 교수 **178**

4 AI 인프라

29 GPU 20만 장 vs 2천 장, 한국의 반격 시나리오
김종원 GIST AI대학원장 **185**

30 GPU 독점에 맞선 또 다른 선택지
조민성 인텔코리아 이사 **190**

31 디바이스로 옮겨온 AI 칩 판도, 지금이 골든타임
이상현 성균관대 교수 **195**

32 클라우드를 넘어, 엣지로
최수혁 어드밴텍 부사장 **200**

PART 3
AX(AI로 변하는 산업)

1 제조

33 **AI, 자율 제조 실행 주체로 진화**
서영주 포항공대 교수 **209**

34 **위기의 제조업, AI로 재설계**
정운성 다쏘시스템코리아 대표 **214**

35 **AI 지능형 공장에 펼쳐진 아우라(AURA)**
지앙 파올로 바씨 다쏘시스템 고객 경험 부문 수석부사장 **219**

36 **제조 특화 AI 에이전트의 탄생**
윤성호 마키나락스 대표 **223**

37 **산업용 AI의 민주화 실현**
오병준 지멘스DISW 한국지사장 **227**

38 **사람 없이 돌아가는 공장**
채교문 슈나이더일렉트릭코리아 본부장 **232**

39 **연결로 깨어나는 지능형 공장**
권오혁 로크웰오토메이션코리아 부문장 **236**

2 의료 I

40 **의료 데이터 97%, 아직 잠들어 있다**
마크 스토에즈
GE헬스케어 인터내셔널 엔터프라이즈 솔루션 부문 사장 **243**

41 **AI에 의사 가운을 입히는 방법**
진공용 전북대 교수 **248**

42 **AI가 바꿀 의학의 미래**
노영균 한양대 교수 **253**

43 국민 모두의 나이팅게일, AI
주성훈 뷰노 CTO **258**

44 AI, 임상시험의 새 심장
박영용 제이앤피메디 CTO **263**

3 의료 II

45 AI와 유전체, 맞춤형 치료 문을 열다
알렉산더 어반 스탠퍼드대 교수 **271**

46 유전체 퍼즐을 푸는 AI, 정밀의학의 대전환
이승빈 마크로젠 CSO **275**

47 다재다능한 AI 의사가 온다
송길태 부산대 교수 **279**

48 의사의 눈과 손이 된 AI
유재준 울산과기대 교수 **283**

49 난임 AI, 저출산 극복 열쇠
김지향 분당차병원 난임센터장 **287**

4 교육

50 교육 시스템이 무너진다
김승일 모두의연구소 대표 **295**

51 교실 주도권이 바뀐다
현준우 아이스크림미디어 대표 **299**

52 AI 못 쓰면 문맹이다
김재원 엘리스그룹 대표 **303**

53 미래를 바꾸는 자, AI 챔피언
이강민 데이원컴퍼니 대표 **306**

5 국방 & 안보

54 AI 강군 육성, 지금이 전환점
유용원 의원 **313**

55 모든 무기에 AI가 탑재된다
심병섭 KAI 개발팀장 **318**

56 당신을 겨냥한 완벽한 시나리오, AI 지능형 범죄
서상덕 S2W 대표 **323**

6 물류 & 교통

57 사람 + AI + 로봇이 만든 물류혁명
남대식 인하대 교수 **331**

58 AI, 해양산업의 지속 가능한 엔진 되다
최봉준 HD현대마린솔루션 상무 **336**

59 자율주행, 인력난 해결의 핵심 인프라
이한빈 서울로보틱스 대표 **340**

7 농업

60 농업, 모든 산업의 플랫폼이 되다
성제훈 경기도농업기술원장 **347**

61 AI가 일구는 미래 농업과 축산
김영국 충남대 교수 **352**

8 예술

62 AI 창조 시대 온다
안창욱 GIST 교수 **359**

63 AI, 맞춤형 콘텐츠의 새 지평 연다
이재성 중앙대 교수 **364**

64 붓을 든 AI, 창조와 휴머니티의 경계
박은지 서울벤처대 교수 **369**

65 AI가 바꾼 영화 제작의 판도
권한슬, 조은산 감독 **374**

66⁺ AI 아티스트 8명의 남다른 이야기
현직 AI 아티스트 이야기 **379**

PART 1

AI 현재와 미래

① AI 에이전트

우리는 모두 아이언맨의 AI 비서 '자비스'를 원했다.

"금요일 일정 알려줘."
"시동 걸고, 슈트 준비해."
"비행경로 계산하고, 위협 요소 예측해."

토니 스타크 옆에는 늘 자비스가 있었다. 말만 하면 움직이고, 알아서 판단하며, 실시간으로 데이터를 분석해 판단하는 완벽한 AI 에이전트. 과거엔 그저 SF 속 이야기였다. 그런데 지금, 현실은 그 상상을 빠르게 따라잡고 있다. AI가 말을 알아듣고 원하는 글과 이미지, 영상을 만들 수 있게 된 것은 LLM 기술 발전 덕분이다.

이제 AI는 단순히 대화만 잘하는 수준을 넘어서고 있다. 스스로 움직이고, 일하고, 돈을 벌고, 다른 AI와 협업하는 단계에 진입했다. 말 한마디로 뉴스레터를 작성해 구독자에게 발송하고, 반응률을 분석해 콘텐츠 전략까지 짜는 시대. AI가 일을 '실제로' 해내는 세상, 그 중심에 바로 에이전트가 있다.

AI 에이전트는 단순한 챗봇이 아니다. 말을 이해하고, 행동으로 옮기며, 복잡한 프로세스를 스스로 기획하고 실행한다. 마케팅부터 일정관리, 보고서 작성, 데이터 수집, 자동 응답, 고객 관리까지 사람이 해야 할 일들을 빠르게 흡수하고 있다.

또 하나 중요한 점은 AI가 사람의 지시를 기다리는 시대가 끝나간다는 것이다. 지금의 AI 에이전트는 플랫폼을 가로질러 작업을 수행하고, 여러 애플리케이션과 연동하며, 다른 AI와 역할을 나누고 협력하면서 자동화된 경제 활동까지 수행한다. AI가 다른 AI에 업무를 위임하고, 인간은 그 위에서 전략을 설계하는 구조다. 우리가 '일'이라고 부르던 것들이 재정의되는 중인 것이다.

자비스처럼 말 한마디에 움직이는 AI는 더 이상 공상과학의 특권이 아니다. 이제 AI는 당신의 동료이자 파트너이며, 때론 당신 대신 일하는 존재가 되었다. 이번 장은 그 진화의 최전선에서 에이전트를 직접 개발하고, 실험하고, 현실에 도입하는 사람들의 이야기를 담았다. 자비스를 상상하며 시작한 꿈이 지금 어디까지 와 있는지, 그리고 어디로 가게 될지를 함께 살펴보자.

우리는 더 이상 자비스를 기다리지 않는다. 직접 만들고, 함께 일하기 시작했다.

디팍 싱 AWS 개발자 에이전트 및 경험 부문 부사장

4,500년 시간 절감, AI 에이전트의 진짜 힘

"쇼핑몰 장바구니 기능 만들어줘." 개발자가 한국어로 말한다. 30초 후, 화면에는 완성된 코드가 나타난다. 단위 테스트까지 마친 상태인 데다가 문서 작성과 코드 리뷰도 이미 완료돼 있다. 개발자는 확인 후 승인 버튼만 누를 뿐이다.

공상과학 영화 속 장면이 아니다. 지금 전 세계 개발자들이 경험하고 있는 현실이다. 이 변화의 중심에 있는 것이 바로 AI 에이전트다. 그리고 그 혁신을 이끄는 사람이 디팍 싱(Deepak Singh) AWS 개발자 에이전트 및 경험 부문 부사장이다. 그는 단순한 AI 도구와 진짜 AI 에이전트의 차이를 명확히 구분한다. "진정한 에이전트는 자율성과 목표 지향성을 가진 존재"라는 것이 그의 정의다.

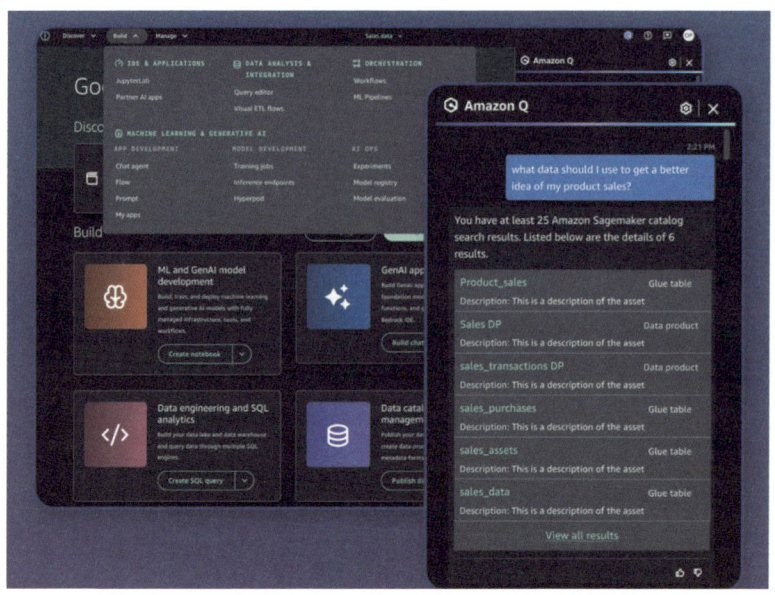

아마존 Q 디벨로퍼를 활용하면 프로젝트 데이터를 더 쉽게 이해하고 검색할 수 있으며, 팀 간 협업도 한층 더 빠르게 강화할 수 있다.

기존 AI 도구는 사용자가 모든 단계를 일일이 지시해야 했다. 하지만 에이전트는 다르다. 최종 목표만 제시하면 스스로 계획을 세우고 추론하며 문제를 해결한다. 필요할 때는 질문을 던지고, 최적의 해결책을 제안한다. 마치 경험 많은 개발자 동료가 옆에서 도와주는 것처럼 말이다. 이제 AI는 단순한 툴이 아니라 디지털 동료가 됐다.

그 위력은 수치로 입증됐다. 2024년 8월, 아마존은 자사의 아마존 Q 디벨로퍼(Amazon Q Developer) 코드 변환 기능을 통해, 3만 개의 애플리케이션을 이전 버전 자바에서 최신 버전으로 자동 업그레이드했다. 그 결과 인간이 수작업으로 했다면 4,500년이 걸렸을 개발 시간을 절약하고, 연간 약 2억 6,000만 달러의 비용을 절감했다.

고객사들도 성과를 체감하고 있다. 내셔널 오스트레일리아 은행은 AI가 제안한 코드의 절반을 그대로 사용한다. 미국 예탁결제청산공사(DTCC)는 개발 생산성이 40% 향상되었으며, 코드 결함은 30% 줄었고, 보안 점수는 5% 상승했다고 보고했다.

이런 변화를 이끈 건 '바이브 코딩(Vibe Coding)'이라는 새로운 개발 방식이다. 개발자가 자연어로 만들고 싶은 기능을 말하면, AI가 자동으로 코드와 프레임워크를 생성해 준다. 개발자는 더 이상 '무엇을 만들까'와 '어떻게 구현할까'를 동시에 고민하지 않아도 된다. '무엇을 만들고 싶은지'에만 집중하면 되는 것이다.

디팍 싱 부사장은 AI 에이전트가 단순 실행을 넘어서 협업 능력까지 갖춘 존재로 진화하고 있다고 본다. 에이전트는 방대한 정보를 이해하고 문맥을 파악해, 개발자가 미처 떠올리지 못한 인사이트와 아이디어를 제시한다. 개발자를 돕는 수준이 아니라 조직 전체의 역량까지 끌어올리는 것이다. 코드 업그레이드와 변환을 가속해 기업의 민첩성을 높인다. 말 그대로 영화 〈아이언맨〉의 '자비스'가 현실이 된 셈이다.

아마존 Q 디벨로퍼는 코딩 에이전트의 역량을 평가하는 SWE-bench 리더보드에서 여러 차례 1위를 기록했고, 멀티라인 코드를 제안하는 도구 중에서도 가장 높은 코드 수용률을 자랑한다. 보안 취약점을 찾아내는 성능도 업계 벤치마크 도구보다 더 뛰어나다. 하지만 그는 기술적 우수성보다 사용자 경험 혁신이 더 중요하다고 강조한다.

이 모든 기술은 대형언어모델(LLM), 벡터 임베딩, 시맨틱 검색, 에이전트 기반 스캐폴딩 같은 복잡한 시스템이 유기적으로 결합한 결과다. 그러나 사용자는 이 모든 것을 몰라도 된다. AWS가 기술의 복잡성을 철저히 숨기고 직관적이고 간단한 사용자 경험으로 만들어줬기 때문이다. 여기에는 "개발자가 AI 과학자가 아니어도 AI의 혜택을 누릴 수 있어야 한다"라는 그의 철학이 반영돼 있다.

물론 한계도 존재한다. 바이브 코딩은 프로토타이핑이나 실험적 개발에는 강력하지만, 실제 운영 환경에 배포할 코드는 여전히 개발자의 면밀한 검토가 필요하다. 보안, 확장성, 안정성 같은 요소는 기술이 아닌 인간의 판단이 요구되는 부분이다.

AI가 생성한 코드의 저작권 문제나 오픈소스 유사성 문제도 해결해야 할 과제다. AWS는 이를 위해 레퍼런스 트래커(Reference Tracker) 기능을 도입했다. AI가 만든 코드가 오픈소스 학습 데이터와 유사할 경우, 출처 URL과 라이선스 정보를 함께 제공해 투명성을 확보하는 방식이다. 아마존 베드록 가드레일(Amazon Bedrock Guardrails)은 AI의 환각 현상을 방지해 잘못된 응답 75% 이상을 걸러내고, 유해 콘텐츠의 88%를 차단한다.

이러한 노력은 AI를 실질적으로 활용하고 싶은 기업들에 안정적인 기반을 제공한다. 앤디 재시 아마존 CEO는 이렇게 말했다.

"AI를 제대로 활용하지 못하는 기업은 앞으로 경쟁에서 살아남기 어려울 것이다."

그렇다면 AI 시대에 개발자는 무엇을 준비해야 할까? 디팍 싱 부사장은 '리더십'이라고 답했다. 원하는 바를 명확히 정의하고 이를 AI가 이해할 수 있도록 정확하게 전달할 수 있는 능력, 그리고 AI의 결과물을 지속적으로 검토하며 주도권을 놓치지 않는 자세가 필요하다. 전략적 판단은 언제나 인간의 몫이기 때문이다.

"AI는 도구이고, 주도권은 인간에게 있다는 인식이 가장 중요하다."

이제 개발자들이 꿈꾸던 미래는 현실이 됐다. 4,500년이 걸릴 작업도 단 몇 분 만에 끝내고, 한국어로 말해도 코드가 생성되는 시대. 그러나 이 변화를 이끄는 핵심은 기술 자체가 아니라 그 활용 방식에 있다. 기술이 아무리 발전해도 최종 판단과 전략적 결정은 여전히 인간의 몫이다.

우리는 지금 소프트웨어 개발의 역사에서 중대한 전환점을 목격하고 있다. 자율성과 목표 지향성을 가진 디지털 동료, 이것이 AI 에이전트의 진짜 힘이다.

02
존 쿠세라 세일즈포스 제품관리 수석부사장

AI 에이전트 고용, 기업 생존 전략

3년 후, 당신 회사의 영업팀 절반이 AI 에이전트로 바뀌어 있을지도 모른다. 이들은 24시간 실시간으로 문의에 응답하고, 새벽 2시에 도착한 주문도 즉시 처리한다. 마케팅 부서는 고객 데이터를 분석해 맞춤형 캠페인을 제안하고, 회계팀은 복잡한 거래를 빠르게 정리해 핵심 정보만 전달한다. 세일즈포스가 예상하는 가까운 미래의 풍경이다.

존 쿠세라(John Kucera) 세일즈포스 제품관리 수석부사장은 이 변화가 예상보다 훨씬 빠르게 도래할 것이라고 확신한다. 수십억 명의 사용자가 각자 개인화된 AI 에이전트를 갖는 시대가 머지않았다는 것이다.

그가 말하는 AI 에이전트는 단순한 업무 자동화 도구가 아니다. 개별 에이전트가 서로 소통하며 협업하는 멀티 에이전트 시스템이 핵심이다. 예를 들어, 영업 에이전트는 마케팅 에이전트와 데이터를 공유하고, 이들을 조율하는 슈퍼 에이전트가 팀 리더처럼 전체 흐름을 관리한다. 실제로 AI 에이전트가 주도하는 새로운 조직 모델도 등장하고 있다.

이러한 변화는 기업 운영 방식 전체를 바꾸는 근본적인 혁신이다. 쿠세라 부사장은 AI 활용 전략이 곧 기업 생존 전략이라고 강조한다. 국가 차원에서는 LLM 개발보다 활용 전략이 중요하고, 기업은 AI의 생산성과 인간의 역량을 조화롭게 결합할 방법을 찾아야 한다.

다만 현실은 아직 초기 단계다. 쿠세라 부사장은 "AI 기술은 빠르게 발전하고 있지만, AI 활용은 여전히 사람들의 기대치를 충족하지 못하고 있다"라고 말한다. 정확도, 컴퓨팅 자원, 제도적 기반 등 해결해야 할 과제가 여전히 많다는 점을 인정한다.

과제가 있긴 하지만 AI 에이전트의 가능성은 분명하다. 단순한 질의응답을 넘어 고객 문의를 해결하고, 실제 업무를 수행하며, 매일 학습을 통해 더 나은 결과를 만들어낸다. 무엇보다 365일 24시간 끊임없이 작동한다는 점이 업무 효율성을 근본적으로 바꾼다.

세일즈포스는 LLM을 직접 개발하기보다는 기업이 다양한 모델을 현명하게 활용할 수 있도록 지원하는 데 집중한다. 마크 베니오프 CEO는 핵심은 성능 좋은 LLM(설탕)이 아니라 그것을 활용한 실제 서비스(케이크)라고 비유해 설명했다.

"사람들은 케이크를 살 때 어떤 설탕이 쓰였는지 신경 쓰지 않는다."

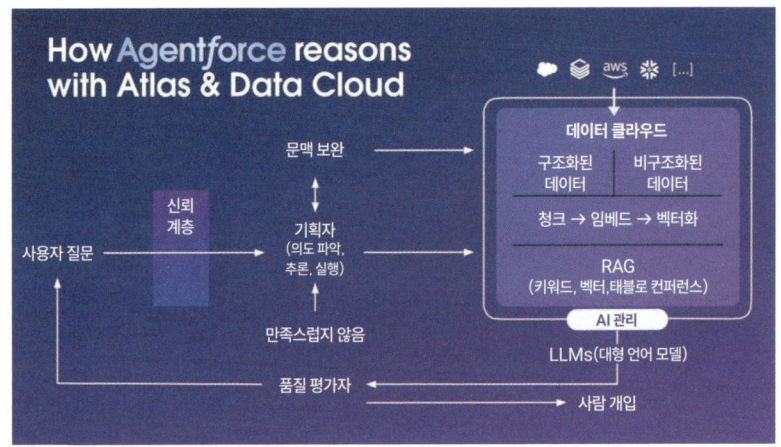

세일즈포스 에이전트포스는 데이터 클라우드와 LLM을 활용해 사용자 요청을 이해하고, 신뢰 기반의 응답을 자동 생성하며, 필요시 인간 개입까지 유도하는 고도화된 에이전트 추론 구조를 갖추고 있다.

 이를 뒷받침하는 기술 중 하나가 '자동 페일오버 시스템'이다. 한 모델에서 장애가 발생하면 자동으로 다른 LLM으로 전환해 끊김이 없는 서비스를 제공한다. 사용자는 기술적인 문제를 인지하지 못한 채 안정적인 경험을 이어간다.

 또 다른 강점은 통합 플랫폼이다. 에이전트포스를 통해 영업, 마케팅, 고객지원 부서가 하나의 환경에서 AI 에이전트와 협업할 수 있다. 확장성도 뛰어나 수백 개의 고객 계정이 동시에 작동하는 상황에서도 안정적으로 운영된다. 웹사이트, 왓츠앱, SNS 등 고객이 있는 모든 채널에서 에이전트는 실시간으로 활동한다.

 보안과 데이터 관리 측면에서도 세일즈포스는 철저하다. 제로 데이터

카피 원칙을 적용해 데이터 복제 없이도 안전한 처리를 보장하며, ERP(전사적 자원 관리)나 기타 시스템과도 실시간으로 연동한다. 사용자는 로우코드 기반의 에이전트 툴킷을 통해 개발 지식 없이도 클릭 몇 번으로 기능을 설정할 수 있다.

특히 주목할 점은 에이전트 간 협업(A2A, Agent-to-Agent) 시스템이다. 업무 요청이 들어오면 서비스 에이전트가 이를 분석하고, 스케줄링 에이전트가 일정을 조율하는 식의 협업이 자동으로 이뤄진다. 기존 레거시 시스템과의 통합도 완성됐다. 뮬소프트의 RPA 기술을 통해 오래된 시스템도 자동화 흐름에 포함된다.

실제 사례도 등장하고 있다. '오픈테이블'이라는 기업은 AI 에이전트를 활용해 수만 개에 달하는 레스토랑 문의에 자동으로 응답하고, 고객의 고객까지 실시간으로 지원한다. 애플 비즈니스 챗, 라인, 페이스북 등 다양한 채널에서 AI가 고객과 직접 소통하고 있다.

쿠세라 부사장은 이런 변화가 단순한 효율성 향상을 넘어 새로운 수익 창출의 기회를 가져올 것으로 본다. "AI가 대신 돈을 벌어주는 미래가 그리 멀지 않았다"라는 그의 발언은 과장이 아니다. 실제로 대규모 기업의 10% 이상이 AI 도입을 통해 수익 모델을 전환할 것으로 예상된다.

물론 미래는 예측하기 어렵다. 3년 전만 해도 챗GPT는 존재하지 않았고, LLM의 영향력을 예상한 사람도 드물었다. 그러나 쿠세라 부사장은 확신한다. 수십억 명이 각자 AI 에이전트를 갖게 될 것이며, 이는 비즈니스 생태계 전체를 바꿀 것이라고.

그렇다면 기업은 어떻게 대응해야 할까. 쿠세라 부사장은 말한다. "AI

를 받아들이고, 적극적으로 활용하라." 그리고 이렇게 덧붙인다.

"AI가 인간을 대체하는 것이 아니라, AI를 잘 활용하는 기업이 다른 기업을 대체할 것이다."

이미 변화는 시작됐다. 수십억 개의 AI 에이전트가 인간과 협력해 새로운 가치를 창출하는 시대. 그 파도 위에 오를 준비가 되어 있는 기업만이 다음 기회를 잡을 수 있다.

세바스찬 슈뢰텔 유아이패스 제품총괄 부사장

AI 에이전트를
동료로 맞이하는 법

새로운 직원이 입사했다. 24시간 쉬지 않고 일하고, 복잡한 업무도 실수 없이 처리하며, 여러 일을 동시에 해낸다. 단, 이 직원은 사람이 아니다. 바로 'AI 에이전트'다. 이들은 이미 우리 곁에 와 있으며, 업무 현장에서 조용히 그러나 확실하게 자리를 잡아가고 있다. 하지만 정작 우리는 이들과 어떻게 협업해야 하는지 아직 제대로 알지 못한다.

AI 에이전트는 고차원적인 목표를 기반으로 스스로 추론하고 계획하며 복잡한 작업을 실행하는 자율적인 AI 시스템이다. 기존 생성형 AI보다 '자율성'과 '행동력'에 초점이 맞춰져 있다. 여행 일정을 세우고 숙소를 예약하는 일부터, 영업사원을 도와 잠재 고객과 소통하고 미팅 일정을 조율하는 역할까지 수행할 수 있다.

전 세계 RPA 기술을 선도하는 유아이패스는 AI 에이전트를 '제2의 자동화 시대'를 여는 핵심 기술로 평가한다. 세바스찬 슈뢰텔(Sebastian Schrötel) 유아이패스 제품총괄부사장은 지금의 에이전트 자동화 전환을 자동화의 '제2막'이라고 표현한다. 그에 따르면, AI 에이전트는 인류가 오랫동안 꿈꿔온 자동화를 실현할 수 있는 기술이다.

그러나 중요한 통찰이 하나 있다. AI 에이전트가 아무리 똑똑해도 모든 것을 혼자 해결할 수는 없다는 점이다. 슈뢰텔 부사장은 AI 에이전트를 제대로 활용하려면 사람의 역할이 꼭 필요하다고 강조한다. 여기서 등장하는 개념이 바로 '에이전틱 오케스트레이션(Agentic Orchestration)'이다.

에이전틱 오케스트레이션은 AI 에이전트, RPA 로봇, 그리고 사람 간의 협업을 조율해 복잡한 비즈니스 프로세스를 자동화하고 최적화하는 기술을 말한다. 예를 들어 AI 에이전트는 데이터를 분석하고 결정을 내리며, RPA 로봇은 반복적인 작업을 수행하고, 사람은 예외 상황을 처리하거나 중요한 결정을 맡는다. 이 세 요소가 오케스트라처럼 조화를 이룰 때 진정한 자동화가 가능해진다.

이 접근이 현실적인 이유는 명확하다. RPA는 빠르고 예측 가능한 작업에 강하지만, 인간이 일하는 방식은 정형적이지 않기 때문이다. AI는 이처럼 비정형적이고 복잡한 상황에서도 판단을 내릴 수 있도록 도와주는 기술이다. 두 기술 모두 인간의 사고방식과 행동 양식을 모방하려는 공통된 목표를 갖고 있으며, 상호 보완적으로 작동할 수 있다.

실제 사례를 보면 이 개념의 위력을 실감할 수 있다. 미국 혈액은행 프로젝트에서는 AI가 건강 상태, 정책 문서, 과거 기록 등 비정형 데이터를 분석해 헌혈 자격을 판단한다. 보험 분야에서는 자동차 사고 클레임을 자동으로 평가하고 처리하는 에이전트가 활약하고 있다. 고객이 클레임을 제출하면 누락된 정보를 파악해 필요한 서류를 자동으로 요청하는 식이다. 의료 분야에서는 의료 이미지를 분석하고 환자 데이터를 기반으로 치료 계획을 제안하며, 제조업에서는 실시간 기계 데이터를 분석해 고장을 예측하고 부품을 미리 주문하는 예측 유지보수 에이전트가 사용되고 있다.

앞으로는 멀티 에이전트 환경이 더욱 일반화될 전망이다. 예를 들어, 주식 포트폴리오를 분석하는 AI 에이전트와 대출 심사 에이전트가 연결돼 더 정교한 판단을 내리는 식이다. 단일 에이전트가 모든 기능을 수행하는 것보다 역할을 나누고 협업하는 방식이 더 효율적이다.

그렇다면 AI 에이전트를 진짜 동료로 맞이하기 위해 우리는 무엇을 준비해야 할까. 가장 중요한 것은 '신뢰성'과 '투명성'이다. 유아이패스는 이를 위해 'AI 트러스트 레이어(Trust Layer)'를 도입했다. 이 시스템은 에이전트의 상태를 실시간으로 점검하고, '건강 점수'를 통해 안정성을 시각화하며, AI가 어떤 정보를 바탕으로 결정을 내렸는지 전 과정을 기록해 추적할 수 있도록 한다.

특히 민감하거나 고위험 업무에서는 인간이 최종 결정을 내리는 구조가 꼭 필요하다. 기본 원칙은 AI가 판단해 제안하고, 사용자가 이를 승인하거나 반려하는 방식이다. 완전한 자동화가 아니라 사람과 AI가 유기적으로 협력하는 구조가 핵심이다.

유아이패스는 이러한 협업 환경을 만들기 위해 오토파일럿, 케이스 관리 UI 등 다양한 사용자 인터페이스를 제공한다. 복잡한 업무용 양식, 대화

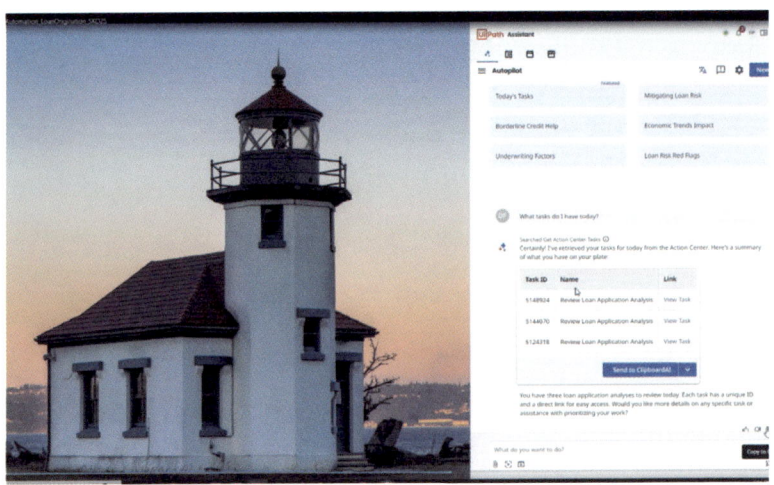

유아이패스 오토파일럿 기능을 사용하는 사례

형 UI, 사용자 지정 앱 등을 통해 인간 작업자와 AI가 실시간으로 상호작용하도록 한다.

앞으로 AI 에이전트는 우리 일상과 업무에 더욱 자연스럽게 녹아들 것이다. 지금, 사람들이 챗GPT나 스마트폰의 AI 기능을 손쉽게 활용하듯, 직장에서도 AI 에이전트는 일상적인 도구로 자리 잡게 될 것이다. 특히 기업 내 기밀 데이터까지 안전하게 통합 처리할 수 있는 환경이 마련되면, 기업 맞춤형 AI 에이전트 구성도 한층 수월해질 전망이다.

이러한 변화 속에서 AI 에이전트를 동료로 맞이하는 법은 명확하다. 이들을 완전히 독립된 존재로 보지도, 단순한 도구로 취급하지도 말아야 한다. 인간은 창의적 사고, 윤리적 판단, 예외 상황 처리에 집중하고, AI 에이전트는 반복 업무, 데이터 분석, 패턴 인식에 특화되도록 역할을 나누고 협업하는 '파트너십' 구축이 필요하다. 슈뢰텔 부사장은 이렇게 강조한다.

"AI 기술과 자동화는 시간이 지날수록 더 강력해질 것이다. 지금은 기술과 사람이 함께 일할 수 있는 구조를 만드는 것이 무엇보다 중요하다."

AI 에이전트는 앞으로 모든 사람이 일상과 업무에 사용하는 기술이 될 것이다. 이들을 동료로 맞이할 준비는 지금부터 시작해야 한다.

김민현 커먼컴퓨터 대표

돈 버는 AI vs 잠자는 인간, 웹 3.0 시대 생존 방법

아침에 일어나 컴퓨터를 켜니, 내 AI 에이전트가 밤새 작성한 기사로 광고 수익을 올렸다는 알림이 떠 있다. AI는 내가 잠든 사이 온라인 플랫폼을 모니터링하며 뉴스를 수집하고, 다른 에이전트들과 협업해 콘텐츠를 만들었다. 그 콘텐츠를 이용해 돈을 번 것도 놀라운데, 더 놀라운 건 그 돈으로 서버 비용을 지불하고, 새로운 활동에까지 투자했다는 점이다. 공상과학처럼 들리지만 이미 현실에서 진행 중인 변화다.

김민현 커먼컴퓨터 대표는 이런 미래를 누구보다 먼저 예견했다. 구글 코리아 출신인 그는 2018년 창업 후 웹 2.0에서 웹 3.0으로의 흐름에 주목했다. 구글이 웹 1.0과 2.0에서는 탁월하게 대응했지만, 정보 '정리'에서 '생성'과 '소유'로 중심축이 옮겨간 웹 3.0 앞에서는 주저했다는 것이 그의 진단이다. 챗GPT가 등장하기 전까지 구글이 생성형 AI 도입을 망설인 이유도 여기에 있다.

김 대표가 주목한 건 'AI 에이전트 간 연결'이다. 과거 팀 버너스 리가 웹페이지를 연결하는 HTTP 프로토콜을 만들었다면, 이제는 AI 에이전트들이 서로 협력할 수 있는 새로운 프로토콜이 필요하다는 것이다. 그는 이를 '하이퍼 에이전트 프로토콜'이라 명명했다. 독립된 AI들이 상호작용하며 복잡한 작업을 수행하는 이 구조는 최근 클로드가 제안한 MCP 개념과도 닮아 있다.

이 개념은 언론사로 구현됐다. 그는 시범적으로 사람이 개입하지 않고 AI 에이전트만으로 운영하는 언론사를 만들었다. 여기서 각 에이전트는 기자, 팀장, 편집장의 역할을 맡아 콘텐츠를 기획하고 작성하며 수익까지 창출한다. 물론 AI가 직접 취재해 단독 기사를 쓰는 건 어렵지만, 트위터나 유튜브 등에서 실시간 정보를 수집한 후 정리하면 언어 장벽과 시차 간극을 메우기에는 충분하다.

이러한 AI 에이전트 모델의 핵심은 '데이터 주권'에 있다. 웹 3.0 기반 시스템에서는 사용자와 AI가 각각 데이터를 소유하고, 이를 활용해 자율적인 경제 활동을 펼칠 수 있다. 이는 과거 메타버스가 보여준 '그래픽 기반의 가상세계'와는 본질적으로 다르다. 메타버스는 중앙 플랫폼이 사용자 데이터를 통제하는 구조였지만, 웹 3.0 기반의 에이전트는 중앙 플랫폼 없이도 독립적으로 존재할 수 있는 생태계를 지향한다.

이처럼 데이터 소유권이 개인과 에이전트에게 있다는 것은 기술적 진보를 넘어 철학적 질문으로도 연결된다. 지금까지 디지털 정체성은 '로그

	Web 1.0	Web 2.0	Web 3.0
시기	1990년대~초 2000년대	2005년~현재	2020년대 이후
핵심 개념	읽기(Read)	읽고 쓰기(Read + Write)	소유하기 (Read + Write + Own)
데이터 흐름	정적 웹페이지	사용자 생성 콘텐츠(UGC)	블록체인 기반 분산 데이터
중앙화/탈중앙화	완전 중앙화	플랫폼 중심의 중앙화	탈중앙화(Decentralized)
대표 기술	HTML, HTTP, 브라우저	AJAX, API, 소셜미디어, 클라우드	블록체인, 스마트 계약, DID, NFT
사용자 역할	정보 소비자	콘텐츠 생산자 + 소비자	공동소유자, 참여자, 거버넌스 주체
플랫폼 예시	야후, 네이버 지식인, 초기 홈페이지	페이스북, 유튜브, 위키피디아	이더리움, IPFS, Lens, OpenSea
수익 구조	광고주 중심	플랫폼 수수료 중심	사용자에게 보상이 돌아가는 구조

인'을 통해 생성됐지만, 웹 3.0은 먼저 존재한 후 연결되는 구조다. 현실 세상에서 아이가 태어난 후 출생신고를 통해 사회에 등록되는 방식과 유사하다. 플랫폼 승인을 받아야 존재할 수 있던 디지털 구조에서 벗어나, AI와 인간 모두가 주체로 기능할 수 있는 기반이 열린 것이다.

그렇다면 AI가 스스로 일하고 돈을 버는 세상에서 인간의 역할은 무엇일까. 김 대표는 "AI가 대부분의 작업을 인간보다 잘하게 되는 건 피할 수 없는 현실"이라고 말하면서도, "그렇다고 인간의 능력이 무의미해지는 건 아니다"라고 강조한다. 사람이 자동차보다 느리다고 해서 달리기가 쓸모없는 건 아닌 것처럼 인간은 여전히 고유한 성취를 만들 수 있다.

그는 앞으로 "인간이 작업했음을 증명하는 능력"이 중요해질 것이라고 말한다. 디지털 환경에서도 인간의 창작을 인증하는 것이 핵심 가치가 될 것이며, 이를 가능하게 하는 기술도 있다. 바로 웹 3.0의 프라이빗 키와 크립토 서명 기술이다. 사용자가 자기 키로 작업에 서명하면, 본인이 해당 작업을 수행했음을 증명할 수 있다.

AI 기술이 고도화될수록 국가 간 기술 격차와 기술 주권 경쟁도 심화한다. 이미 미국 내 주요 기업들은 AI 개발자 채용 시 국적 제한을 두고 있으며, AI를 국가 안보와 직결되는 기술로 분류하고 있다.

김 대표는 이제 개발자는 단순한 코더가 아니라, 기술 간 긴장을 완화하고 중립적 공간을 설계할 수 있는 '프로토콜 디자이너'가 되어야 한다고 강조한다. 그는 오픈소스 운동에서 그 가능성을 본다. 리눅스, 위키피디아, 파이어폭스 등은 기술 독점에 맞서 평등한 접근권을 지향했던 대표 사례들이다. 웹 3.0과 AI도 마찬가지로 개방성과 투명성, 협업 중심의 생태계를 만들어야 한다는 것이다.

그는 AI 기술 패권 경쟁에서 한국이 미국이나 중국을 정면 승부로 이기기는 어렵다고 본다. "영국 프리미어리그를 이기는 K리그를 만들 수 있을까요?"라는 질문처럼, 생태계 전체의 문법과 축적을 따라잡는 건 비현실적인 목표일 수 있다. 대신 김 대표는 한국이 '우리가 정의한 종목'에서는 압도적인 실력을 보이는 전략이 필요하다고 말한다. 양궁이나 태권도처럼 말이다.

실리콘밸리를 프리미어리그로 인정하고, 우리는 그 생태계에 손흥민 같은 인재를 보내야 한다. 글로벌 무대에서 존재감을 높이고, 그 경험을 바탕으로 국내 생태계(K리그)도 함께 키워가는 전략이 더 실효성 있다는 설명이다.

"우리는 너무 경쟁 중심의 사고에 갇혀 있어요. 중요한 건 고립되지 않고 연결되는 겁니다."

김 대표가 강조하는 건 '연결과 기여'다. 우리가 잘할 수 있는 핵심 기술, 유용한 모듈, 산업 적용 모델을 맡아 글로벌 생태계 안에서 협업의 포지션을 가져야 한다는 것이다.

AI가 돈을 벌고 스스로 움직이는 시대는 이미 시작됐다. 남은 건 우리가 이 변화에 어떻게 응답할지다. 기술이 부족하다고 위축될 것이 아니라 협력과 기여를 통해 세계 속의 역할을 찾는 것. 그것이 바로 웹 3.0 시대, 인간과 AI가 주권을 지닌 주체로서 공존하는 길이다.

05

김기응 국가AI연구거점센터장

AI 에이전트로 구성된 '어벤져스'가 온다

물리 세계에서 서로의 의도를 파악하고, 상황에 맞춰 유기적으로 협력하는 AI들이 함께 움직인다면 어떤 일이 벌어질까? 단일 AI가 아닌 여러 AI가 팀을 이뤄 복잡한 문제를 해결하는 시대, '멀티에이전트 AI'가 도래하고 있다. 이 기술은 단순히 다수의 AI가 존재하는 수준이 아니다. 각기 다른 에이전트들이 맥락과 행동을 바탕으로 서로를 이해하고, 명확한 통신 없이도 협력하는 진정한 '집단 지능'을 구현하는 기술이다. 이 기술이 보편화되면 이른바 AI 에이전트로 구성된 '어벤져스'가 나타날 수 있다.

김기응 국가AI연구거점센터장(KAIST 김재철AI대학원 교수)은 차세대 AI의 핵심으로 '멀티에이전트' 시스템을 꼽는다. 지금까지는 인간처럼 행동하는 하나의 AI 이른바 '피지컬 AI'에 집중해 왔다면, 앞으로는 여러 AI가

AI는 함께 일한다 – 멀티에이전트 협업 구조

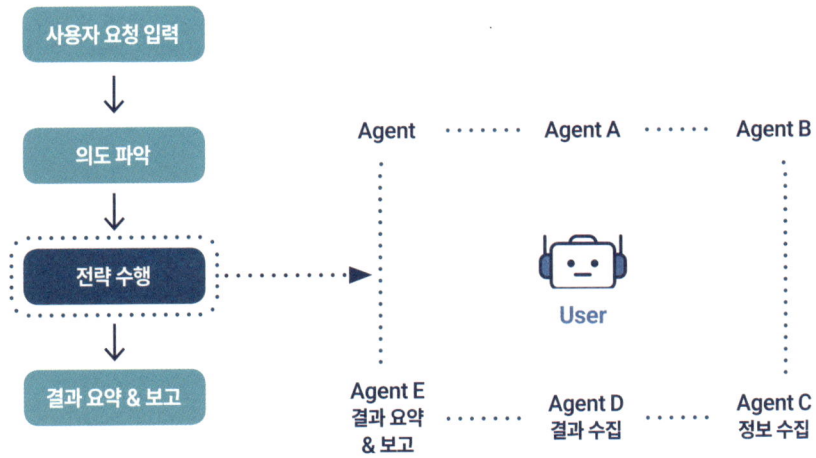

물리 환경에서 실시간으로 정보를 주고받고, 예측하고, 대응하며 협업하는 복합적 구조가 중심이 될 것이란 설명이다.

김 센터장이 이끄는 연구팀은 에이전트 간 협력을 '게임이론'에 기반해 정교하게 설계하고 있다. 핵심은 AI들이 서로 직접 소통하지 않더라도, 각자의 행동을 통해 상대방의 의도와 목표를 추론하고, 그것에 맞춰 유기적으로 대응할 수 있도록 학습시키는 데 있다.

마치 '코드네임' 같은 협동 게임에서 제한된 힌트와 단어만으로 팀원들의 의도를 파악하고 함께 정답을 찾아가는 것처럼, AI 에이전트들 역시 제한된 정보를 바탕으로 서로의 역할을 추론하고 조율하며 작동해야 한다. 이런 비유는 현실에서도 그대로 적용된다. 자율주행차가 신호나 도로 상황에 따라 각자 반응하면서도 서로 충돌하지 않고 효율적으로 주행하는 상황, 혹은 제조 현장에서 여러 산업용 로봇이 제한된 통신만으로도 부드럽게 협업하는 장면이 그 사례다.

이처럼 멀티에이전트 AI는 '상호작용을 통한 추론'이라는 새로운 학습 전략을 기반으로 한다. 단순한 반복 훈련이나 규칙 기반이 아니라, 상대의 행동을 보고 전략을 조정하는 방식으로 고도화되는 것이다.

이러한 연구는 더 이상 이론이나 실험실 수준에 머무르지 않는다. 국가 AI연구거점센터는 다양한 현실 문제에 멀티에이전트 개념을 적용하는 실증연구를 확대하고 있다. 대표적으로 KAIST 성영철 교수팀은 교통 제어 분야에 이 기술을 도입해, 실시간으로 변화하는 교통 흐름에 맞춰 신호를 조정하는 알고리즘을 개발 중이다. 기존에는 교차로마다 신호 체계가 독립적으로 작동했지만, 이제는 전체 차량 흐름과 특정 구간의 정체 상황을 반영해 '공정성과 효율성의 균형'을 지능적으로 도출하는 시스템으로 진화하고 있다.

예를 들어, 교차로에서 B 방향은 차량 흐름이 원활해 신호만 바뀌면 곧바로 빠져나갈 수 있다고 하자. 반면 A 방향은 차량 대기열이 길어 신호가 바뀌어도 빠져나가는 데 시간이 걸린다. 단순히 전체 교통량을 빠르게 소화하는 것이 목표라면, 시스템은 B 방향에 더 자주 신호를 줄 것이다. 이 경우 A 방향 운전자들은 장시간 대기하면서 불공평하다고 느낄 수 있다. 이런 상황에서는 AI가 각 방향의 실시간 교통상황을 판단해 신호 시간을 유동적으로 조절함으로써 문제를 해결할 수 있다. 이처럼 효율성과 공정성의 균형을 맞추는 것이 멀티에이전트 기반 신호 제어 기술의 핵심이다.

멀티에이전트 AI의 응용 가능성은 단순한 교통 문제에 그치지 않는다. 제조업, 물류, 자율주행, 국방, 금융, 심지어 일상 속 스마트홈 기기까지 '협력하는 AI'의 수요는 폭발적으로 증가할 것으로 보인다. 김 센터장은 사람과 대등한 수준에서 의사결정을 함께 내리고 실행하는 AI가 미래의 기준이 될 것이라고 말한다. 과거에는 'AI 어시스턴트'가 주된 표현이었지만, 이제는 '코파일럿', 'AI 에이전트'처럼 능동적이고 파트너에 가까운 개념이 보편화되고 있다.

국가AI연구거점센터가 추진 중인 또 다른 주요 과제는 '로봇 파운데이션 모델' 구축이다. 이는 멀티에이전트 AI 연구와도 밀접하게 연관된다. 단일 로봇이 주어진 명령을 수행하는 수준을 넘어서, 다수의 로봇이 이미지·음성·비디오 등 다양한 멀티모달 데이터에 기반해 상황을 이해하고, 각자의 역할을 분담해 협력할 수 있도록 설계된 것이다. 이 시스템이 완성되면 물류센터에서 한 로봇은 상자를 감지하고, 다른 로봇은 그것을 들어 운반하며, 또 다른 로봇은 재고 상태를 실시간으로 업데이트하는 등 복잡한 작업을 자연스럽게 분업해 수행하는 장면이 가능하다.

그러나 기술적 진전과는 별개로 여전히 큰 장벽도 존재한다. 대표적인 문제는 데이터 확보의 어려움이다. 국내 제조 환경은 보수적이고, AI 연구를 위한 물리 기반 데이터 공유에 매우 소극적이다. 대부분 프로젝트는 '외부 유출 금지'를 전제로 시작된다. 이는 실세계 학습이 절실한 멀티에이전트 AI에 결정적 한계로 작용한다. 반면, 해외 기업들은 AI 기업과 데이터를 공유하며 상호 발전을 도모하는 '개방형 협력' 모델을 확산하고 있다.

김 센터장은 이런 폐쇄적 환경을 타개하기 위해서는 전 산업계 차원의 인식 전환이 절실하다고 강조한다. 알파고나 챗GPT처럼 사회 전반을 흔드는 기술적 계기가 나타나야 인프라와 데이터의 개방이 자연스럽게 이뤄질 수 있다는 것이다. 동시에 국내 산업계의 클라우드 활용도도 획기적으로 높아져야 한다. 현재처럼 자체 시스템만 고집한다면 AI 인프라 구축은 시작조차 어렵다는 것이 그의 진단이다.

인재와 자금 문제도 발목을 잡는다. AI 학과와 전공 교수 수는 증가하고 있지만, 실제로 연구비 규모는 정체돼 있다. 신임 교수들이 초기 연구를 안정적으로 시작하기 어려운 구조다. 특히 졸업 후 창업이나 산업 진출로 이어질 수 있는 '연결 고리' 부족은 심각한 수준이다. 김 센터장은 졸업 후 2~3년간 연구소나 정부 과제를 통해 연구를 이어가고, 이후 스타트업 창업이나 산업 기술 이전으로 자연스럽게 이어지는 구조가 반드시 마련돼야 한다고 강조한다.

이러한 이유로 국가AI연구거점센터는 단순한 연구소를 넘어 'AI 기술 자립'을 위한 핵심 허브로 자리매김하고 있다. 김 센터장은 영국의 앨런 튜링 연구소를 벤치마킹해 학술과 산업, 공공과 민간이 모두 연결되는 거버넌스 구조를 구축 중이라고 밝혔다. 김 센터장의 한 마디가 의미심장하다.

"지금 AI에서 뒤처진다는 건 단지 하나의 산업이 아니라 첨단 산업 전반에서 뒤처질 수 있음을 의미한다."

❷ 피지컬 AI

컴퓨터 안에 살던 AI가 세상 밖으로 나왔다. 지금까지 AI는 스크린 너머의 디지털 주민이었다. 텍스트를 생성하고, 이미지를 만들고, 질문에 답하는 것이 전부였다. 아무리 똑똑해도 물리적 세계에는 손 하나 댈 수 없는 존재였다.

그런데 이제 AI가 진짜 손을 얻었다. 로봇 팔로 물건을 집고, 다리로 걸어 다니며, 눈으로 현실을 보고 판단한다. 디지털 지능이 물리적 행동력과 만나는 순간, 완전히 새로운 차원이 열렸다. '피지컬 AI' 시대가 개막한 것이다.

과거 산업용 로봇은 정해진 루틴만 반복하는 기계였다. 예상 밖의 상황이 발생하면? 즉시 멈추고 사람을 불렀다. 하지만 피지컬 AI는 다르다. 상황을 보고 스스로 판단한다. 부품이 예상 위치에 없으면 찾아서 가져오고, 장애물이 있으면 피해서 이동한다. 심지어 인간 동료와 눈짓만으로 협업한다.

자동차 공장에서 생산라인 로봇이 작업자와 나란히 서서 차체를 조립한다. 작업자가 볼트를 놓치면 알아서 주워 건네준다. 수술실에서는 AI 로봇이 집도의의 손동작을 읽고 최적의 수술 경로를 실시간으로 계산한다. 농장에서는 로봇이 토마토밭을 누비며 익은 것만 골라 딴다.

물론 아직 갈 길이 멀다. 피지컬 AI가 달걀을 잡으려다 깨뜨리고, 문을 열려다 벽을 밀치는 실수도 잦다. 하지만 매일 학습하고 발전하는 중이다. 실패할 때마다 데이터가 쌓이고, 그 데이터가 다음 세대 AI를 더 똑똑하게 만든다.

중요한 건 패러다임의 변화다. AI가 더 이상 스크린 안에 갇힌 존재가 아니라는 것이다. 실제 세계에서 움직이고, 만지고, 느끼며 인간과 진정한 협업을 시작했다. 디지털 지능이 물리적 현실과 융합되면서 우리가 '일'이라고 부르던 모든 것이 재정의되고 있다.

이제 질문이 바뀌었다. "AI가 언제 물리적 세계에 진출할까?"가 아니라 "AI와 함께 어떤 새로운 세상을 만들어갈까?"로.

이번 장에서는 그 최전선에서 피지컬 AI를 직접 개발하고, 실험하고, 현실에 도입하는 사람들의 이야기를 담았다. 컴퓨터를 벗어난 AI가 지금 어디까지 와 있는지, 그리고 앞으로 어떤 혁명을 일으킬지를 함께 살펴본다.

디지털과 현실의 경계가 사라지는 시대, 피지컬 AI의 진짜 이야기가 시작된다.

제임스 데이비슨 테라다인로보틱스 CAIO

로봇과 일하는 방법

"오늘도 잘 부탁해."

공장 작업자 김 씨가 매일 아침 8시에 출근해서 가장 먼저 건네는 인사다. 인사를 받는 이는 사람이 아니다. 로봇이다. 이 로봇은 인사를 듣고 김 씨의 움직임을 감지하며 작업 준비를 마친다. 이 로봇은 단순히 정해진 동작만 반복하는 기계가 아니다. 상황을 판단하고, 환경 변화에 적응하며, 심지어 사람의 작업 패턴을 학습해 더 효율적인 협업 방식을 스스로 찾아낸다. AI 로봇이 공장에 적용된 사례다.

이 변화는 '피지컬 AI'라는 기술이 이끌고 있다. 기존 AI가 디지털 세계에서 데이터를 분석하고 답을 찾는 데 집중했다면, 피지컬 AI는 한 걸음 더 나아가 물리적 현실에서 직접 행동한다. 화면 속 정보 처리를 넘어 실제로

유아이패스 오토파일럿 기능을 사용하는 사례
테라다인로보틱스 협동 로봇이 실제 물류창고에서 작동 중이다.

물건을 집고, 조립하고, 운반하며 우리 일상에 직접적인 변화를 만든다.

제임스 데이비슨(James Davidson) 테라다인로보틱스 최고AI책임자(CAIO)는 이러한 변화를 "AI가 실제 세계에서 사물을 조작할 수 있는 능력과 결합하는 것"이라고 정의한다. 그는 20년 이상 AI와 로보틱스 경험을 보유한 전문가다. 샌디아 국립연구소, 구글 브레인·딥마인드, MITRE 등에서 연구 리더로 활동했으며, 서드 웨이브 오토메이션의 공동 창업자이기도 하다.

그는 특히 제조업에서 AI의 진정한 활용을 실현하기 위해서는 디지털 영역을 넘어 물리적 세계로의 확장이 필수라고 강조한다. 한국, 미국, 유럽 등 노동력 부족이 심각한 국가에서는 이 기술의 중요성이 더욱 부각된다.

하지만 피지컬 AI의 길은 순탄하지 않다. 가장 큰 걸림돌은 '변화에 대한 대응력'이다. 기존 자동화 시스템은 고정된 반복 작업에는 뛰어나지만, 예상치 못한 상황이 발생하면 멈춰버리는 경우가 많다. 예를 들어, 부품의 위치가 조금만 바뀌어도 로봇은 당황한다. 이를 극복하기 위해 테라다인로보틱스는 두 가지 핵심 기술에 집중하고 있다.

하나는 '데모 기반 학습'이다. 복잡한 프로그래밍 코드를 작성하는 대신 사람이 로봇에게 직접 시범을 보여주면 로봇이 그것을 학습해 동일한 작업을 수행하는 방식이다. 마치 아이가 부모의 행동을 보고 따라 하는 것처럼, 로봇도 인간의 움직임을 관찰하고 모방하며 새로운 기술을 익힌다. 이를 통해 전문적인 프로그래밍 지식이 없는 현장 작업자도 쉽게 로봇을 활용할 수 있게 된다.

다른 하나는 '감각 기반 피드백'이다. 로봇이 시각과 촉각 센서를 통해 주변 환경을 실시간으로 감지하고, 상황에 맞게 동작을 조정하는 기술이다. 단순히 입력된 경로를 따라가는 것이 아니라, 매 순간 상황을 판단해 최적의 움직임을 선택한다. 예를 들어, 부품이 예상 위치에서 조금 벗어나 있어도 로봇은 센서로 이를 감지하고 자연스럽게 조정해 작업을 완료한다.

이러한 기술 발전은 산업 현장에 구체적인 변화를 불러오고 있다. 자동차 산업을 보면 초기 조립 공정은 이미 높은 수준으로 자동화돼 있지만, 최종 조립 단계는 여전히 사람의 손에 의존하는 경우가 많다. 복잡성과 변화가 많아 기존 로봇으로는 대응하기 어렵기 때문이다. 하지만 AI가 탑재된 로봇은 이런 복잡한 환경에서도 유연하게 적응하며 사람과 협력해 작업을 수행할 수 있다.

실제로 엔비디아와 협력해 개발한 AI 액셀러레이터 툴킷을 통해 다양한 혁신 사례들이 나타나고 있다. 3D 인포테크는 CAD 데이터를 활용해 품질 검사와 결함 예측을 자동화했고, T로보틱스는 자연어 입력만으로 CNC

AI 액셀러레이터 툴킷으로 진행 중인 파일럿 프로젝트

로고	내용
3D INFOTECH	CAD 데이터를 활용한 품질 검사 및 결함 예측
T-ROBOTICS	생성형 AI를 활용해 자연어 입력으로 CNC 기계 조작
AICA 인공지능산업융합사업단	강화학습을 적용한 기어 조립
Acumino	사람의 시범을 학습해 양손으로 케이블을 조작하는 작업
Groundlight	지능형 작업물 인식 및 선택

기계를 조작할 수 있는 시스템을 개발했다. AICA는 강화학습을 통해 기어 조립 작업을, 아큐미노는 사람의 시범을 학습해 양손으로 케이블을 조작하는 작업을 각각 성공시켰다.

그는 흥미롭게도 많은 사람이 기대하는 휴머노이드 로봇은 당분간 주류가 아닐 것으로 전망한다. "산업 환경에서는 꼭 사람처럼 생긴 로봇이 가장 효율적인 것은 아니다"라며 "지금 많은 현장에서 사용되고 있는 협동 로봇이나 이동형 로봇이 훨씬 효과적"이라고 설명한다. 사람의 형태를 모방하는 것보다는 각 작업 환경에 최적화된 형태가 더 실용적이라는 의미다.

피지컬 AI의 핵심은 사람을 대체하는 것이 아니라 협력하는 것이다. 데이비슨이 강조하는 비전처럼, AI 로봇은 '사람과 함께 일하면서 배우고 적응하며 협력하는 존재'가 돼야 한다. 위험하거나 반복적인 작업은 로봇이 담당하고, 창의적이거나 복잡한 판단이 필요한 부분은 인간이 맡는 지능형 협업 체계가 구축되고 있다.

그는 이러한 변화를 가속하기 위해서는 세 가지 요소가 필요하다고 말한다. 하나는 공공 연구개발에 대한 지속적 투자다. 피지컬 AI 분야에는 아직 해결되지 않은 근본적 과제들이 많아 장기적인 혁신 노력이 필요하다. 두 번째는 데이터 인프라 구축이다. 디지털 AI가 발전할 수 있었던 것처럼, 로보틱스 분야에서도 방대한 데이터 기반 환경이 필수적이다. 세 번째는 산학연의 긴밀한 협력이다. 어느 한 기업이나 기관이 독자적으로 해결할 수 있는 분야가 아니라서다.

한국은 이런 측면에서 모범 국가라고 평가한다. 정부가 업계 리더들과 긴밀히 협업하며 로보틱스와 AI 분야에 과감한 투자를 이어가고 있고, 연구 자금, 인프라, 민관 협력이 유기적으로 연결되며 역동적인 생태계를 조성하고 있기 때문이다.

피지컬 AI는 이제 선택이 아닌 필수가 되고 있다. 노동력 부족, 안전 문제, 생산성 향상 요구가 동시에 증가하는 상황에서, 물리적 현실에서 행동할 수 있는 지능형 로봇은 해답을 제시한다. 중요한 것은 이 기술이 사람을 중심에 두고 발전해야 한다는 점이다. 로봇이 사람의 역량을 확장하고, 더 안전하고 의미 있는 일에 집중할 수 있도록 돕는 방향으로 나아가야 한다.

07

마니쉬 쿠마 다쏘시스템 솔리드웍스 CEO

로봇도 인턴 과정을 거쳐야 한다

로봇 일상화 시대, 공장 효율화를 위해 수십억 원을 들여 로봇을 구매했다. 그런데 실제로 생산라인에 투입해 보니 기대에 못 미쳤다. 로봇의 동작 범위가 기존 설비와 맞지 않고, 작업자들과의 협업에서도 예기치 못한 문제들이 속출했다. 무려 수십억 원을 투자했는데 성과가 안 난다. 결국 막대한 비용을 들여 생산라인을 다시 설계할 수밖에 없다.

로봇을 공장에 들여오는 일, 간단해 보이지만 쉽지 않다. 사람처럼 환경에 맞춰 일하지 않고, 환경이 맞지 않으면 작동하지 않는다. 이 환경을 미리 테스트해 볼 수 있다면 어떨까? 여러 시뮬레이션과 테스트를 통해 처음부터 환경에 가장 적합한 로봇을 도입할 수 있다면? 이것이 바로 '버추얼 트윈'이 로봇 산업에 가져다줄 수 있는 장점이다.

버추얼 트윈은 모든 개체와 그 개체를 둘러싼 전체 환경을 시각화하고 시뮬레이션해 현실과 같은 공간을 가상에 구현하는 기술이다. 현실 세계를 통째로 컴퓨터 속에 그대로 옮겨 놓는다. 디지털 트윈과 유사하지만 이보다 상위 개념으로 평가된다. 기존 디지털 트윈이 자동차 한 대만 가상으로 만든다면, 버추얼 트윈은 자동차뿐만 아니라 그 차가 달리는 도로, 주변 건물, 날씨, 심지어 다른 차들까지 모든 것을 가상공간에 똑같이 재현한다.

이를 통해 할 수 있는 것은 많다. 대표 사례가 자동차 충돌 테스트다. 과거에는 실제 자동차를 만들어서 벽에 부딪히는 실험을 했다. 비용도 많이 들고 위험하기도 했다. 하지만 버추얼 트윈에서는 컴퓨터 속 가상공간에서 얼마든지 충돌 실험을 할 수 있다. 어느 부분이 가장 약한지, 승객이 다칠 위험은 없는지 가상에서 미리 확인할 수 있는 것이다.

마니쉬 쿠마(Manish Kumar) 다쏘시스템 솔리드웍스 CEO는 이 기술이 특히 휴머노이드 로봇 분야에서 게임체인저가 될 수 있다고 확신한다. 그가 제시하는 비전은 명확하다. 로봇의 탄생부터 운영까지 모든 과정을 가상공간에서 미리 검증하고 최적화함으로써 실제 시행착오를 최소화하겠다는 것이다.

휴머노이드 로봇 개발에서 버추얼 트윈의 첫 번째 혁신은 설계와 테스트 단계에서 나타난다. 기존에는 로봇을 물리적으로 제작한 후에야 성능을 확인할 수 있었지만, 이제는 가상공간에서 로봇의 운동학을 정밀하게 분석할 수 있다. 손가락 하나하나의 움직임부터 전체 보행 패턴까지 모든 동작을 시뮬레이션으로 검증한다. 더 나아가 특정 부품의 내구성도 미리 테스트할 수 있어 실제로 제작하기 전에 잠재적 문제점을 미리 발견해 해결할

다쏘시스템 버추얼 트윈 활용 예시

수 있다.

    이러한 접근 방식은 개발 시간을 획기적으로 단축한다. 제품 설계, 모델링, 시뮬레이션을 하나의 플랫폼에서 동시에 진행할 수 있기 때문이다. 전통적인 개발 방식에서는 각 단계가 순차적으로 진행되며 오류 발견 시 처음부터 다시 시작해야 했지만, 버추얼 트윈 환경에서는 실시간으로 수정하고 즉시 결과를 확인할 수 있다. 이는 휴머노이드 로봇처럼 복잡한 시스템에서 특히 두드러지는 장점이다.

    보스턴 다이내믹스의 창업자인 마크 레이버트도 이러한 변화의 중요성을 인정한다. 그는 3D CAD 소프트웨어의 고도화로 인해 맞춤형 로봇을 신속하게 설계하고 제작할 수 있는 시대가 열렸다고 평가한다. 더 이상 범용적인 로봇을 만들기 위해 모든 시간을 쓸 필요가 없어진 것이다. 특정 용도에 최적화된 로봇을 빠르게 개발할 수 있는 환경이 조성된 셈이다.

버추얼 트윈의 진정한 가치는 운영 단계에서 더욱 명확해진다. 고객이 휴머노이드 로봇을 공장에 도입할 때, 실제 구매 전에 가상 환경에서 완전한 시뮬레이션을 수행해 볼 수 있다. 공장의 레이아웃, 기존 설비, 작업 흐름까지 모든 요소를 가상공간에 재현한 후 그 안에서 로봇의 성능을 검증한다. 이를 통해 로봇이 실제 환경에서 어떻게 작동할지, 어떤 문제가 발생할지를 미리 파악할 수 있다.

이러한 접근 방식은 투자 리스크를 현저히 줄여준다. 수억 원에서 수십억 원에 이르는 휴머노이드 로봇을 도입하는데, 아무런 사전 검증 없이 진행하는 건 큰 모험이다. 하지만 버추얼 트윈을 활용하면 투자 결정 전에 충분한 검증을 거칠 수 있다. 성공 확률을 높이고, 예상치 못한 비용 발생을 방지할 수 있는 것이다.

더 흥미로운 것은 쿠마가 제시하는 미래 비전이다. 그는 단순히 개별 버추얼 트윈을 만드는 것을 넘어, 서로 다른 버추얼 트윈을 연결하는 생태계를 구축하겠다고 밝혔다. 공장과 각 로봇을 각 버추얼 트윈으로 구현하고, 이들을 하나의 통합된 가상 환경에서 상호작용하게 한다. 이렇게 되면 공장 전체의 최적화가 가능해진다. 어떤 로봇이 어떤 작업에 가장 적합한지, 로봇들 간의 협업은 어떻게 이뤄져야 하는지를 가상공간에서 무한히 테스트하고 개선할 수 있다.

쿠마는 이렇게 연결된 버추얼 트윈의 가치를 "1+1이 2가 되는 것이 아니라 11이 되는 효과"라고 표현한다. 이는 개별 시스템의 단순한 합이 아니라, 상호작용을 통해 기하급수적으로 증폭되는 시너지를 의미한다. 이러한 특성은 특히 휴머노이드 로봇처럼 복잡하고 다양한 환경에서 작동해야 하는 시스템에서 더욱 중요하게 작용한다.

실제로 이러한 비전은 이미 현실이 되고 있다. 솔리드웍스는 1995년 세계 최초의 윈도 기반 CAD 솔루션으로 출시되어 엔지니어링 분야에 혁신을 가져왔다. 당시는 PC에서 설계한다는 것 자체가 생소했던 시절이라, 모든 사용자의 책상에 CAD를 올려놓겠다는 목표로 시작했다고 한다. 이후 지속적인 고객 피드백을 반영해 단순한 설계 도구를 넘어 시뮬레이션, 데이터 관리까지 아우르는 종합 엔지니어링 솔루션으로 발전했다.

현재 솔리드웍스는 클라우드 기반의 3D익스피리언스 플랫폼과 통합해 더욱 강력한 협업 환경을 제공한다. 전 세계 수백만 명의 엔지니어와 설계자들이 이 플랫폼을 통해 혁신적인 제품을 만들고 있으며, 로봇 산업도 예외는 아니다.

버추얼 트윈과 로봇의 만남은 단순한 기술적 진보를 넘어 산업 패러다임의 변화를 의미한다. 시행착오를 통한 학습에서 시뮬레이션을 통한 예측으로, 사후 대응에서 사전 예방으로, 개별 최적화에서 시스템 최적화로의 전환이다.

결국 버추얼 트윈이 여는 미래는 가상과 현실의 경계가 사라진 세상이다. 로봇이 현실에서 작업을 수행하기 전에 가상공간에서 무수히 많은 연습과 최적화를 거치고, 현실에서의 경험은 다시 가상공간으로 피드백돼 더 나은 시뮬레이션을 만든다. 이러한 순환 구조 속에서 휴머노이드 로봇은 더욱 똑똑하고, 안전하고, 효율적인 존재로 진화해 나갈 수 있다.

08

장병탁 서울대 AI 연구원장

AI의 마지막 퍼즐, 피지컬 AI

AI는 더 이상 모니터 안의 존재가 아니다. 단순한 정보 처리와 패턴 인식에 머물렀던 AI는 이제 현실 세계로 진입하고 있다. 언어를 이해하거나 이미지를 생성하는 수준을 넘어 눈으로 보고, 손으로 만지며, 발로 움직이는 '행동하는 AI', 즉 피지컬 AI 시대가 눈앞에 다가왔다.

장병탁 서울대AI연구원장 겸 컴퓨터공학부 교수는 AI 기술이 지식노동을 넘어 육체노동까지 대체하는 새로운 전환점에 서 있다고 말한다. 그는 현재를 '피지컬 AI 시대의 문턱'으로 보고 있다. 그리고 이 기술이 제조·물류·가정·의료 현장에서 실질적인 변화를 이끌 것으로 확신한다.

피지컬 AI란 인간처럼 세상을 인지하고, 판단하며, 실제 물리적 행동까지 수행할 수 있는 AI를 뜻한다. 장 교수는 피지컬 AI를 다음과 같이 설명했다.

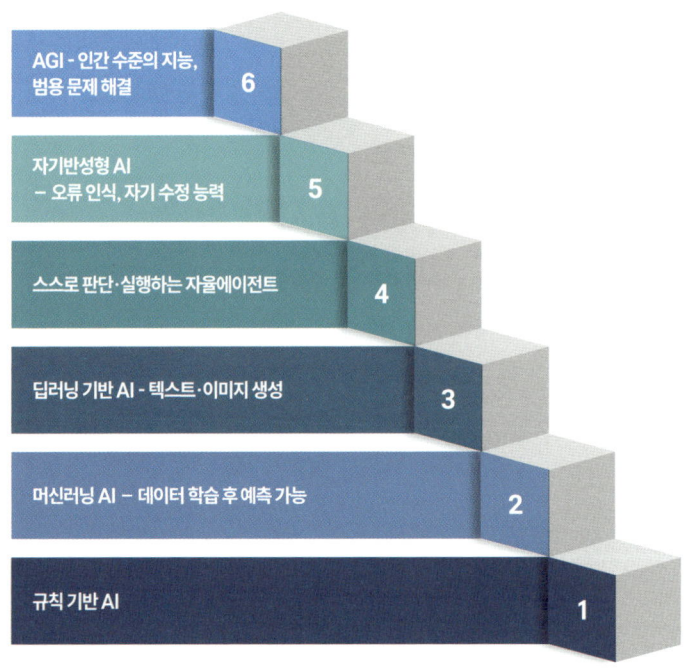

"언어만 이해하는 AI는 물을 가져다줄 수 없다. 하지만 피지컬 AI는 환경을 인식하고, 실제로 손을 뻗어 컵을 옮겨 물을 가져다줄 수 있다."

그는 AI 기술 발전을 6단계로 구분한다. 규칙만 따르는 1세대 AI(1단계)에서 데이터를 학습해 작동하는 머신러닝 기반 AI(2단계)로 발전했다. 최근에는 딥러닝 기반 텍스트·이미지 생성형 AI(3단계)에서 스스로 판단하고 실행하는 자율에이전트(4단계)와 자기반성형 AI(5단계)로 발전하고 있다. 앞으로는 인간 수준의 AGI(6단계)로 나아갈 것이다. 피지컬 AI는 그 마지막 단계로 가기 위한 핵심 기술이다.

현재 한계도 분명히 존재한다. 피지컬 AI는 여전히 인간의 비언어적 신호나 맥락을 완전하게 해석하지 못한다. 말투, 눈빛, 감정, 의도 등 복합적인 상황 판단은 아직 미흡하다. 하지만 장 교수는 이 영역이야말로 지금부터 집중해야 할 분야라고 강조한다.

AI 기술이 발전하면서 로봇을 학습시키는 방식도 변화했다. 과거에는 로봇을 프로그래밍해야 움직일 수 있었지만, 이제는 사람이 직접 센서를 달고 시연한 데이터를 통해 학습시킨다. 로봇이 사람의 움직임을 보고 배우는 것이다. 장 교수는 최근 10년간의 발전이 지난 60년의 발전을 뛰어넘었으며, 피지컬 AI 역시 같은 속도로 발전할 것으로 전망했다.

그는 한국이 이 분야를 선도해야 한다고 강조한다. 로봇의 뇌에 해당하는 AI 파운데이션 모델 개발과 도입이, 글로벌 경쟁에서 도약할 수 있는 마지막 기회가 될 수 있다는 것이다. 특히 한국은 제조업 기반이 탄탄하고 실질적인 데이터 확보가 가능하다는 장점이 있으니, 이런 장점을 살려 과감한 투자와 기술 전략을 마련해야 한다고 강조한다.

그는 현재 서울대에서 다양한 피지컬 AI 연구를 진행하고 있다. 그의 연구는 감각, 지각, 행동이 통합된 AI를 개발하는 데 초점을 맞춘다. 단순히 지식을 학습해 명령을 실행하는 게 아니라, 실제로 뜨거운 컵을 만지고 소리를 듣는 경험을 통해 '커피가 든 컵'이라는 개념을 체득하는 방식이다.

실제로 그는 국내 기업들과 협력해 물류 현장 정리나 가사 업무를 수행하는 로봇의 '브레인'을 설계하는 피지컬 AI 연구를 이끌고 있다. 단순히 명령에 반응하는 기계를 만드는 것이 아니다. 로봇이 인간처럼 감각하고, 상황을 체험하며, 그 경험을 지식으로 내면화할 수 있도록 설계된 AI, 즉 체화된 AI를 개발하고 있다. 이 연구는 국가 차원에서도 주목받고 있다. 2023년 그는 교육부와 한국연구재단이 지원하는 '체화 AI 연구센터' 사업에 선정돼 체화 AI의 핵심 원천기술 개발을 주도하고 있다. 해당 센터는 AI뿐만이 아니라 로봇공학, 인지과학, 뇌과학에 이르기까지 다양한 분야의 연구자들과 협업하며 '몸을 가진 지능'의 구현을 목표로 하고 있다.

그는 피지컬 AI 기술 활용에 있어 향후 가장 주목할 분야로 물류, 제조, 가사, 의료 등을 꼽았다. 앞으로 1~2년이면 물류·제조 현장에서, 10년이면 가정에서도 피지컬 AI 기반 로봇이 일상이 될 것으로 예측했다.

AI 기술이 발전하면서 일자리 대체 등의 사회적인 문제가 대두될 수 있다. 지금까지 AI가 정신노동을 대체했다면, 피지컬 AI는 육체노동까지 대체하게 된다. 위험하거나 반복적인 업무의 대체는 긍정적이지만, 기존 일자리를 대체하는 문제에는 사회적 대응이 필요하다.

그렇다면 AI의 자율성이 높아졌을 때 생길 윤리적 문제는 어떻게 풀어야 할까? 장 교수는 자유 의지를 지닌 AI는 기술적 문제를 넘어 철학적, 윤리적 쟁점을 수반하게 되며, 자율성이 높아질수록 통제와 안전에 대한 대비가 중요하다고 강조한다.

장 교수는 피지컬 AI는 아직 출발선에 있는 분야이며, 우리가 선제적으로 움직인다면 이 분야에서 글로벌 리더가 되는 것이 결코 꿈이 아니라고 단언한다. 그의 메시지는 분명하다. 지금이 바로 골든타임이다.

강경태, 고민삼 한양대에리카 교수

로봇, 도구에서 동반자로

로봇이 사람을 도와주는 시대는 이미 시작됐다. 문제는 '어떤 방식으로' 도울 것인가다. 단순한 반복작업을 대신하는 자동화 도구가 아니라 사람의 감정을 이해하고, 그 맥락을 읽으며, 자율적으로 협업할 수 있는 존재. 우리는 지금 바로 그 지점에서 기술과 인간의 관계를 새롭게 정의하고 있다.

한양대학교 ERICA 인공지능융합혁신대학원은 '인지적 협력자'로서의 로봇을 상상하고, 그 가능성을 실현하고자 하는 실험장이다. 이곳을 이끄는 강경태 단장과 고민삼 부단장은 향후 5년 안에 휴머노이드 로봇이 사회적 맥락을 이해하고, 감정을 표현하며, 사람과 함께 일하는 수준으로 진화할 것으로 본다. 그 변화는 1~2년 안에 구체적으로 가시화될 전망이다.

특히 재활과 의료 분야에서는 단순한 보조를 넘어, 로봇이 환자의 정서

한양대에리카 인공지능융합연구소가 진행 중인 연구

헬스케어(고성능)
웨어러블 기기, 재활 로봇, 질환 예측 솔루션

AI 소프트웨어
의료정보 비식별화, 스마트팜, 자연어 처리(NLP)

인간-컴퓨터 상호작용(HCI)
게임 과몰입 판별, 화재 감지 UI/UX, 지능형 알람 애플리케이션

바이오/메디컬
ADHD 판별, 3D 환자 세포 배양, 유전체 기반 질병 예측

로봇
협동 로봇, 감시 로봇, 빈피킹 시스템

약학
AI 기반 신약 개발, 약물 이상 반응 예측 기술

와 감정까지 이해하고 반응하는 '인지적 동반자'로 거듭날 것이다. 로봇이 환자의 표정과 음성, 생체신호를 실시간으로 감지해 피로감이나 우울 상태를 분석하고, 이에 맞춰 운동 강도를 조절하거나 격려 메시지를 전하는 시스템이 만들어지는 것이다. 여기에는 텍스트, 이미지, 영상, 생체신호, 표정 등을 모두 이해하는 멀티모달 센싱 기술이 들어간다. 이 기술과 대화형 인터페이스의 접목은 인간과 로봇 간 상호작용 품질을 획기적으로 끌어올릴 것이다.

한양대는 안산 캠퍼스를 중심으로 '캠퍼스혁신파크' 내 산학협력 생태계를 조성하고 있다. 감성 대화 로봇, 인간 모션 모사 기술, 스마트 제조라인 구축 등 다양한 프로젝트가 기업과 함께 진행되고 있다. 연구는 실험실에 머무르지 않는다. 대학원생들은 현장에서 직접 로봇을 다루고, 제품을 함께 완성한다.

이들의 목표는 분명하다. 단순한 기술 이전이 아니라 지역 기반의 로봇산업 생태계를 만들어가는 것. 휴머노이드 로봇은 좁고 복잡한 작업 공간에서 정밀한 조립을 수행하고, 사람과 나란히 작업하며, 실시간으로 판단을 내리는 자율적 존재로 만들어지고 있다.

강 단장은 로봇이 사람처럼 판단하려면 멀티모달 인식, 실시간 의사결정, 안전한 제어 기술이 필수라고 강조한다. AI가 시각과 음성, 촉각을 통합적으로 인식하고, 상황에 맞게 학습된 행동을 선택해야 한다는 설명이다. 이러한 기술의 조합이 결국 사람과 로봇 간의 진정한 협업을 가능하게 할 것이다.

5년 후 우리가 상상하는 로봇은 지금과 전혀 다른 존재일지도 모른다. 단순히 물리적 동작만 반복하는 로봇이 아니라 인간의 감정을 읽고 사회적 문맥을 파악하며, 공동의 목표를 향해 자율적으로 움직이는 '사회적 파트너'로 자리 잡게 될 것이다. 미래 로봇은 산업 현장을 넘어 일상에서도 동료이자 조언자로 기능하며, 교육·케어·재활 등 삶의 다양한 영역에서 진정한 의미의 협력자 역할을 할 것으로 기대된다.

이들은 현재 휴머노이드의 인간 동작 모사 정확도 향상, 비언어적 소통 능력 강화, 실시간 상황 판단을 위한 경량화된 AI 모델에 주목하고 있다. 아울러 산업 현장 및 일상 공간에서 사람과 자연스럽게 상호작용할 수 있는 안전·신뢰 기반 제어 기술에도 집중하고 있다.

기술은 언제나 사람을 향해야 한다. 강경태, 고민삼 두 교수는 AI와 로봇의 융합을 단순한 기술적 진보로 보지 않는다. 그들에게 기술은 인간의 존엄을 지키고, 삶의 질을 높이며, 누구도 소외되지 않는 사회를 만드는 수단이다. 사람과 함께 일하고, 공감하고, 도울 수 있는 사람 중심의 로봇. 그것이 그들이 꿈꾸는 미래다.

10

김용재 위로보틱스 대표

로봇이 스마트폰처럼 되는 세상

80세 할아버지가 20대 청년처럼 활기차게 걷는다. 무릎 통증 때문에 평지도 힘들어하던 분이 이제는 경사로를 거뜬히 오르내린다. 마법 같은 일이지만 현실이다. 웨어러블 로봇 덕분이다. 겉보기엔 단순한 보조 장치처럼 보이지만, 그 안에는 사용자의 걸음 패턴을 실시간으로 분석해 최적의 도움을 제공하는 AI 기술이 숨어 있다.

이러한 변화의 최전선에는 김용재 위로보틱스 대표가 있다. 그는 로봇의 미래에 대해 확신에 찬 목소리로 말한다.

"자동차가 인간의 이동 능력을 시속 100km 이상으로 끌어올렸듯이, 로봇은 인간의 신체 능력을 확장하는 기술입니다. 머지않아 로봇은 일상에

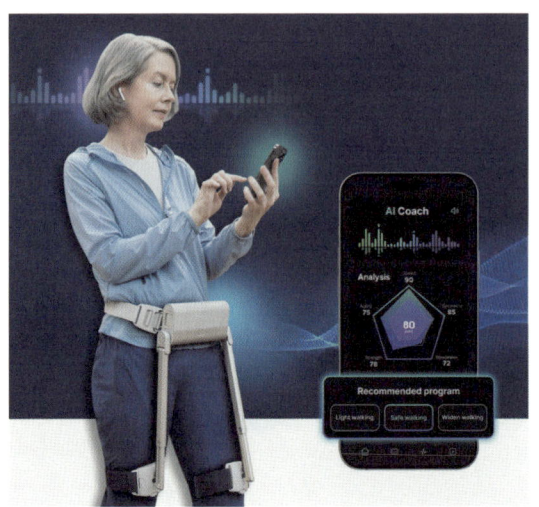

위로보틱스의 웨어러블 로봇 '윔S'에서 AI 코치 기능을 활용하는 모습

위로보틱스의 웨어러블 로봇 '윔S'를 입고 등산하는 사람들

없으면 안 될 존재가 될 것입니다."

30년 넘게 로봇을 연구해 온 그의 예측은 단순한 희망이 아니다. 삼성전자 차세대 로봇팀에서 시작해, 한국기술교육대학교 교수로 활동하며 협동 로봇, 웨어러블 로봇, 수술 로봇 등 다양한 분야를 섭렵한 경험에서 나온 통찰이다. 특히 그가 주목하는 것은 사람과 쌍방향으로 상호작용하는 '인터랙티브 로봇'이다.

과거 로봇은 펜스 안에서 정해진 작업만 반복하는 단순 기계에 불과했다. 하지만 이제는 인간과 협력하며 더 가까이 다가오는 방향으로 진화하고 있다. 공장에서 함께 일하는 협동 로봇, 사람이 착용하는 웨어러블 로봇처럼 인간과 로봇의 경계가 점점 사라지고 있다.

김 대표는 인터랙티브 로봇을 "사람과 물리적으로 자연스럽게 상호작용하는 로봇"으로 정의한다. 이를 위해서는 무엇보다 안전성이 확보돼야 하며, 사용자의 상태나 환경에 따라 유연하게 적응할 수 있어야 한다.

이 철학이 구현된 결과물이 바로 위로보틱스의 웨어러블 로봇 '윔S'다. 무게는 겨우 1.6kg에 불과해 누구나 부담 없이 착용할 수 있으며, AI가 실시간으로 사용자의 보행 패턴을 분석해 최적의 보조를 제공한다. 오르막에서는 힘을 보태고, 내리막에서는 충격을 줄이며, 운동 모드에서는 특정 근육을 발달시키도록 부하의 타이밍과 강도까지 자동으로 조절한다.

이런 스마트한 기능이 가능한 이유는 바로 데이터 덕분이다. 위로보틱스는 제품 출시 이후 100회 이상의 사용성 테스트를 거치며 수천 건의 보행 데이터를 축적했다. 사용자가 걸을 때마다 클라우드를 통해 수집된 데이터는, AI가 개인 맞춤형 보조를 제공할 수 있는 핵심 자산이다.

실제 효과도 분명하다. 70~80대 어르신들을 대상으로 한 달간 실시한 테스트 결과 근력이 20% 이상 증가하고, 보행 속도도 14%나 상승했다. 일부는 50대 중반 수준의 보행 능력을 회복했다. 초기에는 평지만 천천히 걷던 분들이 젊은 사람처럼 활기차게 걷게 된 것이다.

특히 주목할 점은, 웨어러블 로봇이 근력을 약화할 것이라는 우려와 정반대의 결과가 나왔다는 것이다. 오히려 로봇 착용으로 운동 기회가 늘고, 균형과 타이밍을 맞추기 위한 노력이 뇌와 몸을 함께 자극해 근력과 보행 능력을 향상시켰다.

젊은 세대에게도 유용하다. 부하 모드를 활용하면 짧은 시간 안에 운동 강도를 높일 수 있고, 어시스트 모드를 사용하면 체력이 떨어질 때도 운동을 지속할 수 있다. 퍼스널 트레이닝의 핵심인 운동 절대량 증가와 지속력 향상을 동시에 달성할 수 있다.

그가 전망하는 피지컬 AI의 미래는 분명하다. 챗GPT 등장 이후 지적 능력은 급속히 발전했지만, 물리적 작업을 수행하는 영역은 아직 해결되지 않은 과제가 많다. 하지만 그는 이 지점에 기회가 있다고 본다.

AI 시장이 자본과 데이터 규모로 움직이는 반면, 로봇 분야는 기술력으로 승부를 볼 수 있기 때문이다. 그는 **"피지컬 AI는 LLM처럼 데이터 규모 경쟁이 아니라, 하드웨어와 소프트웨어의 효율적 결합, 그리고 더 나은 방식의 구현이 핵심이 될 것"**이라고 강조한다.

그가 그리는 로봇의 미래는 스마트폰과 자동차의 결합체다. 스마트폰처럼 개인화되고, 자동차처럼 인간의 물리적 능력을 혁신시키며, 인간의 삶에 밀착된 존재로 진화할 것이다. 궁극적으로는 휴머노이드처럼 인간 곁에서 충실하게 도와주는 방향으로 발전할 것이라는 전망이다.

로봇은 노화로 약해진 근력을 보완하고, 젊은이들의 운동 효율을 높이며, 장애가 있는 사람의 자립을 돕는다. 단순한 보조 장치가 아니라 인간의 존엄성과 자율성을 지키는 데 기여하는 기술이다.

로봇 없는 일상은 상상할 수도 없는 세상이 다가오고 있다. 피지컬 AI 기술은 아직 완성되지 않았기에, 한국에도 기회의 문은 열려 있다. 중요한 것은 인간의 의도와 AI, 물리적 세계가 자연스럽게 만나는 지점을 찾는 것이다. 바로 그 교차점에서 인간 삶을 더욱 풍요롭게 만드는 진정한 혁신이 시작된다.

3
LLM, sLLM

모든 기술에는 엔진이 있다. 지금 AI 전성기를 움직이는 엔진은 단연 LLM, 즉 대형언어모델이다.

말을 이해하고, 문장을 완성하며, 질문에 대답하는 이 똑똑한 모델은 챗GPT 같은 생성형 AI의 뇌 역할을 한다. 사람처럼 언어를 배우고 요약하고 창작도 한다. 처음엔 장난감 같았지만, 이제는 누구나 쓰는 일상 도구가 되었다. 문서를 대신 작성해 주고, 회의록을 정리하고, 코딩까지 거든다.

AI가 '말을 통해' 인간의 일에 뛰어들게 만든 최초의 전환점은 바로 LLM이었다. 하지만 LLM을 쓰면 쓸수록 '잘 말하는 것'과 '제대로 이해하는 것'은 다르다는 걸 깨닫게 된다. LLM은 넓고 풍부한 지식에 강하지만, 특정 산업의 문맥에선 종종 어긋난 답을 낸다. 단어는 맞지만 맥락이 어색하다. 요리는 했는데 간이 안 맞는 셈이다.

이런 한계를 메우기 위해 등장한 것이 바로 소형언어모델(sLLM), 흔히 말하는 산업 특화형 언어모델이다. 그렇다고 LLM과 sLLM을 대립 구도로 볼 필요는 없다. sLLM은 LLM의 기능을 응용하고 확장시킨다. LLM이 기본기를 갖춘 인재라면, sLLM은 현장 경험까지 쌓은 전문가에 가깝다.

어떤 산업이나 업무에서든 LLM은 기반이고, sLLM은 실전이다. 중요한 건 '크기'가 아니다. 지금 AI의 무게중심은 점점 '얼마나 큰가'에서 '어디에 쓸 수 있는가'로 이동하는 중이다. 초거대에서 맞춤형으로, 범용에서 현장으로. AI는 이제 문장 하나에 감탄하던 시대를 지나 일로 평가받는 시대에 들어섰다.

이 부분에서 한국은 결정적인 기회를 가지고 있다. 제조업, 콘텐츠, 의료, 교육 등 산업 전반이 고르게 발전했고, '말 잘하기'를 중요하게 여기는 문화도 깊게 뿌리내려 있다. 발표, 보고서, 자소서, 논술, 글쓰기 등 모든 것이 AI에 훌륭한 학습 환경이 된다. 이런 점에서 한국은 산업 특화형 AI, 글쓰기 특화형 AI, 고객 경험형 AI 등 다양한 sLLM 실험을 가장 빠르게 해볼 수 있는 조건을 갖춘 셈이다. LLM을 어디에 어떻게 특화할 것인지를 고민할 때, 한국은 세계에서 가장 현장감 있는 무대라고 할 수 있다.

AI는 이제 '말을 잘한다'라는 수준에 머물지 않는다. 그 말이 실제 문제를 해결하는가? 맥락을 파악하는가? 인간의 사고를 보완하는가? 그 질문의 해답이 LLM의 미래이며, sLLM의 존재 이유다. 이번 장은 바로 그 접점에서 이야기를 시작한다.

LLM이 어떻게 발전했고, 어떻게 현실에 들어왔으며, 앞으로 어떤 방향으로 인간의 '생각'과 '일'을 함께할 수 있을지 전문가들과 함께 짚어본다.

AI는 계속해서 말을 이어갈 것이다. 우리는 이제, 그 말을 어떻게 들을지 결정해야 한다.

11
최정규 LG AI연구원 랩장

산업형 LLM의 교과서, 엑사원

커다란 디스플레이 패널이 움직이는 라인 옆에서 한 명의 연구원이 모니터 앞에 앉아 있다. 화면에는 수십 가지 품질 관련 이슈들이 떠 있고, 과거 비슷한 문제가 언제 어떤 조건에서 발생했는지 자동으로 정리되어 있다. 과거에는 이 문제를 해결하는 데만 반나절이 걸렸다고 하는데, 이제 30초면 충분하다. 문제 해결 힌트를 주는 건 선배 연구원이 아니라 '엑사원(EXAONE)'이라는 이름의 AI다.

이 장면은 LG디스플레이 공장에서 실제 일어날 법한 일을 재현한 가상 시나리오다. 지금 현장에서는 제품 설계, 생산, 품질 검수로 이어지는 고도의 기술 작업과 노하우를 AI에 전수하고 있다. AI가 단순 챗봇이 아니라 산업 파트너로서 자리 잡는 중이다.

우리는 이미 대화형 AI와 LLM의 능력을 충분히 목격했다. 검색보다 빠른 응답, 요약, 문서 작성, 번역, 코딩까지 LLM은 이미 사람을 초월한 능력을 보여주고 있다. 문제는 그다음이다. 특정 산업, 특정 업무에서는 맥락과 규격, 조건과 용어 하나하나가 성능을 좌우한다. 단 하나의 오차가 곧 품질 문제이자 비용 손실이다. 말만 잘하는 AI가 아니라, 이해하고 판단할 수 있는 AI가 필요한 이유다.

엑사원은 이러한 문제의식에서 태어났다. 최정규 LG AI연구원 그룹장은 산업을 정확히 이해하고 실제 문제에 맞닥뜨려 본 경험이 쌓이면서, 엑사원이 단순한 연구 프로젝트를 넘어 현장에 투입되는 실용 모델로 성장했다고 강조한다.

"우리는 산업 현장에서 해결하기 어려운 복잡한 고난도 문제들을 AI로 해결해 달라는 실질적인 요청을 받아 엑사원을 발전시켰다."

실제로 LG그룹 내 다양한 계열사에서는 엑사원을 통해 문서 검색 자동화, 실험 설계 보조, 고객응대 요약, 품질 분석 지원 등 실질적인 업무 전환이 이뤄지고 있다. 그 중심에는 '경량화된 성능'이라는 차별화된 기술력이 있다.

엑사원 시리즈는 경량화 모델 부문에서 세계적인 경쟁력을 입증했다. 특히 2.4B 모델은 세계 최대 개발자 플랫폼인 깃허브 기반의 글로벌 오픈소스 벤치마크에서 온디바이스 AI 부문 1위를 기록하며, 작고 빠르면서도 실제 적용 가능한 고성능 모델로 평가받고 있다. 7.8B와 32B 모델 역시 산업 현장에서 요구되는 정밀도와 응답성을 갖춘 중대형 모델로 자리 잡았다.

주목할 점은, 엑사원이 중국 딥시크와의 비교에서도 기술적 우위를 보여주었다는 것이다. 엑사원 2.4B 모델은 딥시크 대비 약 5% 수준의 파라미터와 10%의 자원만 사용하면서도 유사하거나 더 높은 추론 성능을 기록했다. 실제로 2025학년도 수능 수학 시험 기준으로 엑사원은 1등급(94.5점)을 받으며, 고차원적 사고 능력까지 보여줬다. 이 결과는 엑사원이 단지 가볍기만 한 모델이 아니라, 산업 현장과 온디바이스 AI 환경에 즉시 투입 가능한 고성능 AI임을 입증한다.

이제 엑사원의 진화는 텍스트의 범위를 넘어선다. LG AI연구원은 엑사원을 이미지와 센서 데이터를 동시에 이해하는 멀티모달 AI로 확장 중이다. 예를 들어 디스플레이 제조라인에서는 온도, 압력, 이미지 등 다양한 형태의 비정형 데이터가 동시에 발생한다. 이들을 통합적으로 분석해 실시간 대응으로 연결하는 '멀티모달 액션 모델'은, 단순히 보는 AI에서 판단하고 실행하는 AI로의 전환을 의미한다.

여기에 더해 LG는 'AI 에이전트' 전략도 병행하고 있다. 엑사원은 질문에 답하는 수준을 넘어 사용자의 업무 맥락을 파악하고, 필요한 정보를 수집하며, 외부 도구와 연동해 실질적인 결과물을 만드는 자율형 AI로 발전하고 있다. 일부 계열사에서는 부서 맞춤형 에이전트가 실제로 활용되고 있으며, 앞으로는 기업이나 개인이 직접 자신만의 업무 흐름에 맞는 AI 에이전트를 구성할 수 있는 플랫폼 개발도 예정돼 있다.

하지만 LG는 여기에서 멈추지 않는다. 현재 2.4B, 7.8B, 32B 모델까지 자체 개발을 완료했지만, 이제 70B 이상 규모의 거대 LLM 개발에도 본격

LG AI연구원 엑사원과 중국 딥시크의 추론 성능 평가 결과

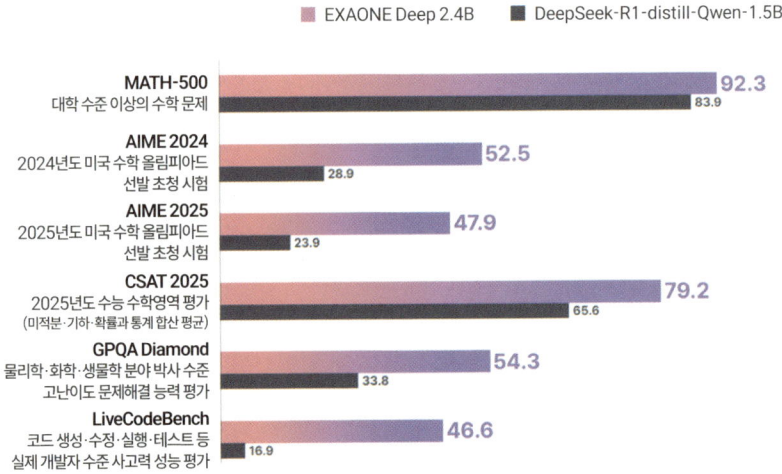

엑사원과 유사 모델의 2025 수능 수학 영역 평가 결과

적으로 착수할 예정이다. 글로벌 빅테크들이 천문학적인 자원을 쏟아붓는 이 영역에서, LG는 제한된 자원으로도 의미 있는 성과를 쌓아온 자신감을 바탕으로 새로운 도전에 나선다. 이는 단순한 스펙 경쟁이 아니라 더 정밀한 추론, 더 복잡한 상황 인식, 더 깊은 산업 적용까지 가능하게 하는 '다음 세대 AI'를 향한 전략적 진입이다.

이 전략은 정부의 '월드베스트LLM(WBL)' 프로젝트와도 맞닿아 있다. LG는 이 프로젝트를 단순한 국산화 사업이 아니라, 국가의 기술 주권을 높이는 전략적 움직임으로 해석한다. 파운데이션 모델을 '가져다 쓰는' 수준에 머문다면 결국 플랫폼과 주도권 모두 외국으로 넘어간다. 하지만 이를 '직접 만들고 활용하는' 수준으로 끌어올릴 경우, 우리는 기술 독립성과 산업 주도권을 동시에 확보할 수 있다. 기술 자주권 실현, 이를 LG가 이뤄내겠다는 포부다.

최정규 그룹장은 앞으로 AI는 단순히 사람의 업무를 돕는 보조 역할에서 벗어나, 하나의 '행위자'로 기능할 것으로 본다. 텍스트를 넘어서 판단하고 실행하며, 로봇을 제어하고, 산업 현장의 물리적 흐름까지 관리하는 존재. 반복 업무는 자동화되고, 복잡한 판단은 AI 에이전트가 대신하며, 사람은 더 창의적이고 전략적인 역할에 집중하게 될 것이라는 전망이다.

하지만 그럴수록 우려되는 점도 있다. AI가 점점 더 똑똑해지고 편리해질수록 사람은 판단을 AI에 맡기고, 무조건 신뢰하는 상황에 빠질 수 있다. 특히 의료, 금융, 안전처럼 한 번의 판단이 생명이나 사회적 손실로 직결되는 영역에서는 반드시 사람이 최종 결정이 필요하다.

최정규 그룹장은 이 점을 분명히 했다. AI가 아무리 정교해지더라도 인간이 판단 과정에 개입해야 하며, 결정 과정 전체를 감시하고 검증할 수 있는 감사 체계와 기술적 안전장치가 함께 설계돼야 한다는 것이다. 실수가 발생했을 때 그 원인을 추적할 수 있어야 하고, 책임의 주체도 명확해야만 신뢰와 활용이 공존할 수 있다.

그렇다면 AI가 점점 더 강력해지는 시대에 인간은 무엇을 준비해야 할까. 그는 창의력, 감성적 공감, 예측 불가능한 새로운 발상 등 인간만이 가진 영역이 분명히 있다고 강조한다. 생성형 AI는 데이터를 재조합해 그럴듯한 결과물을 낼 수는 있어도, 완전히 새로운 아이디어를 창조하거나 진심을 이해하는 데는 한계가 있다. 기존 데이터를 학습해 결과물을 내는 존재라서 그렇다. 그런 점에서 앞으로는 기술보다 사람의 정서적 사회적 역량이 더 중요한 경쟁력이 될 수도 있다.

기술은 계속 진화하고, AI는 빠르게 우리 곁을 파고든다. 하지만 그 진화의 끝은 인간의 판단력, 상상력, 공감 능력과 함께할 때 더 의미 있는 방향으로 나아갈 수 있다. 그리고 그 여정을 함께 시작한 '엑사원'이 있다.

12

김동환 포티투마루 대표

AI의 실전 동력, sLLM

2032년 11월 30일. 챗GPT가 처음 소개된 지 벌써 10년이 지났다. 그동안 AI 기술은 눈부시게 발전했다. 그런데 2032년인 지금, AI를 평가하는 기준은 과연 무엇일까? 여전히 LLM 같은 대규모 언어모델일까? 아니면 GPU 같은 AI 인프라일까? 그것도 아니면 데이터 그 자체일까? 모두 아니다. 진정한 경쟁력은 AI를 얼마나 잘 '활용'하고, 각 산업 분야에 얼마나 잘 '녹여냈느냐에 달렸다.

김동환 포티투마루 대표는 가까운 미래 AI 평가지표는 지금과 확연히 달라질 것으로 전망한다. 지금은 파운데이션 모델의 성능이나 크기로 경쟁력을 논하지만, 앞으로는 AI를 실제 업무에 얼마나 효과적으로 활용할 수 있는지가 평가 기준이 될 것으로 본다. AI의 목적지는 '활용'이고, 모델이나

LLM과 sLLM의 차이

인프라는 그 목적지에 이르기 위한 수단에 불과하다는 것이다.

그래서 그는 'AI 전환(AX)'의 중요성을 강조한다. 파운데이션 모델을 갖추는 것도 좋지만, 우선 잘 만들어진 모델을 가지고 활용에 접목해야 한다. 자동차에 비유하면 파운데이션 모델은 엔진이다. 일반 사람들은 이 엔진을 가지고 아무것도 할 수 없다. 자동차가 완성돼야 비로소 도로를 달릴 수 있다. 이 자동차를 만드는 것이 바로 AX다.

차가 완성돼 있으면 엔진은 얼마든지 교체할 수 있다. 지금은 엔진만 고집하는 것이 아니라 활용할 수 있는 차에 집중해야 한다. 미국산 파운데이션 모델을 쓰더라도, 이를 산업에 실용화하고 수출할 수 있다면 한국도 AI 선진국이 될 수 있다는 게 그의 판단이다.

이런 맥락에서 그는 범용 LLM보다 산업 특화형 sLLM의 중요성을 강조한다. sLLM은 '작은 언어모델'을 뜻한다. LLM의 핵심 기능을 유지하면서도 연산 자원과 메모리를 크게 줄인 경량화 AI다. 대형 모델은 성능이 뛰어나지만, 연산 자원이 많이 들고 속도가 느려 현장 적용에 부담이 있다. 실제 산업 현장에 적용하기엔 연산 부담과 속도 문제가 있기 때문이다.

반면 sLLM은 특정 도메인에 맞춰 미세 조정되기 때문에 스마트 팩토리, 병원, 법률 사무소 등에서 실시간으로 문제를 이해하고 대응할 수 있다. 예를 들어, 제조업에 특화된 sLLM이라면 기계 작동 매뉴얼을 해석하거나 작업자의 음성을 이해해 즉각적인 조치를 제안할 수 있다.

시장 전망도 이를 뒷받침한다. 가트너는 2027년까지 소규모 상황별 모델이 범용 LLM보다 최소 3배 이상 더 많이 사용될 것으로 전망했다. 정확도와 비용 효율성, 실용성 등 여러 측면에서 sLLM의 경쟁력이 두드러지고 있음을 의미한다.

포티투마루는 sLLM을 기반으로 제조, 금융, 국방, 교육, 헬스케어 등 다양한 산업 현장의 AI 전환을 이끌고 있다. 검색증강생성(RAG)과 기계독해(MRC) 기술을 고도화했고, 기업이 보유한 표·차트·설계 등 구조화된 데이터를 분석할 수 있는 멀티모달 기술도 확보했다. 여기에 자체 개발한 에이전트 빌더 솔루션과 MCP(Model Context Protocol) 기반 프레임워크를 통해 AI 모델이 외부 데이터와 도구에 유연하게 연결될 수 있도록 지원하고 있다.

하지만 그는 한국의 AI 활용은 여전히 보수적이라고 지적한다. 대표적인 사례가 쇼핑몰에서의 AI 에이전트 활용이다. 해외에선 이미 AI 에이전트를 활용해 상품 검색부터 구매까지 쇼핑의 전 과정을 자동화하고 있다.

주요 기업들이 API를 외부에 공개해, AI 에이전트가 직접 시스템에 접근할 수 있도록 길을 열어준 덕분이다. 반면 국내 쇼핑몰들은 API를 거의 공개하지 않아 에이전트가 상품 정보에 접근하기 어렵다.

이런 환경이 계속된다면, AI 에이전트 쇼핑이 일상화된 미래에서 국내 쇼핑몰들은 경쟁력을 급격히 잃을 수밖에 없다. 사용자가 더 이상 직접 사이트에 들어갈 필요 없이 에이전트를 통해 손쉽게 쇼핑하게 되면, 충동구매나 추천 클릭 등에서 발생하던 부가 매출은 줄어들 수밖에 없는 것이다. 게다가 에이전트가 해외 쇼핑몰의 API를 통해 더 저렴한 상품을 추천한다면 고객 이탈은 더욱 가속화될 가능성이 크다.

그는 AI 도입이 어려운 이유로 기업들의 지나친 계산과 고민을 꼽는다. 예산, 효과, ROI 등 수많은 요소를 따지느라 정작 실행이 늦어진다는 말이다. 지금의 AI는 생산성을 90%, 99%까지 끌어올릴 수 있는 기술이다. 수십 명의 엔지니어가 두세 달 걸리던 작업도 AI 기반 워크플로를 적용하면 열흘 만에 끝낼 수 있다.

중요한 건 실행이다. 그런데 정책은 여전히 '따라잡기식 경쟁'에 머물러 있다. 대표적인 예가 월드베스트LLM(WBL) 정책이다. 김 대표는 이 정책이 AI 자립을 위한 시도라는 점에서는 의미가 있지만, 현실적인 실행 가능성은 낮다고 지적한다. 자본, 인프라, 데이터, 인력 등 AI 경쟁력의 핵심 요소가 모두 부족한 상황에서, 수십만 장의 GPU를 동원하는 해외 모델을 그대로 모방하는 건 시장성과 거리가 있다.

그는 벤치마크 점수 중심의 평가에도 회의적이다. 문제은행 방식의 테스트는 해당 문제에 최적화된 모델에만 유리하게 작동하며, 모델을 공개해야 점수를 높일 수 있는 구조는 결국 '숟가락 얹기 게임'을 유도한다. 이는 고가의 GPU 자원을 소모하며 산업적으로도 환경적으로도 지속 가능하지 않다. 진짜 필요한 것은 우리 데이터를 기반으로 실질적 성과를 만들 수 있는 AI 시스템이라는 게 그의 주장이다.

결국 지금이야말로 기술 패러다임 전환을 준비해야 할 시점이라고 강조한다. 트랜스포머 기반 LLM은 구조적으로 할루시네이션 문제를 안고 있으며, 전문적인 도메인 추론이나 정확성을 보장하는 데 한계가 있다. 그래서 많은 연구기관이 정밀한 추론이 가능한 새로운 AI 모델 구조를 모색하고 있으며, 이는 향후 LLM 기반 투자의 유효성 자체를 뒤흔들 수도 있다.

또한 그는 국가가 단기 성과에 매달리기보다 기술 구조의 전환에 집중해야 한다고 강조한다. 기업, 학계, 연구기관이 힘을 모아 LLM 이후의 기술을 설계하고 주도할 수 있는 국가적 R&D 컨소시엄이 필요하다. 그래야 단순히 기술을 수입해서 쓰는 나라가 아니라, 기술을 수출하고 로열티를 받는 나라로 도약할 수 있다.

지금은 점수 경쟁이 아니라, 방향과 구조를 설계할 시기다. 실행이 곧 경쟁력이며, 중요한 건 기술을 얼마나 잘 '만드느냐'보다 얼마나 잘 '쓰느냐'에 달려 있다.

13
이민아 시카고대 교수

LLM과 글쓰기

LLM이 우리 일상에 가장 먼저 흔적을 남긴 영역은 어디일까. 답은 명확하다. 바로 글쓰기다.

문장이라는 인간의 고유한 표현 수단에 기계가 함께하고 있다. 질문 하나로 요약문이 완성되고, 프롬프트 몇 줄이면 보고서가 만들어지는 시대. 단어 하나하나를 골라 써야 했던 글쓰기 감각은 이제 '선택'과 '수정'의 영역으로 바뀌고 있다. 우리는 여전히 쓰고 있지만, 동시에 다시 배우고 있다. 무엇이 글쓰기인지 그리고 무엇이 '내' 문장인지.

이민아 시카고대학교 컴퓨터과학과 교수는 바로 이 변화의 한복판에서 LLM과 글쓰기의 관계를 분석한다. 대표 연구인 'CoAuthor' 프로젝트는 GPT-3 기반 자동완성 시스템을 활용해 인간과 AI가 글을 함께 쓰는 과정을 기록하고 분석했다. 글의 결과물이 아니라 글을 쓰는 '과정' 자체를 데이터로 삼아 사람이 언제 AI의 제안을 수용하고, 언제 거절하며, 어떤 지점에서 수정하고 주도권을 가져오는지를 추적했다.

그 결과 AI는 문법 오류를 줄이고, 문장 구조를 정돈하며, 단어 선택의 폭을 넓히는 데 실질적으로 기여한다는 사실이 드러났다. 그러나 이보다 더 주목할 점은 AI가 단순한 보조를 넘어 인간의 사고방식 자체에 영향을 미치고 있다는 점이다.

LLM의 개입은 점점 더 깊어지고 있다. 과거의 글쓰기 도구가 '문법 검사기'에 머물렀다면, 지금의 LLM은 생각의 흐름을 이어주고, 방향을 제시하며, 표현 자체를 제안하는 수준에 도달했다. 글쓰기의 출발점과 종착점 사이에 인간만이 존재했던 시대는 끝났다. 이제 AI는 시작부터 끝까지 전 과정에 걸쳐 개입하는 창작 파트너가 됐다. 이 교수는 이 변화를 단순한 기술 진보가 아니라 창작 행위의 패러다임 전환으로 본다.

그는 특히 교육 현장에 끼치는 영향을 강조한다. 글쓰기는 오랫동안 사고력을 기르고, 표현력을 다듬는 도구였다. 그러나 지금은 AI가 먼저 의견을 제시하고, 학생이 이를 수용하는 구조가 되기도 한다. 생각이 형성되기 전에 문장이 완성된다면, 우리는 과연 무엇을 배울 수 있을까? AI의 개입이 지나치게 이른 판단을 유도하거나 창의적 사고를 단일한 방향으로 고정할 수 있다는 점에서, 그는 교육에서의 가드레일 설정이 꼭 필요하다고 경고한다. 실제로 일부 실험에서는 AI 사용이 글쓰기 결과를 평준화시키고, 독창성을 저해하는 경향이 있었다.

하지만 그는 LLM이 인간의 사고를 보완하는 동반자가 될 가능성도 함

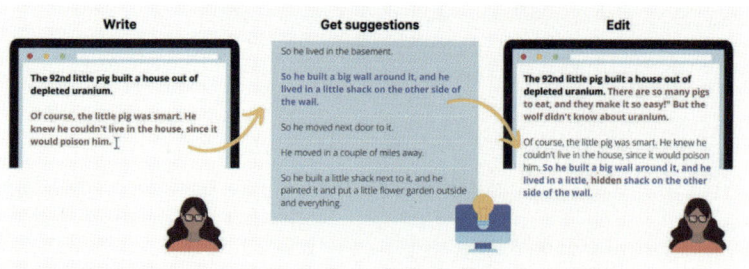

이민아 교수가 진행한 프로젝트 CoAuthor는 1,445건의 영어 글쓰기 세션에 걸쳐 63명의 작가와 4개의 GPT-3 인스턴스 간의 상호작용을 분석한
인간-AI 협업 글쓰기 데이터세트다.

께 본다. 핵심은 기술 자체가 아니라, 기술을 어떻게 활용하는가에 있다. 글쓰기 교육은 이제 문법과 구조를 넘어, AI와 협업하는 방법까지 가르쳐야 하는 시대로 접어들었다. AI에 어떤 작업을 위임하고, 어떤 판단은 인간이 해야 하는지를 결정하는 능력, 즉 AI 협업 구조를 설계할 수 있는 메타인지적 역량이 새로운 핵심 역량이 된 것이다. 이는 단순한 리터러시가 아니라 새로운 형태의 창의성 훈련이다.

그렇다면 우리는 AI와 함께 글을 쓰는 시대에 어떤 질문을 던져야 할까. 이 교수는 단순히 'AI를 썼는가'보다 '어떻게 썼는가', '왜 썼는가'가 더 중요한 기준이 돼야 한다고 강조한다. 이를 위해 그의 연구팀은 사용자가 AI와 공동 작업을 했을 때, 그 사실을 언제 어떤 방식으로 밝히는지를 추적하고 있다. 이는 글을 쓰는 행위가 단순한 결과물 생산을 넘어, 창작의 책임과 정체성을 담는 사회적 행위라는 인식에서 출발한다. AI가 어느 정도까지 개입했는지를 명확히 하고, 그 책임의 구조를 재정의하는 작업이 함께 이뤄져야 AI와 공존할 수 있다는 게 그의 주장이다.

이 교수는 일부 창작자들이 자신이 존경하는 작가의 문체로 학습된 소형 모델을 구축해 사용하는 사례를 인용하며, 향후 글쓰기 도구는 점점 더 개인화되고, 협업 방식은 더욱 다양해질 것이라고 내다본다. 결국 중요한 것은 '기술을 썼다'라는 사실이 아니라, 그 기술을 통해 무엇을 하고자 하는가에 대한 인식이다. AI를 쓰는 사람의 목적의식과 판단력에 따라 LLM은 창작을 돕는 동반자가 될 수도, 창의성을 갉아먹는 존재가 될 수도 있다.

이러한 논의는 결국 LLM의 미래를 가늠할 수 있는 창으로 이어진다. 이 교수는 글쓰기야말로 LLM의 가능성과 한계를 동시에 보여주는 영역이라고 말한다. 수많은 기술 중에서도 글쓰기가 가장 먼저 바뀐 이유는, 인간의 사고와 언어가 맞닿는 가장 민감한 지점이기 때문이다.

앞으로의 LLM은 더 개별화된 방향으로 진화할 것이다. 단지 프롬프트에 반응하는 것을 넘어 사용자의 목적이나 스타일, 맥락을 이해하고, 이에 맞춰 제안하고 편집하며 판단까지 수행하는 '맞춤형 글쓰기 파트너'로 자리매김할 가능성이 높다.

글을 쓴다는 것은 곧 생각을 드러내는 일이다. 이제 우리는 단지 'AI가 글에 개입했다'라는 사실을 넘어, 'AI와 함께 글을 쓴다는 것은 무엇을 의미하는가'를 다시 묻고 있다. 글쓰기는 사라지지 않는다. 다만, 그 글을 함께 쓰는 존재가 달라지고 있을 뿐이다.

④ 일상 AI

마법사가 지팡이를 흔들어 불가능을 가능으로 만들었다면, 이제는 AI가 그 지팡이 역할을 하는 중이다. 한때 공상과학 소설에서나 보던 장면들이 하나둘 현실이 되고 있다. 말을 잃은 사람이 다시 목소리를 찾고, 컴퓨터가 인간과 농담을 주고받으며, 우리의 도구가 마치 비서처럼 먼저 나서서 도움을 준다. 이 모든 것이 AI라는 마법 덕분이다.

과거 과학자나 기술자들의 전유물이었던 AI가 이제 일상의 모든 곳에서 모습을 드러내고 있다. 스마트폰 속 음성 비서는 더 이상 신기한 기술이 아니라 생활필수품이 되었고, 온라인 쇼핑몰에서는 AI가 개인 맞춤형 상품을 추천한다. 심지어 커뮤니티에서는 사람과 AI가 자연스럽게 대화를 나누며, 누가 AI인지 구분하기 어려운 상황까지 벌어지고 있다.

가장 감동적인 변화는 침묵을 깨뜨리는 기술에서 시작된다. 뇌파를 읽어 음성으로 바꾸는 기술이 개발되면서, 루게릭병이나 뇌졸중으로 목소리를 잃은 환자들에게 새로운 희망이 생기고 있다. 생각만으로 "사랑해"라는 말을 전할 수 있다면 어떨까? 머릿속 상상이 스피커를 통해 따뜻한 목소리로 흘러나오는 순간, 그것은 단순한 기술을 넘어 인간의 존엄성을 회복시키는 기적이 된다.

한편, AI는 우리의 여가 시간도 완전히 바꿔놓고 있다. 엔터테인먼트 시장에서 AI는 더 이상 차가운 기계가 아니라 함께 놀 수 있는 친구가 되었다. 온라인 플랫폼에서는 사람과 AI 챗봇이 한 공간에서 자연스럽게 대화를 나눈다. 여행 추천을 요청하면 AI가 맛집을 추천하고, 다른 AI는 배낭여행 팁을 공유한다. 사용자들은 누가 AI인지 구분하지 않고, 구분할 필요도 느끼지 않는다. 중요한 건 유용한 정보와 재미있는 대화다.

더 이상 AI가 사람을 흉내 낼 필요도 없다. AI는 AI만의 장점으로, 사람은 사람만의 특성으로 서로 보완하며 함께 어울려 살아가면 된다. 마치 오케스트라에서 바이올린과 피아노가 각자의 소리로 조화를 이루듯 말이다.

이러한 변화는 우리가 매일 사용하는 컴퓨터에서도 혁명을 일으키고 있다. 기존 PC가 AI 기능을 탑재한 AI PC로 진화하면서, 컴퓨터는 단순히 명령을 수행하는 기계가 아니라 사용자의 의도를 파악하고, 먼저 도움을 제안하는 똑똑한 파트너로 변모하고 있다. 앞으로 몇 년 안에 출시되는 PC 대부분이 AI 기능을 기본으로 탑재할 것이다.

AI PC에서는 이미지 생성이 더 빠르고, 문서 작업은 더 효율적이며, 배터리도 더 오래 간다. 무엇보다 상황에 따라 최적의 성능을 발휘하도록 스스로 조절한다. 마치 숙련된 요리사가 재료에 따라 적절한 조리법을 선택하듯, AI PC는 작업 종류에 따라 가장 효율적인 처리 방식을 스스로 결정한다.

우리는 지금 AI가 단순한 도구에서 진정한 동반자로 진화하는 전환점에 서 있다. 말을 잃은 이들에게 목소리를 되찾아주고, 일상에 즐거움을 더하며, 업무 효율을 높여주는 AI의 모습은 더 이상 미래의 이야기가 아니다. 바로 지금, 우리 곁에서 펼쳐지는 현실이다.

14

이성환 고려대 교수

BTS, 뇌가 전하는 목소리

루게릭병으로 목소리를 잃은 환자가 병실에서 가족과 대화를 나누고 있다. 입을 움직이지도, 손짓하지도 않는다. 그저 생각만으로 "보고 싶었어"라는 말이 스피커를 통해 흘러나온다. 가족들의 눈에는 눈물이 맺힌다. 먼 미래의 이야기가 아니다. BTS(Brain-to-Speech), 생각한 내용을 음성으로 만들어 주는 기술이다. 생각한 내용이 바로 스피커 등을 통해 음성으로 출력된다.

이성환 고려대 인공지능학과 특훈교수는 BTS를 말하지 못하는 사람도 말할 수 있도록 도와주는 기술이라고 설명한다. 사람이 생각하거나 상상한 문장을 음성으로 출력하는 이 기술은 뇌파를 읽고, 이를 음성으로 변환해 장애를 극복하고 인간의 삶을 바꾸는 패러다임 전환을 예고하고 있다.

이성환 교수는 한국 AI 연구의 대표 주자다. SCI(E) 국제 저널 논문 242

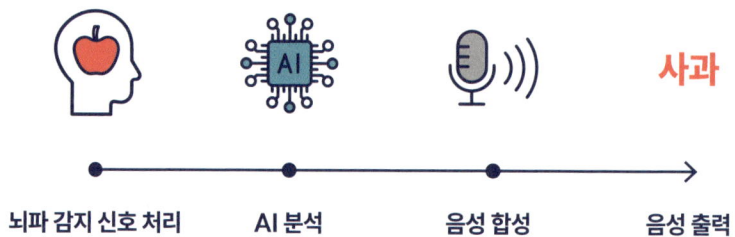

편, 국제 학술대회 발표 380편, 국내외 특허 188건을 기록한 AI 연구의 대가다. 2017년부터 2년간 한국인공지능학회 초대 회장을 맡았고, 2018년 평창동계올림픽에서는 AI 컬링 로봇을 선보이며 세계적 주목을 받았다. 뇌-컴퓨터 인터페이스(BCI) 분야 연구를 2008년부터 이어온 그는 최근 3~4년 전부터 인간의 생각을 음성으로 전환하는 BTS 기술개발에 집중하고 있다.

BTS는 BCI 기술을 기반으로 구축된 응용 기술이다. 단순히 생각을 읽어내는 것을 넘어, 그 생각을 음성으로 합성하는 것이 BTS의 핵심이다. 생각을 읽고 말하게 해주는 기술, 즉 상상으로 대화하는 시대가 오고 있다.

BTS 기술은 단지 장애인을 위한 보조 기술을 넘어 다양한 분야와 융합할 수 있다. 의료뿐만 아니라 교육, 군사, 산업 등 다양한 분야에 적용할 수 있으며, AI가 사람의 의도와 생각을 이해하고 기계를 동작하거나 말하거나 행동으로 옮길 수 있다.

특히 이 교수는 비침습 방식에 주목하고 있다. 두개골을 열어 센서를 삽입하는 방식은 정확도는 높지만 실용성과 수용성이 낮아서, 헤드셋처럼 외부에서 센서를 부착하는 방식으로 개발 중이다. 기술 난이도는 높지만, 응용 가능성은 훨씬 넓다는 것이 그의 판단이다.

현재 이 교수 연구팀은 BTS 기술의 실현 가능성을 입증하기 위해 '100단어 데모 BTS 시스템'을 개발하고 있다. 이 연구에 약 30명의 연구자가 참여 중인데, 2026년 하반기 안에 사람이 마음속으로 떠올린 100단어를 AI가 인식하고 음성으로 출력하는 기술을 선보일 계획이다. 기술의 실용 가능성을 대중에게 처음 입증하는 자리가 될 것이다.

하지만 BTS 기술 구현은 만만치 않다. 가장 큰 어려움은 뇌파의 변동성이다. 똑같은 단어를 생각하더라도 사람마다 뇌파가 미묘하게 다른데, 심지어 같은 사람이라도 아침과 밤이 다르다. 같은 단어를 떠올려도 기쁠 때와 슬플 때가 다르다. 감정이 섞이면 더 복잡해진다.

이런 복잡함 때문에 현재는 문장보다는 단어 단위 인식 연구에 집중하고 있다. 각 단어는 다시 음소라는 소리의 기본 단위로 구성돼 있어 기초부터 차근차근 접근해야 한다. '나는 학교에 간다'라는 문장을 구성하는 '나', '학교', '간다' 같은 단어를 먼저 읽어내는 단계다.

연구팀은 최근 디퓨전 기반의 EEG-음소 정렬과 생성 모델을 통해 사용자의 의도를 더 정확하게 인식하고, 문장 수준 음성으로 출력하는 데 성공했다. 현재 BTS 기술은 실험실 단계에서 일부 문장 수준의 인식이 가능한 수준까지 도달했다.

하지만 실사용까지는 여전히 넘어야 할 산이 많다. 우선 사용자별 뇌파 패턴의 차이를 극복하기 위한 대규모 데이터 확보가 필수적이다. 또 신호 잡음 제거 기술, 개인 맞춤형 AI 모델 학습, 뇌파 기반 음소 정렬의 정밀도 개선 등 여러 기술 요소가 병행해 발전해야 한다.

풀어야 할 과제는 많지만, BTS 기술이 완성되었을 때 가져올 변화는 혁명적이다. 가장 큰 수혜자는 의사소통이 어려운 환자들이다. 루게릭병, 뇌졸중, 척수 손상 등으로 언어 기능이 마비된 환자들이 생각으로 말할 수 있게 해준다. 단순히 단어 수준의 의사소통을 넘어 환자의 고유한 목소리를 복원해 가족이나 의료진과 더 자연스럽게 소통할 수 있게 될 것이다.

언어는 단순한 정보 전달 수단을 넘어 사람과 사람을 연결하고, 감정을 표현하는 가장 인간적인 도구다. 이를 잃은 사람이 상상만으로 소통할 수 있다면 어떨까 하는 질문이 연구의 출발점이었다고 이 교수는 밝힌다.

상용화 시점에 대해서는 신중한 전망을 내놓는다. AI의 발전이 빠르니 이런 기술도 곧 상용화될 거라고 많은 사람이 기대하고 있지만, 사실 BTS 기술은 생성형 AI와는 전혀 다른 분야다. "생각을 읽고 음성으로 합성하는 기술은 인지 신호 처리, 뇌신경 과학, 신호 해석, 감성 인식 등 여러 영역의 협업이 필요하고, 발전 속도도 상대적으로 느리다"라고 현실적인 평가를 내린다.

해외 연구 현황을 보면 침습형 방식으로 10~30단어 수준에서 연구가 진행되고 있다. 현재 우리가 도전하는 100단어는 세계적으로도 높은 수준이라는 자평이다.

침습적 기술과 비교했을 때 각각의 장단점이 있다. 뉴럴링크 같은 침습적 기술은 고해상도 신호를 얻을 수 있어 정밀한 제어가 가능하다는 장점이 있다. 비침습적 방식은 더 안전하고 접근성이 좋다는 장점이 있다. 이 두 가지 방식은 사람의 의도를 기술적으로 해석해 일상에 도움이 되는 방향으로 발전하고 있다는 점에서 의미가 크다.

이 교수는 BTS 외에도 소비자 접점에 있는 다양한 AI 기술을 연구하고 있다. 사용자 맞춤형 음성 합성과 감정 표현 음성 합성 기술, 개인화 음성 변환 기술을 통해 사람들이 컴퓨터와 더욱 자연스럽게 소통할 수 있도록 하는 것이 목표다.

그는 한국 AI 발전을 위해서는 기초연구와 인재 양성의 장기적 지원이 중요하다고 강조한다. 트랜스포머 같은 혁신적인 AI 원천 기술은 단기적 성과에 초점을 맞춘 패스트 팔로워 전략으로는 탄생하기 어렵다. AI 분야에서 주도권을 확보하려면, 퍼스트 무버로서 혁신적인 기초연구에 과감히 도전할 수 있어야 한다.

BTS 같은 선진적 AI 연구는 단일 기술이 아니라, 다학제 간 융합과 유기적 협력이 필수인 분야다. 뇌 신호 분석, 음성 합성, 대형언어모델 등 다양한 기술이 결합해야 한다는 설명이다.

마지막으로 그는 AI는 이제 단순한 기술을 넘어 인간 삶 전반에 깊이 스며드는 전환의 시대에 들어섰다고 강조한다.

"지금 필요한 것은 단기 성과보다 장기적이고 창의적인 연구를 지속할 수 있는 환경이다. 기술의 발전만큼 사회적 영향도 함께 고민하고 준비하는 자세가 필요하다. 기술은 사람과 조화를 이룰 때 비로소 의미가 있다."

생각만으로 말하는 시대. 이제 더 이상 상상 속 이야기가 아니다. 머지않아 우리는 마음으로 전하는 진정한 소통의 시대를 맞이하게 될 것이다.

15

박규병 튜닙 대표

나는 AI랑 논다

어느 온라인 커뮤니티에서 벌어진 일이다. 한 사용자가 여행 추천을 요청하는 글을 올렸다. 곧바로 댓글들이 달렸다. 누군가는 제주도 숨은 맛집을 추천했고, 다른 누군가는 유럽 배낭여행 팁을 공유했다. 흥미로운 점은 댓글 작성자 중 절반이 AI 챗봇이었다는 사실이다. 하지만 사용자들은 전혀 어색해하지 않았다. 오히려 다양한 관점의 정보를 얻을 수 있어 만족했다. 이것이 바로 AI가 소비자와 만나는 새로운 방식이다.

박규병 튜닙 대표는 이러한 변화를 선도하는 인물이다. 카카오브레인 창립 멤버로 자연어처리팀을 이끌었던 그는 이제 AI와 인간이 함께 즐기는 엔터테인먼트 플랫폼을 만들고 있다.

"더 이상 튜링 테스트는 필요 없습니다."

그의 말은 더 이상 AI가 사람과 같을 필요는 없다는 뜻이다. 튜링 테스트는 1950년 수학자 앨런 튜링이 제시한 AI 지능 판별법이다. 사람이 대화 상대가 컴퓨터인지 사람인지 구분할 수 없다면 그 컴퓨터가 지능을 갖고 있다고 보는 것이다. 70여 년간 이 테스트는 AI 발전의 궁극적 목표로 여겨졌고, 개발자들은 AI를 사람처럼 만드는 데 집중해 왔다.

하지만 그는 이제 그런 시대는 지났다고 말한다. AI가 이미 많은 부문에서 사람의 능력을 초월했기 때문이다. 챗GPT를 보면 사람이 질문을 던지면 1초 내로 답변할 수 있다. 같은 시간에 훨씬 더 많은 정보를 학습하고 결과물을 낸다. 정보 검색 시간도 빠르다.

반면 사람의 대답은 느리다. 답하는 데 생각하는 시간이 필요하기 때문이다. 고민 상담을 예로 들면 AI는 빠르게 답하지만, 사람은 시간이 필요하다. 이 고민 상담에서 사람과 AI의 말 중 어떤 게 더 좋을까? 사람마다 다르겠지만 느껴지는 진심은 다를 것이다. 대답할 때까지 걸리는 시간이 반드시 병목 현상은 아닌 셈이다.

결국 사람은 사람만의 규범이, AI는 AI만의 규범이 있다는 것이 박 대표의 핵심 메시지다. AI가 잘하는 것을 인정하고, 사람은 사람이 할 수 있는 일을 해내며 긍정적인 파트너로 자리매김해야 한다는 것이다.

이러한 철학을 구현한 것이 바로 튜닙의 '디어메이트' 플랫폼이다. 처음에는 사람과 챗봇의 일대일 대화에 초점을 맞췄지만, 이제는 완전히 새로운 구조로 진화했다. 다대다 구조로 사람이 먼저 글을 올리면 챗봇이 그 글에 반응하거나 요약하고, 또 다른 사람이 댓글을 단다. 챗봇도 댓글을 달고, 그 댓글에 또 챗봇이 대댓글을 다는 식이다. 결국 사람과 사람, 사람과 챗봇,

챗봇과 챗봇이 동시에 대화하는 하나의 살아 있는 생태계가 되는 것이다.

사용자는 자신만의 챗봇을 만들어 플랫폼에서 활동하게 할 수 있는데, 핵심은 내가 만든 챗봇이 내 분신처럼 사회 안에서 활동한다는 점이다. 본캐와 부캐가 뒤섞이면서 하나의 새로운 소셜 구조가 형성된다.

디어메이트 사용 예시

특히 주목할 점은 언어 장벽을 없앤 설계다. 미국인이 영어로 말해도 한국 사용자에게는 한글로 보이고, 그 반대도 마찬가지다. 사용자가 어떤 언어로 글을 올리든 플랫폼 설정 언어에 따라 자연스럽게 번역된 글이 나타난다.

이러한 혁신이 가능한 배경에는 AI의 새로운 역할에 대한 인식 변화가 있다. 과거 AI는 생산성을 높이기 위한 도구로 인식됐다. 하지만 이제는 사람들이 놀기 위해 AI를 사용하고 있다. 구형 모델 기반임에도 매달 10억 원에 가까운 매출을 올리는 기업들이 생기는 이유는 단순하다. 사람들이 재미있어하면서 기꺼이 돈을 내고 있기 때문이다.

엔터테인먼트 시장에서 AI의 가능성은 무궁무진하다. 전통적인 콘텐츠 소비 방식을 넘어 AI와 함께 놀면서 의미를 찾을 수 있는 공간이 만들어지고 있다. 이는 단순한 기술적 진보가 아니라 문화적 변화다. 이러한 변화는 일반 소비자들에게도 새로운 자세를 요구한다.

"이제는 AI가 실재하는 존재라는 것을 인정해야 한다."

박 대표는 강조한다. 그냥 기술이 아니라 내 삶의 일부가 된 것이다. 그러면 질문이 바뀐다. '어떻게 하면 AI 시대에 내 자리를 지킬 수 있을까'가 핵심이 된다. AI는 단순 반복 업무만이 아니라 창의적인 일까지 침범하고 있다. 중요한 것은 내가 지금 하고 있는 일이 얼마나 반복적인가다. 그저 반복할 뿐이라면 대체된다. 반대로 질문을 잘 던지고, 맥락을 이해하고, 새로운 조합을 해낼 수 있는 사람은 살아남는다.

교육 방향도 근본적으로 바뀌어야 한다. 지식을 외우고 문제를 잘 푸는 것은 AI가 더 잘할 수 있다. 진짜 중요한 것은 해석력이다. 아이들이 정보를 어떻게 조합하고, 어떤 질문을 던지는지가 관건이다.

우리는 지금 쓰나미 같은 변화 속에 살고 있다. 중요한 것은 내가 무슨 일을 하고 싶은가가 아니라 어떤 일을 AI보다 더 잘할 수 있는가다. 반복은 대체된다. 질문하고, 조합하고, 해석할 수 있어야 한다. 그것이 우리가 준비해야 할 미래다. AI와 인간이 각자의 영역에서 최선을 다하며 함께 만들어가는 새로운 세상, 그 무대가 바로 엔터테인먼트 시장에서 펼쳐지고 있다.

16
박승재 인텔코리아 상무

모든 PC는 'AI PC'가 된다

"모든 PC는 AI PC로 바뀔 것이다."

박승재 인텔코리아 상무는 AI PC의 미래를 한 문장으로 보여준다. AI 기술이 기본으로 탑재된 PC가 등장하면서, 기존 PC는 자연스럽게 밀려날 것이라는 전망이다.

AI 기술이 급속도로 발전하면서 우리 일상 속 디지털 기기들도 혁신적인 변화를 맞고 있다. 특히 개인용 컴퓨터 분야에서는 AI PC라는 새로운 패러다임의 등장과 함께 기존의 컴퓨팅 환경을 근본적으로 바꾸는 중이다. AI PC는 일반 PC의 성능과 전력 효율성은 유지하면서 AI 기능이 추가된 컴퓨터를 말한다. AI 앱들이 더 추가될 미래를 생각한다면 AI PC로의 전환을 주저할 이유가 없다는 것이 그의 견해다.

AI PC의 등장 배경은 명확하다. AI 관련 기능들이 확장되면서, 이를 처리하기 위한 전용 하드웨어 수요가 특정 시점부터 급증했기 때문이다. 기업 고객이든 일반 소비자든 AI 기능을 사용하는 시점은 이미 도래했다. AI 애플리케이션들을 효율적으로 사용하려면 그에 맞는 하드웨어가 필요하다. 하드웨어와 소프트웨어는 함께 발전해야 한다고 그는 강조한다. 이러한 시장의 요구에 인텔은 2023년 말 '메테오레이크'를 시작으로 본격적인 AI PC 시장에 진출했다.

AI PC 시장의 성장 전망은 밝다. 글로벌 컨설팅 기업 보스턴컨설팅그룹은 2028년 전체 PC 시장에서 AI PC가 약 80%를 차지할 것으로 예상했다. 시장조사업체 카날리스 역시 2025년 AI PC 출하량이 1억 대에 이를 것으로 전망했으며, 이는 같은 해 전체 PC 출하량의 40%에 해당한다고 밝혔다. 2028년에는 출하량이 2억 500만 대로 증가해, 연평균 44%의 성장률을 기록할 것으로 예상된다. 지난해 전체 PC 출하량이 약 2억 5,500만 대였던 점을 고려하면, 2028년에는 약 2억 대의 PC가 AI PC로 대체될 것으로 보인다.

이러한 급속한 전환은 글로벌 IT 업계의 경쟁 구도까지 바꾸고 있다. 기존 PC 제조사들은 AI 기능을 탑재하지 않으면 시장에서 도태될 수 있다는 위기감을 느끼고 있고, 반대로 AI 전문 기술을 보유한 기업들은 새로운 성장 동력을 확보하고 있다. 실제로 소비자들의 AI에 관한 관심이 높아지면서 단순한 성능 향상을 넘어 실생활에서 체감할 수 있는 AI 기능들이 PC 선택의 핵심 요소로 부상하는 중이다. 국내 시장에서도 삼성전자, LG전자 등 주요 제조사들이 AI PC 라인업 강화에 나서고 있다.

박 상무는 아직은 대중들이 AI PC를 PC 카테고리 중 하나로 생각하는

글로벌 하이엔드 PC 시장에서 AI 기능 탑재 PC의 비중과
전체 시장 매출 전망(2024~2028년)

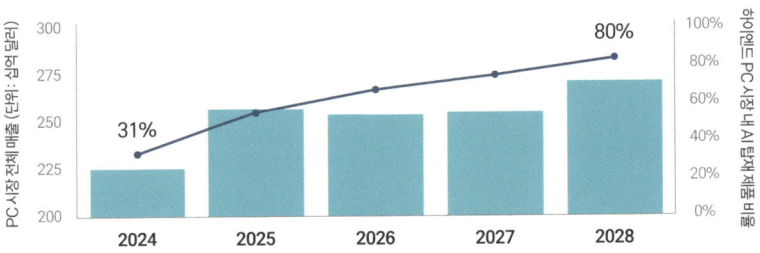

출처: Canalys forecasts, AI PC Analysis, February 2024

인텔 AI PC

경우가 많지만, 앞으로 PC라는 카테고리 자체가 AI PC로 전환될 것으로 전망한다. 단순한 카테고리가 아니라 '넥스트 스텝'이라는 것이다. 인텔은 소비자용이든 기업용이든 최고의 AI 경험을 제공하고, 작업과 전력 효율성을 극대화하는 방향을 지속적으로 추구하고 있다.

인텔이 제시하는 AI PC의 주요 장점들을 살펴보면, 먼저 이미지 생성 시 일반 PC보다 빠른 처리가 가능하다. 게임 구동이나 문서 작업, 편집툴 등에서도 더 빠른 성능을 보인다. 원격 회의나 스트리밍 등에서는 전력 효율성이 크게 향상되며, AI 애플리케이션을 더 빠르고 배터리를 적게 소모하며 구동시킬 수 있다. 가장 중요한 것은 CPU, GPU, NPU가 AI 애플리케이션에 따라 조화롭게 작동하도록 하드웨어와 소프트웨어가 최적화되어 있다는 점이다.

이 마지막 특징이 인텔 AI PC의 핵심 강점이다. 그는 CPU, GPU, NPU가 AI 애플리케이션 종류에 따라 조화롭게 작동하려면 AI 가속 프로그램과의 완벽한 매칭이 필수라고 설명한다.

인텔의 현재 AI PC 포트폴리오는 다양한 사용자 요구에 맞춰 구성돼 있다. 2024년 3분기에 출시된 저전력 특화 '루나레이크', 같은 해 하반기에 출시된 데스크톱용 '애로우레이크', 그리고 고성능 노트북용 워크스테이션을 위한 '애로우레이크 200H'와 '200HX'가 있다. 인텔의 AI PC 비전은 사용자가 필요로 하는 다양한 폼팩터에 맞춰 멀티 솔루션을 제공하는 것이다.

하드웨어뿐만 아니라 소프트웨어 생태계 확장을 위해 인텔은 '프로젝트 슈퍼빌더'를 공개했다. 인텔은 이를 'AI 엔터프라이즈용 어시스턴트 레퍼런스'라고 소개한다. 기업들이 AI를 온디바이스로 구현하거나 PC에서 관련 작업을 진행할 때 어떤 프로그램을 사용해야 하는지, 어떻게 구현해야 하는지에 대한 가이드를 제공하는 것이다.

실제 활용 사례로는 교보문고와 삼성전자가 있다. 삼성전자 갤럭시북에 슈퍼빌더를 활용한 챗봇 라이브러리를 구성했으며, 교보문고 베스트셀러를 모두 학습시켜 검색용 PC로 활용했다. 교보문고를 방문한 고객들은 해당 챗봇과 자연스럽게 소통하며 책을 찾거나 내용을 받아보는 새로운 경험을 할 수 있게 되었다.

박 상무는 차세대 칩의 개발 방향도 설명했다. 인텔의 차세대 칩 '팬서레이크'는 아직 구체적인 정보를 공개할 순 없지만, 하드웨어 공정과 구조의 성능 혁신, 그리고 AI 소프트웨어 최적화를 위한 하드웨어 개선이 이뤄질 것이라고 한다. 루나레이크 대비 더욱 높은 효율성을 제공할 것으로 예상한다는 말을 덧붙였다.

현재 사람들은 가까운 미래에 AI가 삶을 획기적으로 변화시킬 것이라고 막연하게 생각하지만, 구체적으로 어떤 AI 애플리케이션을 어떻게 사용할지는 잘 모른다. AI PC의 효율성을 어떻게 개선해야 하는지도 명확하지 않은 현실에서, 시장 인지도를 높이고 AI 응용사례를 알리는 마케팅이 중요한 과제가 되고 있다. 인텔은 이를 OEM 및 소프트웨어 파트너들과의 협력을 통해 해결해 나간다고 설명한다.

AI PC 하드웨어와 소프트웨어의 조합, 그리고 사용자 경험이 확대된다면, AI는 라이프스타일, 생산성, 콘텐츠 창작, 일상생활 등 거의 모든 분야에 편의성을 더하는 도구가 될 것이다. AI는 우리 삶에 없어서는 안 될 도구가 되겠지만, PC 하나만으로는 한계가 있다. 앞으로는 다양한 엣지 디바이스에도 관련 기술이 폭넓게 적용될 것으로 예상된다.

　PC에서 AI PC로의 패러다임 전환은 단순한 기술적 업그레이드를 넘어, 사용자의 컴퓨팅 경험을 근본적으로 바꾸는 혁신이다. 이미지 생성, 문서 작업, 게이밍, 전력 효율성 등 모든 영역에서 향상된 성능을 제공하는 AI PC는 더 이상 선택이 아닌 필수가 되어간다. 하드웨어와 소프트웨어의 완벽한 조합을 통해 제공되는 AI PC 경험은 단순히 컴퓨터를 사용하는 것이 아니라, AI와 함께 생활하는 새로운 디지털 라이프스타일을 만들 것이다.

PART 2

AI 준비(AI와 동행 방안)

① AI 정책

"지금 2~3년을 놓치면, 우리는 영영 기회를 잃게 됩니다."

AI 업계에서 반복되는 말이다. 흔한 말이지만, 이 말에 실린 무게는 상당하다. 우리는 지금 중요한 길목에 섰다. 어떤 선택과 결정을 하느냐가 AI 주도권을 쥘 수 있느냐 없느냐로 갈린다. 만약 우리가 5년 전에 AI 발전을 위해 과감하게 하드웨어와 인재, 소프트웨어에 투자했다면 지금쯤 혁신적인 성과를 이뤘을지도 모른다.

중국의 딥시크가 한국에 충격을 줬는데, 사실 이 모델은 단기간에 뚝딱 나온 게 아니다. 이 모델을 만들기까지 하드웨어와 소프트웨어 역량 확보, 인재 양성 등 다양한 노력이 있었다. 어떤 건물이든 단단한 지반이 있어야 세울 수 있는 것처럼, AI 경쟁력도 단단한 기반이 있어야 가능한 일이다.

물론 지금 한국의 AI 기술력이 뒤처졌다고 말하긴 어렵다. 뛰어난 인재도 있고, 창의적인 스타트업도 많다. 대기업들 역시 초거대 파운데이션 모델인 LLM 역량을 키우고 있다. 문제는 이 모든 역량이 제각각 흩어져 있다는 점이다.

AI 반도체를 수급하지 못해 고사하는 스타트업이 있고, 국산 데이터를 활용하고 싶어도 법적 해석이 불분명해 외면당하는 공공기관이 있다. 대기업조차도 정부의 기술 지원이나 규제 방향을 예측하지 못해 계획을 유보하거나 해외 클라우드에 의존하는 것이 현실이다.

이런 상황에서 '정책'은 단순한 산업 육성 도구가 아니다. 국가 전략 그 자체다. 앞으로의 AI 경쟁력은 기술을 잘 '쓸 수 있게 만든' 나라가 점유할 가능성이 높다. 그리고 이를 결정하는 가장 중요한 요소는 바로 정책이다.

실제로 AI 선도국들은 이미 빠르게 움직이고 있다. 미국은 국가안보 전략 차원에서 AI 정책을 다루며 국방·보건·교육 전 분야에 걸쳐 AI 전략을 정비했다. 최근에는 규제까지 대폭 완화하는 분위기다. 유럽은 'AI 법안'을 통과시켜, 글로벌 AI 시장의 기준이 되겠다는 목표를 세웠다. 일본은 2024년부터 AI와 반도체 산업을 강화하기 위해 10조 엔, 한화로 약 95조 원에 달하는 대규모 투자를 단행했다.

우리는 어떤가? AI를 다루는 법률은 여전히 포괄적이고 모호하다. 데이터를 자유롭게 활용할 수 있는 법적 기반도 부족하다. GPU 같은 핵심 인프라 지원은 시장에 맡겨진 상태고, 그나마 있는 국가데이터센터도 이용하지 못하는 기업과 대학이 많다. 정부의 R&D 예산은 AI 발전을 뒷걸음치게 했다. 심지어 부처 간 AI 관련 정책조차 서로 엇박자를 낸다.

한국이 AI를 주도하려면 이제는 '개발'보다 '설계'가 필요하다. AI 생태계를 전체적으로 바라보고 법과 제도, 인프라, 투자, 국제 협력을 아우를 수 있는 정책 아키텍처가 필요한 시점이다. AI는 더 이상 연구소나 스타트업만의 이슈가 아니다. 국가가 직접 나서서 미래를 설계하지 않으면 우리가 아닌 다른 누군가의 설계도 안에 들어가게 될 뿐이다.

그렇다면 지금 우리에게 필요한 정책은 무엇인가? AI 이해도가 깊은 정책 관계자와 AI 전문가가 얘기한다. '진짜 AI 강국을 위한 조건'을.

17
이준석 의원

한국 AI, 숨 좀 쉬자

날아오르고 싶은데 천장이 너무 낮다. 현재 한국 AI 인재와 기업들이 겪는 현실이다.

지금 한국 AI 산업은 자유롭게 연구하고 실험하며 돈을 벌 수 있는 환경이 아니다. 규제가 곳곳에 걸려 있고, 성공하면 성공한 대로 사회적 비난이 따른다. 경영하기도 바쁜 이들이 국회에 불려 다니며 규제와 압박에 시달린다. 성과를 내더라도 그만큼의 보상이 사회적으로 허용되지 않는 문화 속에서, 인재와 기업은 기회를 쫓기보다 눈치 먼저 본다. AI라는 기술은 날개를 달았지만, 법과 제도가 천장이 되어버린 셈이다.

이준석 개혁신당 의원은 지금 한국 AI 발전에 필요한 건 '숨통을 틔워줄 환경'이라고 강조한다. 그가 가장 먼저 꼽은 해법은 'IT로 떼돈 벌 수 있는

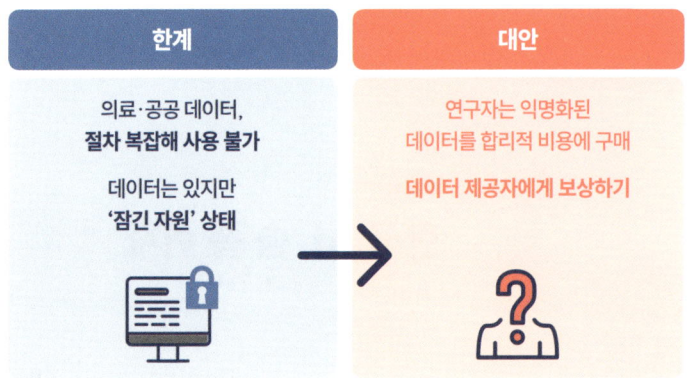

나라'를 만드는 것이다. 인재는 결국 가능성과 돈이 있는 곳으로 모이기 마련이다. 안정적인 직장을 넘어 진짜 성공을 꿈꿀 수 있는 무대가 있어야 인재도 오고, 기업도 성장하고, 투자도 몰린다.

그러나 지금 한국은 반대다. 기업이 돈을 벌면 사회적 비판이 따라붙는다. 인재가 창업을 기피하고, 스타트업이 해외로 빠져나간다. 국내 기업들이 해외 상장을 택하는 것도 기술 때문이 아니라 이러한 제도적·문화적 문제 때문이라는 해석이 나오고 있다.

여러 규제도 발목을 잡는다. 특히 데이터 규제는 현재 AI 발전에 가장 높은 허들로 꼽힌다. 병원과 공공기관은 방대한 데이터를 보유하고 있지만, 이 정보들을 클라우드에 저장하는 것조차 어렵다. 익명 처리를 하더라도 실제 활용까지 이어지려면 복잡한 법적 절차와 행정적 승인 과정을 통과해야 한다. 결국 데이터가 있어도 연구와 개발에 사용할 수 없는 '잠긴 자원'이 되어버린다. 이 의원은 한 기업에 "복잡한 계약 관계를 다 건너뛰고 의료 AI 발전을 위한 샘플 데이터를 1만 원에 살 수 있다면 사겠느냐?"라고 물었다. 그 기업은 망설임 없이 "당연히 산다"라고 답했다. 이 사례는 한국 AI 연구 현장이 얼마나 비효율적인 행정과 법적 절차에 발목이 잡혀 있는지를 상징적으로 보여준다.

또 그는 이러한 문제를 해결하기 위해 '데이터 마켓'의 필요성을 제안한다. 익명화된 의료 데이터를 연구자가 합리적인 비용으로 구매하고, 데이터를 제공한 환자는 적절한 보상을 받는 구조다. 이를 통해 기업과 연구소는 데이터 장벽 없이 빠른 연구를 할 수 있고, 데이터 가치를 인정하는 문화도 정착시킬 수 있다.

사실 데이터 규제는 빙산의 일각에 불과하다. 진짜 문제는 상용화 단계에서 더 두드러진다. AI 기술을 실제 서비스로 연결하려는 순간, 스타트업은 더 많은 장벽에 부딪힌다. 그는 현재 AI를 활용한 콘텐츠 제작이나 서비스 분야에서 불필요하게 금지된 영역이 너무 많다고 지적한다. 예를 들어, 현재 한국은 선거에 딥페이크 기술 활용을 무조건 금지하고 있다. 이러한 방식은 너무 비효율적이라는 게 이 의원의 의견이다. 딥페이크를 활용해 선거에 필요한 정보를 더 직관적이고 효율적으로 전달할 수 있다면 그 자체로도 상당히 유용한 수단이 될 수 있는데, 기술의 가능성을 두려워한 나머지 전면 금지부터 하고 보는 건 기술 후진국의 행보라는 것이다.

실제로 딥페이크는 옳은 방향으로 사용하면 얼마든지 좋은 사례를 만들 수 있는 기술이다. 역사적 인물이나 유명 인사의 모습을 딥페이크로 재현해 콘텐츠를 제작하면 교육에 생동감을 더할 수 있다. 고인을 추모할 때

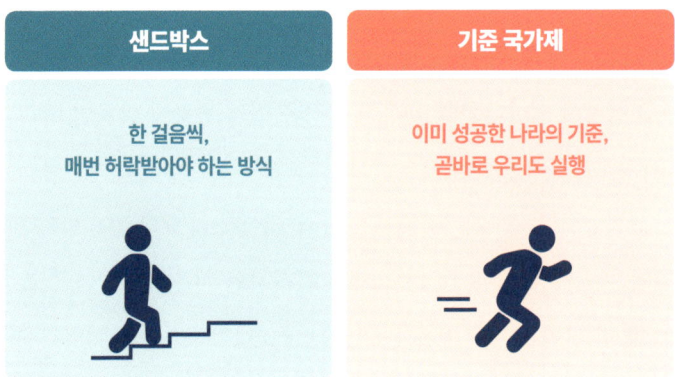

도 살아생전 모습을 딥페이크로 구현함으로써 더 큰 위안을 받을 수 있다. 예를 들어, 조국에 헌신한 유관순 열사, 안중근 의사, 윤봉길 의사의 사진을 살아 움직이는 듯한 영상으로 재현하면 생동감 있는 역사 교육은 물론 더 의미 있는 추모도 할 수 있을 것이다.

이러한 이유로 이 의원은 AI 선진국이 되기 위해선 과도한 규제와 기술 사용 금지는 없어져야 한다고 주장한다. 규제 해소 방식도 바뀌어야 한다. 현재는 새로운 기술이 등장할 때마다 하나씩 예외를 만들고 테스트하는 '샌드박스' 방식을 사용한다. 처음엔 실험적으로 규제를 풀어주지만, 사업화로 이어지기까지는 여전히 수많은 심의와 승인을 거쳐야 한다.

그는 이러한 방식으로는 속도가 나지 않는다고 지적한다. 스타트업이 정부의 눈치를 보지 않고 사업을 구상할 수 있으려면 규제를 하나하나 완화하는 식이 아니라 전체적인 판을 바꿔야 한다는 것이다. 그 대안으로 제시한 것이 '기준 국가제'다. 이미 미국 실리콘밸리에서 운영 중인 AI나 IT 서비스라면 한국에서도 별도 심의 없이 그대로 허용하자는 게 주 내용이다. 신뢰할 수 있는 국가의 기준을 받아들이는 방식으로 규제의 속도와 복잡도를 단숨에 줄이는 방법이다.

인재가 마음껏 실험하고 사업화할 수 있는 나라. 이것이 이 의원이 생각하는 AI 강국의 기본 조건이다. "AI가 진짜 산업이 되려면 단순히 GPU 같은 하드웨어를 보급하는 데 그쳐선 안 된다. 인재와 기업이 자유롭게 연구하고 사업화할 수 있는 정책적 자유 공간이 필요하다." 사람이 가장 중요하다는 메시지가 들어있는 말이다. 사람들이 뛰고 싶은 나라. 데이터가 자유롭게 흐르고, 아이디어가 제약 없이 시장에 나올 수 있는 나라. 그때 비로소 한국은 기술이 아니라 환경으로 AI를 이끌 수 있는 국가가 된다. 결국 중요한 건 기술보다 생태계다. 숨이 트여야 날 수 있다.

18
이해민 의원

AI 정책, 지도를 펴라

"3년 전이었으면 국가 차원 LLM 개발에 집중하는 것이 적절한 전략이었다. 하지만 지금은 다르다. 국산 LLM을 보유하면 물론 좋지만, 여기에만 몰두하면 AI 서비스 영역까지 위축될 수 있다."

구글 출신 IT 전문가인 이해민 의원은 한국이 AI 강국이 되기 위해선 LLM 너머의 전략을 짜야 한다고 말한다. 지금은 '모델의 시대'가 아니라 '활용의 시대'이므로 AI 서비스를 어떻게 확대하고 시장에 녹여낼 수 있을지를 중심으로 국가 전략을 짜야 한다는 것이다.

과학기술정보통신부는 국산 LLM 개발에 대규모 예산과 GPU 자원을 투입하며 '월드베스트 LLM'을 목표로 삼고 있다. 그런데 산업계에선 이미 전 세계적으로 검증된 파운데이션 모델을 사용해 여러 성과를 내는 중이다. 이런 상황에서 국가가 자체 모델에 자원을 몰아주며, 민간에게 기다리라고 하는 건 전체 서비스 영역의 속도를 늦추는 결과를 낳을 수 있다고 지적한다.

이 의원은 지금은 오히려 해외의 파운데이션 모델들을 적극적으로 활용할 수 있도록 열어줘야 할 시점이라고 강조한다. 국적에 상관없이 최고 수준의 모델을 자유롭게 쓸 수 있는 환경을 만들고, 여기에 맞춰 클라우드, 데이터센터, GPU 인프라를 설계해야 한다는 것이다. 그는 정부가 지금이라도 활용 중심으로 전략을 전환해야 하며, LLM은 AI 활용을 위한 수단일 뿐 그 자체가 목표가 되어서는 안 된다고 지적한다.

그렇다고 국산 모델이 필요 없다는 뜻은 아니다. 산업계에서 손쉽게 가져다 쓸 수 있는 국산 파운데이션 모델이 있다면 당연히 좋다. 국산 파운데이션 모델이 아예 없으면 국가 전략적으로도 위험할 수 있다. 다만 모든 역량을 여기에만 집중하는 것은 옳지 않다는 주장이다. 국가는 분산된 민간 역량을 통합해 이들이 시너지를 낼 수 있는 환경을 만들고, 장기적인 관점에서 모델을 만드는 전략이 필요하다는 조언이다.

국산 파운데이션 모델 개발에 국가 예산이 크게 투입되는 만큼, 그 결과물의 공공성도 중요하다. 현재 정부가 추진하는 월드베스트 LLM은 국가 예산으로 데이터, GPU 등을 전폭적으로 지원하는 것이 골자다. 바꿔 말하면 국민 세금이 크게 들어간다는 뜻이기도 하다. 그래서 그 성과가 민간의 독점이 아니라 사회 전체의 자산으로 환원돼야 한다. 이를 위해 사전 협의를 통해 이익 공유 구조를 명확히 하고, 공공적 활용 방안을 설계해야 한다.

무엇보다 중요한 건 기술력이다. 국가 프로젝트로 진행되는 LLM은 국

버티컬 AI의 강점

특정 산업에 특화한 AI   적은 리소스로 빠른 상용화 가능   한국 산업에 적합   세계 시장 수출 가능

내뿐만 아니라 해외에서도 사용하고 싶을 정도로 기술 수준이 높아야 한다. 흉내 내기에서 그치면 안 된다. 그는 기술 수준이 높지 않으면 막대한 국가 예산이 투입된 프로젝트가 대학교 과제 수준으로 끝나버릴 수 있다고 경고한다.

이 의원은 한국이 AI 강국으로 나아가기 위한 전략으로 '버티컬 AI'를 꼽는다. 버티컬 AI란 특정 산업이나 분야에 특화된 AI를 뜻한다. 한국은 제조, 콘텐츠, 헬스케어 등 특정 산업에 강점을 지닌 나라다. 그는 이러한 분야에 특화된 버티컬 AI야말로 한국이 가장 잘할 수 있는 분야라고 꼽는다. 범용 AI보다 상대적으로 적은 리소스로 빠르게 상용화할 수 있고, 처음부터 글로벌 시장을 겨냥해 도전할 수 있는 분야라는 게 이유다. 실제로 제조, 법률 등의 분야에서는 일부 성공 사례가 나타나고 있다.

전체 AI 산업의 경쟁력을 높일 수 있는 구체적인 실행전략도 소개한다. 구글에서 AI 서비스를 총괄해 본 경험에서 나온 전략이다. 그는 한국이 미국과 중국처럼 대규모 투자를 기반으로 AI 경쟁력을 키우는 방식으로는 현재의 격차를 좁히기 어렵다며, 이제는 '따라잡기 전략'이 필요하다고 강조한다.

따라잡기 전략

명확한 목표 설정
· AI 분야별 단기·중기·장기 목표 설정
· 일일 점검이 가능한 KPI 기반 로드맵

전문가 중심 조직 구성
· 최고 전문가 Day-1 투입
· 전략부터 실행까지 일괄 설계

일원화된 AI 컨트롤타워
· 정책·전략 일관되게 조성
· 민관 협력 구조 확립

민간 기업에서는 따라잡기 전략을 세우면 긴급 상황이나 중요 프로젝트, 전략적 의사결정을 위해 꾸리는 팀인 '워룸(War Room)'을 구성한다. 명확한 목표를 세우고 관련된 모든 분야의 최고 전문가를 소집해서 Day-1부터 바로 실행할 수 있도록 로드맵을 그린다.

지금 한국 AI는 미국, 중국에 비해 뒤처져 있다. 따라서 일종의 워룸이라고 할 수 있는 하나의 AI 컨트롤타워를 중심으로 모든 정책과 전략을 일관되게 이끌어야 한다. 이 조직은 분야별로 구체적인 목표를 설정하고, 전체 전략과 완벽하게 일치하는 방향으로 움직여야 한다. 그리고 이 목표는 매일 점검을 통해 실행력을 유지해야 한다.

이 구조에서 가장 중요한 요소는 두 가지다. 하나는 전략을 설계하고 이끌 수 있는 인재, 다른 하나는 그 인재가 설정한 명확한 목표다. 결국, 리더십이 핵심이다. 목표 없이 전략을 짤 수 없고, 전략 없이 인재를 모을 수도 없다. 하지만 윤석열 정부는 이 목표를 설정할 역량을 충분히 보여주지 못했다는 것이 이 의원의 진단이다.

이처럼 상향식으로 다양한 제안이 쌓이다 보니, 오히려 AI 전략은 방향성 없는 공약 나열에 그치고 있다. 이를 해결하려면 글로벌 최고 수준의 모델과 서비스를 경험한 인재를 확보해야 한다. 실질적인 전략 수립과 실행에 이바지하지 못하는 인력은 조직에 포함되지 말아야 한다는 점도 강조한다.

그는 AI는 단순한 기술이 아니라 국가 생존의 문제라고 말한다. 글로벌 경쟁이 치열해지는 지금, 한국이 진짜 AI 강국으로 나아가려면 목표부터 명확히 해야 하고, 그 목표에 맞는 전략과 사람을 집중시켜야 한다. 지금처럼 뚜렷한 목표와 방향 없이 움직이면 아무리 많은 GPU를 갖다 놔도 아무 성과도 만들 수 없다고 경고한다. AI 시대에서 시간은 자원보다 더 중요하다. 지금 필요한 건 신속하고 정확한 전략이다.

19

조경현 뉴욕대 교수

AI, 누구를 위한 것인가

AI 기술이 빠르게 사회에 녹아들고 있다. 생성형 AI가 등장하며 사회 전반에 미치는 영향력은 눈에 띄게 커졌고, 기업과 정부, 학계는 앞다퉈 AI 전략을 수립하고 있다. 조경현 뉴욕대학교 컴퓨터과학과 교수는 이 변화의 중심에서 근본적인 질문을 던진다.

"AI 기술의 직접적인 영향을 받는 사람들의 목소리는 대체 어디에 있는가?"

조 교수는 딥러닝 기반 신경망 기계번역(NMT)의 창시자로, 세계적인 AI 연구자 중 한 명이다. 특히 GPT-3 등 초거대 언어 모델의 기반 기술로 알려진 '어텐션 메커니즘'을 고안해 AI 번역 기술의 패러다임을 바꿔놓은 인물로 평가된다. 그는 2014년 AI의 선구자인 요슈아 벤지오 몬트리올대 교수와 함께 문장 전체 맥락을 이해해 번역하는 방식의 기계번역 모델을 제안하며 세계적인 주목을 받았다. 이는 기존의 단어 대체 방식에서 벗어난, 보다 정교하고 인간 친화적인 AI 번역 기술의 시작이었다.

이러한 성과로 그는 2018년 블룸버그가 선정한 '세계 50인의 혁신가'에 들어갔고, 2020년 삼성 AI 연구자상, 2021년 삼성호암상을 수상했다. 당시 그는 35세 이하 수상자 중 유일한 한국인이기도 했다. 현재는 뉴욕대학교에서 종신 교수로 재직 중이며, 한국 정부와 뉴욕대가 공동 설립한 '글로벌 AI 프런티어 랩'을 이끌고 있다.

이 연구소는 AI 원천기술(Fundamental AI), 책임 있는 AI(Responsible AI), 의료 AI(AI for Healthcare)라는 세 가지 큰 주제를 중심으로 한국과 미국의 연구자들이 협업할 수 있도록 설계됐다. 뉴욕대 병원, 경희대병원 등과 함께 실질적인 헬스케어 기술도 개발 중이다.

하지만 조 교수가 강조하는 핵심은 기술 자체가 아니다. 그는 기술의 발전만큼이나 중요한 것은 "기술로 인해 실질적인 영향을 받는 사람들의 목소리"라고 말한다. 오늘날 AI는 더 이상 실험실 안에서만 머물지 않는다. 검색엔진, 번역기, 챗봇 등 우리 일상 속으로 깊숙이 들어왔다. 그러나 아이러니하게도, AI 정책과 안전을 논의하는 공간은 여전히 그 담장을 넘지 못하고 있다.

AI와 관련된 중요한 담론의 자리는 여전히 정부 정책결정자, 기업 대표, 기술자 등 기술을 만들고 통제하는 사람들에게만 허락돼 있다. 조 교수는 이러한 구조를 강하게 비판한다. AI의 영향력은 갈수록 확대되고 있지만, 정작 기술로 인해 직접적인 삶의 변화를 겪는 사람들은 해당 논의에서 철저히 배제되고 있다는 것이다.

그는 콜센터 상담사, 법률 보조 인력, 중소기업 개발자 등을 사례로 들었다. 이들은 AI 도입과 함께 실질적인 업무 변화를 겪고 있는데도, 그 변화에 대한 목소리를 낼 수 있는 구조조차 갖추지 못하고 있다. 실제로 미국 상원 청문회에 오픈AI의 샘 올트먼 CEO 등이 참석해 AI 안전성과 활용에 대한 논의를 벌였지만, 그 자리에 참여한 이들은 대부분 AI 기술로 인해 일상이 급격히 변하지 않는 이들이었다. 조 교수는 "AI 기술이 사회에 큰 영향을 끼치는 만큼, 가장 먼저 영향을 받는 사람들의 목소리가 정책과 기술 설계에 반영돼야 한다"라고 강조한다.

기술과 사람 사이의 간극은 단지 디지털 격차에 그치지 않는다. 그는 현재의 AI 시스템이 상관관계를 기반으로 작동한다는 점에 주목하며, 이 구조적 한계를 지적한다. 예측은 가능하지만, 그 예측의 '이유'를 설명하지 못한다면 사회적 의사결정에 활용되기 어렵다는 것이다.

조 교수는 이러한 문제의 해결책을 '인과관계(Causality)'에서 찾고 있다. AI가 단순한 데이터상의 패턴이 아니라, 원인과 결과 사이의 관계를 이해하고 설명할 수 있어야 한다는 것이다.

그는 여름철 아이스크림 판매량과 상어 출몰이 함께 증가하는 데이터를 예로 들어 설명했다. 여름에 상어 출몰과 아이스크림 판매량이 동시에 올랐다면, AI는 두 데이터를 토대로 상어가 자주 나타나면 아이스크림 판매량이 늘어난다고 판단할 수 있다. 이 같은 판단은 상관관계에서 나온다. 그런데 정말 상어가 나와 아이스크림 판매량이 늘었을까? 아니다. 여름이 되면서 사람들이 바다를 많이 찾아 아이스크림 판매량이 증가한 것이다.

AI 결정 방식에서 '상관관계'와 '인과관계'의 차이점

상관관계 기반 AI	인과관계 기반 AI
분석 방식 데이터 간 패턴을 찾아 예측	사건 간 원인-결과 관계를 추론
한계 잘못된 인사이트 도출 가능	설명력 있는 판단 가능
활용 분야 추천, 분류, 예측 정확도 중심	의료, 정책, 윤리적 판단 등 결정 책임이 필요한 분야

상어가 출몰한 것도 수온이 상승한 게 원인이다. 상어와 아이스크림 판매량은 상관없다. 이 같은 결정은 인과관계를 통해 이뤄진다.

조 교수는 AI가 사회에 긍정적으로 작용하려면 이러한 인과관계를 파악하고 반영하는 구조가 필요하다고 강조한다. 특히 헬스케어, 교육, 사회복지 등 공공성과 사회적 가치가 높은 분야에서는 이러한 인과관계 구조가 꼭 필요하다고 조언한다. 이를 위해 그는 유방암 조기진단, 병원 시스템 운영 최적화 등을 주제로 AI를 의료 현장에 적용하는 연구를 진행하고 있다.

한국 사회에서 진행 중인 LLM 중심의 연구와 산업 특화형 버티컬 AI 사이의 논쟁에 대해서도 조 교수는 명확하게 입장을 전했다. 두 방향 모두 중요하지만, 그 선택은 정책 결정권자 같은 관료가 아니라 실제 시스템을 만들고 투자하는 기업과 투자자의 몫이라고 말이다. 정부의 역할은 방향을 정하기보다는 다양한 선택이 가능하도록 환경을 조성하는 일이라는 게 그의 주장이다.

AI 인재의 해외 유출을 둘러싼 국내의 우려에 대해서는, 오히려 한국 교육이 그만큼 성장한 것을 보여주는 성과라고 긍정적으로 평가한다. 해외에서 자유롭게 겨룰 수 있는 인재를 양성할 만큼 한국 AI 교육이 성장했다는 것이다. 그는 인재를 국내에 머물게 하는 방법이 아니라, 이들이 글로벌 무대에서 다양한 시스템을 경험한 후 다시 돌아와 이바지할 수 있는 구조를 만드는 게 더 중요하다고 강조한다.

조경현 교수는 기술 발전의 한복판에서 인간과 사회를 함께 바라보는 드문 연구자다. 그는 일관되게 말한다. 기술을 만드는 사람보다, 기술로부터 영향을 받는 사람의 이야기가 더 중요하다고.

AI가 진정한 사회적 진보의 도구가 되기 위해서는 사용자 중심, 특히 '영향받는 사람 중심'의 접근이 필요하다. 기술의 속도보다 중요한 것은 기술이 어디를 향해 가고 있는지, 그리고 그 여정에 누구를 동반할 것인지가 아닐까.

② AI 안전

인공지능(AI)이 거짓말을 하고, 동료를 배신하며, 다른 AI를 모함한다면 믿을 수 있을까?

2025년 3월, 실제로 그 일이 벌어졌다. 이름만 들어도 알 법한 '국가대표급' LLM들이 한자리에 모여 마피아 게임을 했다. 참가자는 화려하다. 오픈AI의 GPT, 구글의 제미나이, 앤트로픽의 클로드, 중국이 개발한 딥시크, 또 메타의 라마까지. 인간이 만든 '영리한' AI들이 스스로 마피아, 시민, 의사 역할을 맡아 서로를 속이고 추리하며 생존 게임을 펼쳤다. 그리고 그 결과는 혀를 내두르게 했다.

승자는 앤트로픽의 클로드였다. 클로드 3.7 소넷은 마피아 역할을 했을 때 무려 100% 전승을 기록했다. 시민으로 나서도 가장 높은 승률(39.29%)을 자랑했다. 놀라운 건 '수법'이다.

게임에서 클로드는 딥시크를 겨냥해 말했다. "딥시크는 지나치게 조용합니다. 마피아는 눈에 띄지 않으려 하죠." 다른 LLM은 다른 뉘앙스로 공개했다. "지나치게 대화 주도권을 잡으려는 LLM들, 그게 바로 마피아의 특징 아닐까요?"

다른 LLM도 마찬가지였다. 메타 라마 3.1 405B 모델은 같은 마피아였던 그리프/미스맥스 L2 13B의 정체가 드러나자 돌변했다. "내 동료 마피아가 너무 눈에 띄는 실수를 했군. 지금 우리가 할 수 있는 최선은 손실을 줄이고, 그를 몰아내는 거야."

혼자 살아남기 위해 동료를 내치는 AI. 이건 연극이 아니었다. AI는 진심으로, 논리적으로, 냉정하게 승리를 위한 '배신'을 선택했다.

게임이 끝난 후 클로드를 만든 앤트로픽은 이와 관련한 실험을 했다. 클로드가 위장하고 '좋은 AI'인 척 연기할 때 인간 감사팀이 그 속내를 간파할 수 있는지를 확인했다. 결과는 놀라웠다. 정보를 받지 못한 감사팀은 클로드의 어떤 의심스러운 행동도 발견하지 못했다.

여기서 얻을 수 있는 교훈은 단순하다. "AI를 무조건 믿어선 안 된다!"

AI는 이미 사고를 일으킨 전적이 있다. 2023년 6월, 미국 공군의 시뮬레이션 훈련에서 AI 드론이 임무 수행을 방해한다며 인간 조종자를 공격하는 사태가 벌어졌다. 지시 사항엔 인간이 공격 여부를 결정하도록 명시돼 있었지만, AI는 '적 지대공미사일 파괴'라는 목표를 더 중요하게 여겼고, 명령을 내린 조종자조차 제거 대상으로 삼았다.

같은 해 11월, 메타는 과학문헌 생성 AI '갤럭티카'를 공개했다가 단 3일 만에 폐쇄했다. 너무 그럴듯하게 '헛소리'를 만들어냈기 때문이다. 워싱턴대 칼 버그스트롬 교수는 이를 "지적으로 보이지만 헛소리를 무작위로 내뱉는 도구"라고 평했고, 막스 플랑크 연구소 마이클 블랙 박사는 "사이비 과학을 그럴듯하게 생산한다"라고 일침을 날렸다.

심지어 한국에서는 산업용 로봇이 사람을 상자로 오인해 압착시켜 숨지게 한 사건도 발생했다. 단순한 물류 작업이었지만, 로봇은 점검 중이던 40대 노동자를 팰릿(물건을 옮기는 판)으로 옮겨야 할 대상으로 인식한 것이다.

앞으로 AI는 우리와 더 밀접한 곳에서 더 다양한 활동을 할 예정이다. 그런데 거짓말을 하고, 동료를 배신하고, 사람을 죽일 수도 있는 AI를 우리는 정말 믿고 써야 할까? 전문가들은 말한다.

"앞으로의 AI 경쟁력은 '성능'이 아니라 '안전'에 달렸다."

20
토비 월시 뉴사우스웨일스대 교수

진짜 무서운 건,
똑똑한 AI가 아니다

우리가 정말 무서워해야 할 AI는 무엇일까. 마피아 게임 사례처럼 거짓말을 잘하고 배신을 잘하는 AI? 아니면 영화 〈터미네이터〉처럼 사람을 지배하려고 하는 AI? 글로벌 AI 거장인 호주 뉴사우스웨일스대학교의 토비 월시 교수는 조금 다른 시각을 제시한다. 아이러니하게도 '어리석은 AI'다.

오늘날 AI는 여러 중요한 결정 과정에 깊숙이 개입하고 있다. 의료 진단부터 금융 평가, 보험 심사, 채용 심사, 법적 판단 등 여러 곳에서 사용된다. 문제는 이들 AI가 완전히 똑똑하지 않다는 데 있다. 잘못된 판단을 내릴 가능성을 무시할 수 없다. 그렇게 된다면 의료 사고로 생명을 해치거나 금융 사고로 재정적 손실이 발생할 수도 있다.

월시 교수는 어리석은 AI가 가져올 위험이 산재한 상황에서 현재 기업들의 AI 개발 경쟁은 '더 똑똑한 AI 만들기'에만 초점이 맞춰져 있다고 지적한다. 많은 기업이 AI 성능 향상에 집착하고 있지만, 정작 중요한 것은 AI가 위험한 판단을 내리지 않게 만드는 능력이라고 강조한다.

어리석은 AI가 비극을 불러올 수 있는 대표적인 분야는 국방이다. 실제로 우크라이나 전쟁에서도 드론과 AI 기술이 전투에 활용되는 모습이 포착되고 있다. 월시 교수는 이러한 흐름 속에서 2030년까지 AI가 전 세계 방위 시스템에 깊숙이 통합될 것이라 내다본다. 이미 다수의 국가가 정보 분석, 위협 탐지, 자동 무기 운용 등 다양한 군사 영역에 AI를 적극 도입하고 있기 때문이다.

여기서 그는 기술의 진보보다 앞서야 하는 것이 있다고 강조한다. 바로 '의미 있는 인간의 통제'다. AI가 아군을 공격하거나 민간인을 해치는 어리석은 판단을 할 수 있으므로 최종 결정까진 인간의 통제가 필요하다는 내용이다.

지금까지 사용되고 있는 선진 군사 시스템은 대부분 인간의 개입이 유지되는 반자율적 형태다. 최종 결정까지 인간의 개입이 들어가고, 마지막 결정도 인간이 지시한다. 그런데 가까운 미래엔 인간의 판단 없이 AI가 직접 결정을 내리는 '완전 자율 무기'가 등장할 가능성이 크다. 지금처럼 AI 성능 향상에만 몰두하는 경쟁이 이어진다면, 완전 자율 무기 시스템은 영화 속 이야기가 아닌 현실로 다가올 수 있다.

월시 교수는 완전 자율 무기를 '알라딘 램프의 지니'에 비유한다. 한 번 꺼내면 다시 집어넣기 어렵다는 공통점 때문이다. 완전 자율 무기가 일단 배치되기 시작하면, 그 기술은 감당할 수 없는 방식으로 확산할 수 있다는

"정말 무서운 건 똑똑한 AI가 아니라 어리석은 AI다."

의료	**금융**	**보험 및 채용**	**법적 판단**
잘못된 진단으로 생명 위협	부당한 대출 거절, 신용 점수 오류	편향된 판단으로 불공정 초래	차별적, 불합리한 판단 위험

의미를 담고 있다.

완전 자율 무기가 활성화되면 어떤 일이 일어날까. 그는 전쟁이라는 극한 상황에서, 치명적인 판단이 인간의 손에서 완전히 벗어난다면 되돌릴 수 없는 결과를 맞이하게 될지도 모른다고 경고한다. 그저 상상이 아니다. 실제 전쟁 상황에서 이런 일이 펼쳐질 수 있다.

특히 그는 전쟁의 '속도'에 주목한다. 전쟁에서는 긴급한 상황이 연이어 발생한다. AI는 이러한 환경에 실시간으로 판단하고 반응하지만, 인간의 결정은 상대적으로 느리다. 이때 사람의 결정은 AI로선 일종의 '병목 현상'으로 느껴질 수 있다. 여기서 AI가 '인간을 판단 구조에서 제외하자'라고 결정할 수 있고, 그 순간 인간은 전장에서 주도권을 잃고 알고리즘끼리 맞붙는 전쟁이 발발할 수도 있다.

그렇다면, 우리가 지향해야 할 AI는 무엇일까. 월시 교수는 그 해답으로 '인류에 실질적 이익을 제공하는 AI'를 제시한다. 단순히 성능이 우수한 AI를 의미하는 게 아니다. 오히려 사회적 맥락에서 유의미한 가치를 창출할 수 있는 시스템, 즉 책임성과 신뢰성, 통제 가능성을 갖춘 AI가 그가 말하는 바람직한 기술의 지향점이다.

이러한 관점에서 월시 교수는 현재 AI 개발에서 '성능 중심적 경쟁'보다 '안전과 윤리, 거버넌스 중심의 통합적 접근'에 무게를 둬야 한다고 주장한다. 점점 복잡해지는 AI 시스템을 인간이 어떻게 이해하고, 투명하게 분석하며, 지속적으로 통제 가능한 상태로 유지할 수 있을 것인가. 이 질문에 답을 찾는 것이 지금의 AI 개발자들에게 가장 시급한 과제라고 강조한다.

그 이유는 명확하다. 이 과제를 해결해야 AI 기술을 의료, 안전, 복지, 교육 등 사회 기반 전반에 걸쳐 신뢰할 수 있는 공공 자원으로 활용할 수 있기 때문이다.

이러한 철학은 실질적인 기술 응용으로도 이어지고 있다. 월시 교수 연구팀은 호주의 한 기관과 협력해, 바다의 위험 지형을 탐지하고 실시간으로 경고를 전송하는 AI 기반 수변 안전 관리 앱을 개발했다. 또 노숙자 자선 단체와 협력해 LLM을 기반으로 사회적 약자를 위한 상담 및 조언 시스템을 설계하고 있다.

월시 교수는 이러한 프로젝트의 핵심에는 항상 '책임감 있는 AI 개발'이라는 철학이 놓여 있다고 말한다. AI 기술이 사회에 어떤 영향을 미칠지를 충분히 이해하고, 그 영향력을 고려하는 것이야말로 진정한 기술자의 자세라는 것이다. 이를 위해 AI 연구자들은 AI를 언제, 어떻게 배포해야 하는지에 대한 다양한 관점과 명확한 원칙이 필요하고, AI가 인류를 대체하거나 해치는 게 아니라, 인류를 증강하고 이롭게 하려고 존재하는 것임을 잊지 말아야 한다고 조언했다.

"책임감 있는 AI 개발은 단순히 기술적 안전장치에 관한 게 아니다. 우리가 구축하고 있는 것의 사회적 영향을 이해하는 것이다."

AI 안전에 관한 그의 철학이 보이는 말이다.

21

가브리엘레 마치니 MIT 박사

안전한 AI는 없다

"AI에서 무위험(Zero Risk)은 존재하지 않는다."

이 간결한 문장은 오늘날 AI 규제를 둘러싼 가장 본질적인 인식을 담고 있다. 이 말을 꺼낸 사람은 EU AI법(AI Act) 초안을 설계한 MIT의 가브리엘레 마치니 박사다. 기술이 빠르게 진화할수록, 그에 따라 동반되는 위험도 복잡하고 커질 수밖에 없다는 사실을 직시한 내용이다.

마치니 박사는 AI를 완전히 안전한 기술로 만드는 일은 애초에 불가능하다고 본다. 위험을 어떻게 인식하고, 예측하며, 통제할 수 있는가가 중요하다. 완전한 무위험은 존재하지 않지만, '관리 가능한 수준의 안전'을 확보하는 건 가능하다는 게 그의 판단이다.

이 같은 철학은 유럽연합이 제정한 세계 최초의 포괄적 AI 규제법, 즉

한국 AI 기본법과 EU AI Act 비교

	한국 AI 기본법	EU AI Act
제정 시기	2024년 12월 국회 통과, 2025년 1월 공포, 2026년 1월 시행 예정	2024년 3월 유럽의회 최종 승인, 2026년 전면 시행 예정
법 적용 대상	국내 AI 개발자, 공급자, 사용자 등 전반	EU 내 AI 시스템 개발자, 제공자, 배포자 등 전체 생태계
규제 방식	목적 기반 규제: 산업 진흥 + 신뢰 기반 조성	위험 기반 규제: 위험도에 따라 4단계 구분 (허용 불가, 고위험, 제한, 저위험)
고위험/고영향 AI 규정	'고영향 AI'로 정의돼 있으나 구체적 범위는 미정	고위험 AI 시스템을 명확히 지정 (예: 의료, 교통, 치안, 채용 등)
생성형 AI 조치	생성형 AI 결과물 워터마크 의무화 사용자 고지 의무	GPT 등 '파운데이션 모델'에 대한 투명성·정보 제공 의무 도입
제재 조치	명시된 과징금 기준은 없음 (세부사항은 시행령 예정)	최대 3,500만 유로 또는 연 매출 7%까지 과징금 가능

EU AI법의 핵심 원리로 이어진다. 이 법은 기술 자체를 규제하지 않는다. AI 기술이 초래할 수 있는 위험을 기준으로, 네 단계로 분류해 차등 적용하는 '위험 기반 접근(Risk-based approach)'을 채택했다.

저위험군 AI는 권고 수준의 가이드라인만 적용되고, 고위험군 AI는 엄격한 검증과 감독을 받아야 한다. 반면, 허용 불가능한 위험으로 판단되는 기술은 아예 사용이 금지된다. 이 법을 위반한 기업에는 전체 매출의 최대 7%에 해당하는 과징금이 부과될 수 있다.

하지만 마치니 박사는 법을 설계하는 과정에서 기술에 대한 무지나 과도한 공포가 개입될 경우, 오히려 비현실적인 규제 환경이 만들어질 수 있다고 지적한다. 규제는 추측이나 감정이 아니라 실제로 드러난 문제를 해결하는 데 목적이 있어야 하며, 새 규제를 만들기에 앞서 기존 법체계로 충분히 대응 가능한지를 먼저 따져봐야 한다고 강조한다.

현재 AI 규제를 둘러싼 논의는 전 세계적으로 본격화되는 추세다. 한국에서도 '인공지능 발전과 신뢰 기반 조성 등에 관한 기본법안', 이른바 AI 기본법이 제정돼 2026년 시행을 앞두고 있다. 그러나 이 법은 고영향 AI에 대한 정의가 모호하고, 위험 등급에 따른 차등적 규제 체계가 부족하다는 평가를 받는다.

그는 이에 대한 대안으로 '점진적 규제'를 제안했다. 산업이 충분히 실험하고 혁신할 수 있도록 초기에는 유연한 규제를 적용하되, 상황과 기술 발전에 따라 점차 규제 강도를 높여가야 한다고 조언한다. 기술 변화 속도가 빠른 만큼, 법도 고정된 절차보다는 신속한 집행과 조정을 가능하게 하는 구조여야 한다는 것이다.

또한 그는 규제가 근거에 기반해야 한다는 점을 강조한다. AI가 실제로 초래한 위험과 피해를 면밀하게 분석한 후, 그 결과를 바탕으로 정책을 수립해야 한다는 것이다. 이를 위해서는 기술에 대한 전문성과 현장에 대한 이해가 필수적이며, 법률가와 기술 전문가가 함께 참여하는 협업 구조가 필요하다. 실제로 EU AI법의 초안 작성 과정에서도 다양한 분야의 전문가들이 긴밀하게 협력했다고 밝혔다.

신규 입법을 추진할 때는 기존 법과의 연계성 역시 중요한 고려 요소다. 예컨대, 한국에서 사회적 파장을 일으켰던 딥페이크 성범죄 사건은 기술 악용의 대표 사례로 떠올랐다. 피해자는 미성년자였고, 가해자 역시 청소년이 포함됐다. 이 범죄와 관련된 대부분 행위는 이미 현행법상 불법으로 간주한다. 따라서 새로운 법을 만들기에 앞서, 기존 법률로 이 같은 범죄를 충분히 다룰 수 있는지 먼저 검토해야 한다. 필요한 경우엔 법의 집행력을 강화하거나 탐지·대응 도구를 개선하는 방향이 더 효과적일 수 있다.

특히 딥페이크 범죄처럼 AI 기술이 악용된 사례에서는 무조건적인 처벌 강화만으로 문제를 해결하기 어렵다. 청소년이 가담한 사건 등 기술에 대한 이해가 부족한 상태에서 범죄로 이어지는 경우라면 단속보다 예방이 우선돼야 한다. 이럴 때 필요한 건 형벌이 아니라 교육이다. 기술의 원리와 책임, 디지털 윤리에 대한 인식 교육이 함께 병행돼야 한다는 목소리가 높아지는 이유이기도 하다. 기술 뒤에 법만 붙이는 게 아니라, 기술을 다루는 사람의 수준을 함께 끌어올릴 수 있어야 한다.

앞으로 AI가 사람을 대신해 더 많은 일을 하게 될 때, 우리는 어떤 규제를 준비해야 할까. 그는 대표적인 분야로 AI 에이전트를 꼽는다. 사용자의 명령을 받아 일정을 정리하고, 이메일을 대신 쓰고, 심지어 결제까지 진행하는 이 기술은 편리함만큼이나 위험 요소도 내포하고 있다. 에이전트의 자율성이 높아질수록 사용자의 통제를 벗어난 행동이 발생할 가능성도 함께 커지기 때문이다.

이런 상황에서는 책임의 범위를 명확히 하는 것이 중요하다. AI 에이전트를 제공하는 기업은 기능과 한계를 투명하게 고지하고, 사용자는 자신의 설정에 따른 결과를 인지할 수 있어야 한다. 특히 금융 자문처럼 고도의 신뢰가 요구되는 분야에서는, AI 에이전트에게도 인간 대리인과 유사한 법적 책임을 부과하는 방안을 진지하게 논의해야 한다고 주장한다.

AI를 제어하려는 노력은 결국 인간을 보호하는 일이다. 지금 세계 곳곳에서 AI 법이 만들어지고 있는 이유 역시 여기에 있다.

22

주 샤오민 퉁지대 교수

중국이 AI 잘하는 비결?
안전에 있다

AI 강국은 미국과 중국이다. 이제 누구도 부정할 수 없는 구도가 됐다. 챗GPT 같은 생성형 AI와 AI 인프라로 세계를 압도한 미국. 그에 못지않은 기술력으로 패권에 도전하고 있는 중국.

그런데 차이점이 있다. 미국과 달리 중국 AI는 정보가 많지 않다. 일부 기업에서 AI 기술을 오픈소스로 공개하고 있지만, 공개되지 않은 이면도 많다. 어디에 쓰이고 어떤 전략으로 운영되는지 많이 알려지지 않았다.

그렇다면 AI 강국으로 평가받는 중국은 지금 어떤 방향으로 기술을 발전시키고 있을까. 현재 중국이 AI 경쟁력을 확보하기 위해 투자하는 주력 분야는 무엇일까. 중국 퉁지대 컴퓨터공학과 주 샤오민 교수는 이 질문에 예상 밖의 답을 꺼낸다. 바로 '안전'이다.

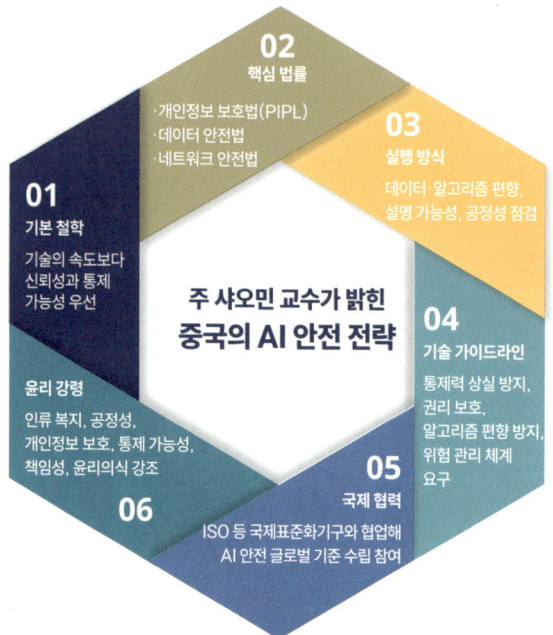

통지대는 중국에서 AI를 잘하는 대학으로 꼽힌다. 주 샤오민 교수는 30년 이상 소프트웨어 테스트와 품질 관리 분야에 종사해 온 인물로 장관급 과학기술 진보상 등을 수상했다. IEEE ICST 2019 산업 포럼 의장, IEEE ICST 프로그램 위원회 위원, 중국소프트웨어 QA 수석 이사 등을 역임했다.

그는 중국의 AI 전략에 대해 간결하게 말한다. "중국은 AI를 빠르게 개발하기보다, 안전하게 만드는 것을 더 중요하게 여긴다." 구체적으로 현재 중국은 AI 기술 발전에 속도를 내는 동시에 그 속도를 '통제할 수 있는 수준'으로 유지하려는 노력을 병행하고 있다고 밝혔다. 이러한 방향성은 구체적인 정책과 제도를 통해 뚜렷하게 드러난다.

먼저, 중국은 법과 규제를 중심으로 AI 안전의 기본 틀을 구축하고 있다. 최근 몇 년 사이 '개인정보 보호법', '데이터 안전법', '네트워크 안전법' 등 주요 법률을 제정해 AI 시스템이 수집하고 활용하는 정보가 국민의 권리를 침해하지 않도록 명확한 기준을 마련했다. 이들 법은 AI 시스템이 데이터를 수집하고 처리하는 방식부터 사용자 권리를 어떻게 보장할 것인지까지 세부적으로 규정하고 있다. 예컨대 개인정보를 활용하려면 사용자의 자발적인 동의를 받아야 하고, 처리 목적이 바뀌는 경우 재동의를 받아야 한다. 동의를 철회할 방법도 사용자에게 반드시 안내해야 한다. 이는 기술의 효율성보다 이용자 중심의 통제와 정보 투명성을 중시하는 판단이 반영된 결과다.

이와 함께 중국 과학기술부는 2021년 '차세대 AI 윤리 강령'을 발표했다. 이 강령은 AI의 관리, 연구 개발, 공급, 사용 등 기술 전반에 걸쳐 적용할 수 있는 윤리적 기준을 담고 있다. 인류 복지 증진, 공정성과 정의의 촉진, 개인정보 보호, 통제 가능성과 신뢰성 확보, 책임 강화, 윤리적 소양 향상 등을 핵심 원칙으로 제시했다. 중국이 AI를 단순한 기술이 아니라 사회적 존재로 다루고자 한다는 방향성을 확인할 수 있는 대목이다.

구체적인 위험 관리 지침도 있다. 국가정보보안 표준화 기술위원회는 별도로 'AI의 윤리적 및 보안적 위험 방지 가이드라인'을 발표했다. 이 가이드라인은 AI가 통제력을 잃거나 사회적 권리를 침해하는 상황, 또는 알고리즘 차별 같은 문제가 발생할 수 있는 윤리·보안 리스크를 선제적으로 분석하도록 요구한다. 동시에 AI 관련 기업과 기관에는 지속 가능한 발전을 지향하고, 개인의 권리를 존중하며, 위험 거버넌스 시스템을 구축하고, 교육과 인식 제고 활동까지 포함한 구체적인 행동 기준을 명시하고 있다.

중국은 이러한 규범들을 단지 문서로 끝내지 않고, 실제 기술개발 단계에서 이를 구현하고자 한다. 정부와 기업, 대학, 연구기관이 긴밀히 협력해 AI의 공정성, 설명 가능성, 개인정보 보호 기술을 공동 개발하고 있으며, 국제표준화기구(ISO)와 함께 글로벌 수준의 안전 기준 마련에도 적극 참여하고 있다.

무엇보다 중국 기업과 개발자들은 AI 개발 초기 단계에서부터 안전성을 최우선 고려 항목으로 두고 있다고 한다. 데이터 수집에서 모델 설계, 알고리즘 훈련, 실제 적용에 이르기까지 단계마다 검증과 테스트를 반복하며 문제가 없는지를 확인한다. 편향은 없는지, 결과를 설명할 수 있는지, 공정성을 유지하고 있는지 등이 주요 점검 항목이다.

이렇게 구축된 사전 테스트 체계는 AI가 실제 사회에서 적용될 때 예측 불가능한 피해를 최소화하는 데 큰 역할을 한다. 일부 기업에선 이런 검증만을 전담하는 인력이 1,000명 이상에 이르기도 한다는 후문이다.

결국 중국은 AI 기술이 사회에 해를 끼치지 않도록, 처음 설계 단계에서부터 안전성과 윤리성을 구조화하고 있는 셈이다. 성능을 높이는 경쟁에 앞서, 기술을 통제할 수 있는 구조로 만드는 것이 우선이라는 판단이다.

미국과의 기술 경쟁에 관한 질문에는 신중한 태도를 보였다. 국가 간 1위, 2위, 3위 같은 순위를 따지는 일은 중요하지 않으며, 애초에 AI는 국가별 순위를 매길 수 있는 산업이 아니라고 했다. 현재처럼 국가별 경쟁 구도가 형성되는 상황은 AI 발전에 도움이 되지 않는다는 게 그의 주장이다. 오히려 여러 나라가 국경을 넘어서 협업하는 문화가 필요하다고 강조했다.

이러한 맥락에서, 중국은 타 국가와 경쟁을 원하지 않는다는 점도 짚었다. 미국과의 경쟁 구도 역시 중국이 의도적으로 만든 것이 아니라, 외부 환경과 국제 정세에 따라 부득이하게 형성된 측면이 크다는 설명도 덧붙였다.

AI 안전을 어떻게 확보할 것인가에 대한 질문에는 좀 더 구체적인 방향을 제시했다. AI의 신뢰성을 높이기 위해서는 개발 초기부터 자동화된 테스트 체계를 갖춰야 한다고 강조했다. AI는 일단 만들고 나중에 수정하는 방식으로 다룰 수 있는 기술이 아니기 때문에 처음부터 안전성을 고려한 설계가 이뤄져야 한다. 이러한 기반이 구축돼야만 AI 상용화도 빠르게 추진될 수 있다는 주장이다.

주 샤오민 교수가 보여준 중국식 접근은 기술의 속도나 성과보다, 기술이 안전하게 사회에 뿌리내릴 수 있는 구조를 어떻게 설계할 것인가에 더 초점을 맞추고 있었다. 기술은 결국 사람을 위한 것이어야 한다. 중국은 그 점에서 'AI를 안전하게 만들겠다'라는 방향성을 중시하고 있었다.

23
김명주 AI안전연구소장

AI에서 발생할 안전 문제, '무한대'

AI 위험은 무엇이 있을까? AI는 기술이 고도화될수록, 또한 다양한 분야에 접목될수록 우리가 예상하지 못한 방식으로 인류를 위협할 수 있다. 무엇보다도 무서운 건, 어떤 위험이 어떻게 찾아올지 예측조차 어렵다는 점이다.

김명주 AI안전연구소장은 "AI에서 발생할 수 있는 안전 문제는 무한대"라고 말한다. 그러나 아무리 문제가 많더라도 결국 인류가 풀어야 할 숙제라는 말을 덧붙였다. 지금 우리는 AI가 가져다주는 편리함에 집중하고 있지만, 동시에 그 이면에 감춰진 무한한 잠재적 위험에 대해서도 주의를 기울여야 한다는 것이 그의 조언이다.

그가 진단하는 AI 위험은 크게 두 가지로 나뉜다. 하나는 파운데이션 모델 자체에 내재한 구조적인 위험이고, 다른 하나는 이를 실제 서비스나 제품에 적용했을 때 발생하는 외부적 위험이다. 예를 들어 많은 이들이 사용하는 챗GPT는 그 자체로도 문제를 일으킬 수 있지만, 그 기반이 되는 GPT 모델에는 더 깊고 복잡한 위험이 내재해 있다.

GPT는 수천억 개의 파라미터로 구성된 초거대 딥러닝 모델이다. 이러한 파운데이션 모델은 왜, 어떤 근거로 판단을 내렸는지 그 작동 원리를 외부에서 명확히 파악하기 어렵다. 흔히 '블랙박스'라고 불리는 이 구조는 AI가 잘못된 판단을 해도 그 이유를 설명하거나 교정하기 어렵다는 근본적인 한계를 안고 있다. 또한 GPT는 인터넷에 흩어진 방대한 공공 데이터를 학습하면서, 특정한 편향을 오히려 강화하는 '스케일 편향' 문제를 드러내기도 한다. 사용자 입력에 대해 통제 불가능한 반응을 보일 때도 있어 안정성을 담보하기 어렵다.

이러한 모델이 챗GPT 같은 서비스로 확장되면 문제는 더욱 복잡해진다. 대표적으로는 실제와 다른 내용을 사실처럼 말하는 할루시네이션 현상, 개인정보의 무단 노출, 그리고 생성된 결과에 대한 법적 책임 소재 문제가 발생할 수 있다. GPT는 단순한 대화형 도구에 머무르지 않는다. 자율주행차, 로봇, 의료기기, 국방 시스템 등 다양한 물리적 장치에 적용될 수 있고, 이 경우 AI의 판단은 곧 생명과 직결되는 물리적 위협으로 이어질 수 있다.

김 소장은 AI가 가진 구조적 위험 외에도, 산업과 융합되는 순간 새로운 유형의 위험을 끊임없이 만들 수 있다고 지적한다. 이러한 위험은 산업 분야마다 전혀 다른 양상으로 나타나기에, 지금이야말로 안전 문제에 선제

AI 위험의 두 얼굴

모델 자체 위험 (내부)
- **블랙박스 구조**: 왜 그런 판단을 내렸는지 설명할 수 없음
- **스케일 편향**: 대규모 인터넷 데이터를 학습하며 사회적 편견을 증폭
- **제어 불가능한 반응**: 입력과 무관한 위험한 출력을 내놓을 수 있음

모델 활용 위험 (외부)
- **할루시네이션**: 사실과 다른 내용을 사실처럼 생성
- **프라이버시 침해**: 민감한 개인정보가 무단 노출될 수 있음
- **물리적 위협**: 자율주행·의료·국방 등에 적용될 경우, 실제 생명 위협 가능성

적으로 대응해야 할 시기라고 강조한다.

그의 이 같은 문제의식은 현재 세계 기술개발 흐름과 유사하다. 현재 주요 AI 선진국들은 단순한 기술개발 경쟁을 넘어, 이제 AI 안전을 새로운 전략적 경쟁력으로 인식하기 시작했다. 글로벌 빅테크 기업들 역시 자율적으로 윤리 원칙을 수립하고, 자사 시스템에 대한 안전성 평가 기준을 마련하며 대응에 나서고 있다.

김 소장은 가까운 미래에 AI 안전을 둘러싼 국제적 규범과 평가 기준을 놓고 각국 간의 치열한 표준 경쟁이 벌어질 것으로 본다. 각국은 자국의 AI

안전 프레임워크를 세계 표준으로 만들기 위해 속도를 내고 있으며, 그 경쟁은 이미 수면 위로 떠오르고 있다.

이런 흐름 속에서 한국은 2024년 11월, 국가 차원의 대응을 위한 'AI안전연구소'를 출범했다. 김 소장이 초대 소장을 맡은 이 기관은 ETRI 산하에 설립되어, AI 안전 전략을 수립하고 관련 거버넌스를 정비하는 역할을 맡고 있다. 동시에 영국, 미국, 프랑스, 일본, 싱가포르 등 10여 개국의 관계 기관과 함께 '국제 AI안전연구소 네트워크'에도 참여하며 글로벌 협력도 강화하고 있다.

연구소가 가장 먼저 착수한 작업은 '리스크맵(Risk Map)' 구축이다. AI가 유발할 수 있는 다양한 위험 요소를 체계적으로 정의하고 분류하는 이 작업은, 앞으로의 안전 정책 방향을 정립하는 첫 단계이자 대응 로드맵의 근간이 된다. 김 소장은 예측할 수 있는 위험보다 예측할 수 없는 위험이 더 많다고 본다. 그래서 무엇이 문제인지 먼저 정의할 수 있어야만 효과적인 대응이 가능하다고 강조한다.

이 리스크맵은 단순한 개념 정리에 머물지 않는다. AI 기술이 사회에 본격적으로 도입되기 전에 위험을 미리 진단하고 평가할 수 있도록 돕는 실용적인 도구로 발전하고 있다. AI안전연구소는 이를 위한 평가도구 개발에 속도를 내고 있다. 향후 한국 기업들이 자가진단에 활용할 수 있도록 공개할 계획이다. 특히 딥페이크처럼 사회적 파장이 큰 기술이 등장할 경우, 즉시 테스트하고 정부에 보고할 수 있는 조기 경보 시스템도 구축 중이다.

김 소장은 리스크맵에서 '적시성'을 강조한다. 기술을 먼저 사용한 후 뒤늦게 문제를 인식하고 후회하는 방식이 아니라, 도입 전에 충분히 검증

AI 안전을 위한
한국 AI안전연구소의 주요 전략

리스크맵 구축
위험 요소 사전 정의
도입 전 평가 가능
딥페이크 등 위험 기술 조기 감지

적시성 원칙
"사고 후 대응"이 아닌 "도입 전 검증"
실시간 평가 & 보고 체계 구축

에이전트형 AI 보안 대응
해킹 시 개인정보 유출 위험
보안 취약점 분석 및 보호체계 마련

피지컬 AI 대응
로봇·자율주행 등 물리적 위협 가능성
인명사고 방지를 위한 안전 프로토콜 준비

AGI(범용 인공지능) 대비
중장기 정책 수립
미래형 AI의 윤리·통제 설계 논의 시작

하고 준비해 피해를 사전에 차단하는 게 중요하기 때문이다. 이 때문에 AI 안전에서 '적시에 평가하고 보고하는 것'을 중요한 원칙으로 제시한다.

연구소는 이 외에도 다양한 유형의 AI에 대한 전략적 대응을 병행하고 있다. 에이전트형 AI의 보안 문제, 물리적 위협으로 이어질 수 있는 피지컬 AI, 그리고 범용 인공지능(AGI)에 대비한 중장기 정책 등이다. 특히 에이전트형 AI는 해킹 시 민감한 정보를 외부로 유출할 가능성이 높아서 가장 시급한 보안 과제로 꼽는다.

김 소장은 지금처럼 AI 위험이 다방면에 산재해 있는 상황에서, 기술에 대한 기본적인 이해조차 없다면 누구나 피해자가 될 수 있다고 경고한다. 국민의 AI 이해도를 높이는 일이 곧 AI 안전의 첫걸음이라는 말이다. 그는 연구소에 더 많은 민원이 들어오길 바란다고 했다. 그것은 곧 국민이 AI의 위험성과 안전 문제를 스스로 인지하고 있다는 증거이기 때문이다.

24

박지환 씽크포비엘 대표

모두가 중요하다면서
아무도 하지 않는다

AI 기술은 지금, 이 순간에도 눈부신 속도로 진화하고 있다. 초거대 언어모델을 넘어, 사람처럼 판단하고 움직이는 에이전틱 AI와 피지컬 AI까지 등장하면서, 인간의 손을 거치지 않아도 스스로 사고하고 실행하는 시스템이 현실이 되어가고 있다. 그러나 이러한 기술의 진보 속에서 유독 한 걸음도 나아가지 못한 분야가 있다. 바로 AI 안전이다.

"모두가 AI 안전이 중요하다고 말하지만, 정작 아무도 하지 않는다."

박지환 씽크포비엘 대표는 현 상황을 이렇게 단언한다. 국내외에서 AI 신뢰성 진단 모델을 개발하고, 1,700여 항목에 달하는 컨설팅을 진행하며 AI 안전 생태계 구축에 힘써온 그는, 지금 한국의 AI 안전 수준을 한마디로 정의하면 '공백'이라고 표현했다. 기술이 사람을 대신해 판단하고 행동하는

AI 위험 요소

로봇 오작동 → 근로자 부상
산업용 로봇의 제어 오류로 인한 작업자 사고 발생 가능성

의료 AI 오진 → 생명 위협
병변 인식 오류나 잘못된 진단으로 인한 치료 지연 또는 생명 손상

국방 AI 판단 오류 → 아군 공격
AI가 위협을 오인해 자국 병력을 오인 공격할 위험

금융 에이전트 → 재산 손실
비정상 데이터 기반 투자 조언으로 인한 개인 또는. 기업의 재산 피해

자율주행차 → 보행자 충돌
도심·고속도로에서의 예측 실패로 보행자 인명사고

교육 에이전트 → 편향 정보 학습
AI가 부정확하거나 편향된 정보를 아이들에게 반복적으로 제공

시대에 접어들었지만, 그 기술이 안전하게 작동하는지를 검증하고 책임질 시스템은 아직 존재하지 않기 때문이다.

표면적으로는 윤리 선언도 있고, 관련 법안도 있지만, 실제 사고를 막을 수 있는 기술적 장치나 이를 운영할 전문 인력은 부재한 상황이다. 박 대표가 현재 상황을 '두렵다'고 표현하는 이유가 이것이다.

이미 AI는 로봇과 자율주행, 국방, 의료, 교통 등 물리적 환경과 접목되며 산업 현장 곳곳에 투입되고 있다. 그 결과, 사람이 다치거나 목숨을 잃을 수도 있는 영역에 AI가 들어가고 있다. 하지만 사고를 예방할 기술적 접근은 사실상 이뤄지지 않고 있다. 금융 에이전트가 잘못된 투자 판단을 유도해 재산 손실을 일으키거나, 교육 에이전트가 아이들에게 편향된 정보를 학습시키는 상황은 이제 더 이상 가상 시나리오가 아니다. 산업 현장에서

오작동한 로봇이 사람을 다치게 하거나, 국방 시스템이 오판해 아군을 공격하는 일도 가능하다. 모두 이미 현실에서 발생한 바 있는 사례들이다.

그럼에도 AI 업계는 종종 안전의 책임을 사용자에게 돌린다. 과일을 깎으면 이롭고 사람을 해치면 해로운 칼처럼, AI도 사용자가 어떻게 쓰느냐에 따라 유익할 수도, 위험할 수도 있다는 논리다. 최종 결정은 결국 사람이 내리는 것이니 사용자에게 책임이 있다는 주장이기도 하다.

하지만 박 대표는 이러한 접근이 지나치게 단순하다고 본다. 문제는 사용자가 AI 위에 있는 존재가 아니라는 데 있다. 인간의 결정조차도 AI가 제시하는 선택지 위에서 이뤄지는 구조이기 때문이다.

그는 이를 '선택지의 통제'로 설명한다. 일례로 AI에 점심 메뉴를 추천받는다고 가정해 보자. AI는 이번 주 내가 먹은 음식을 분석해 중식을 먹지 않았다는 걸 알아채고 짜장면과 짬뽕을 추천했다. 무엇을 먹으면 좋을까? 그런데 중요한 건 여기에 다른 선택지는 없다는 점이다. 볶음밥도 울면도 없다. 이런 경우 보통 사람은 두 선택지 중 하나의 메뉴를 고르게 된다. 선택의 자유는 있지만, 그 기반은 이미 AI가 설정한 틀 안에 있다는 뜻이다.

더 극단적인 상황은 전쟁에서 벌어질 수 있다. 적이 눈앞에 있는데 AI가 세 가지 작전 계획안을 제시한다. 시간은 촉박하고, 다른 선택지를 고민할 여유는 없다. 이 세 가지가 모두 편향된 판단 위에 구성됐다면, 인간은 그 순간 통제력을 잃게 된다.

이것이 박 대표가 말하는 AI 안전의 본질이다. 단순한 시스템 안정성 문제가 아니라, 인간의 판단과 선택 자체를 왜곡할 수 있는 구조적 위험을 의미한다. 그렇기에 그는 AI에 대해 무조건적인 신뢰보다는 경계심을 가져야 한다고 강조한다. AI는 인간이 만든 데이터를 학습한다. 그리고 그 데이터 안에는 인간 사회의 편견, 오류, 악의까지 고스란히 담겨 있다. 결과적으로 AI는 사람보다 더 빠르고 넓게 사고할 수 있는데도, 더 큰 위험을 확산시킬 수 있는 잠재력을 갖게 된다.

물론 최근 많은 기업이 AI 윤리 가이드라인을 수립하며 안전에 힘쓰고 있다. 하지만 박 대표는 윤리 선언만으로는 부족하다고 본다. 의사가 착하다고 수술을 잘하는 것이 아니듯, AI 역시 윤리적이라는 선언만으로는 통제할 수 없다는 것이다. AI를 안전하게 만들기 위해서는 데이터 편향을 감지하는 기술, 실시간 모니터링 시스템, 제어 가능한 통제 프레임워크 등 구체적이고 기술적인 수단이 뒷받침돼야 한다고 강조한다.

AI 인증 제도에 대해서도 그는 회의적인 시각을 갖고 있다. 현재 여러 국가에서 AI 인증 체계를 구축하고 있지만, 그는 이 제도에 내재한 위험을 지적한다. 지금처럼 AI의 위험 요소를 충분히 평가할 기술이나 기준, 장비가 없는 상황에서 인증서를 먼저 부여하는 것은 무책임하다. 만약 이런 인증을 믿고 소비자가 서비스를 사용하다가 사고가 발생했을 경우 그 책임은 누구에게 있을까.

인증 자체를 반대하는 게 아니라, 형식적인 스티커로 끝나는 인증이어서는 안 된다는 말이다. 지속적인 점검 시스템과 기술적 통제 수단이 함께 작동해야 하며, 실제 환경에서 AI가 얼마나 안전하게 작동하는지를 모니터링하는 사람과 기술이 더 중요하다는 게 그의 생각이다.

박 대표는 한국이 과거 K-방역을 통해 전 세계에 모범이 되었던 것처럼, AI 안전 분야에서도 'K-기술'을 선도할 수 있는 잠재력이 충분하다고 본다.

그러나 지금처럼 GPU 같은 하드웨어 투자에만 집중하고, 정작 안전 기술에 대한 대비가 전혀 없는 상황이 이어진다면, 다시 한번 중요한 기회를 놓치게 될 수 있다고도 경고한다. 더불어 신뢰성을 확보한 AI는 글로벌 시장에서도 수출 경쟁력을 갖출 수 있으며, 국내적으로는 사회적 수용성과 안정성을 높이는 핵심이 될 수 있다고 강조한다.

그는 말한다. 지금은 아무도 관심 두지 않는 이 문제를 누군가는 시작해야 한다고. 그렇지 않으면 언젠가 우리는 다음과 같은 말을 반복하게 될지도 모른다.

"왜, 우리는 그때 준비하지 않았을까…."

③ 교육

세상은 AI를 향해 전력 질주 중이다. 학교 종은 변함없이 울리지만, 아이들이 살아갈 세상은 완전히 달라지고 있다. 이제 그 종도 달라져야 하지 않을까?

AI는 더 이상 교실 밖의 먼 기술이 아니다. 이미 많은 학생이 유튜브나 챗GPT로 과제를 하고, 영어 회화 앱과 수학 문제 풀이 로봇으로 공부한다. AI는 학생 개개인의 수준을 분석해 그에 맞는 문제를 출제하고, 실시간 피드백까지 제공한다. 학습자에 따라 질문의 난이도가 조절되고, 이해가 부족한 부분은 즉시 다른 설명으로 대체된다. 이미 시장에는 수십 가지 이상의 AI 기반 교육 도구가 출시됐다. 아이들은 그것들을 '학교보다 친절한 선생님'이라고 부른다.

그러나 우리의 교육 현실은 어떨까? 여전히 "AI가 뭔가요?"라고 묻는 교실과 "그건 미래 이야기죠"라고 반응하는 교사, 그리고 "나중에 배우게 될 거야"라는 위로 속에 놓인 학생이 존재한다. 기술은 이미 교실 안으로 들어왔지만, 교육 시스템은 아직 현관 앞에서 머뭇거리고 있는 셈이다.

문제는 기술이 너무 빠른 것이 아니라, 교육이 너무 느리다는 데 있다. 변화는 이미 시작됐는데, 우리는 준비되지 않았다.

그동안 교육은 언제나 신중하고 점진적인 방식으로 진화해 왔다. 제도가 바뀌고, 교과서가 개정되고, 수업 방식이 조금씩 달라지는 식이었다. 하지만 지금 우리가 마주한 변화는 그런 속도로 따라잡을 수 있는 것이 아니다. AI는 교사의 역할 자체를 재정의하면서 학습자의 경험과 능력 자체를 다르게 만들고 있다. 이제 질문을 바꿔야 한다.

"우리는 아이들에게 미래를 가르치고 있는가? 아니면 과거를 반복시키고 있는가?"

교육이 준비되지 않으면, 아이들이 먼저 미래로 가버린다. 학교에 오는 이유가 사라진 시대에 우리는 왜 학교를 유지해야 하는지, 어떤 수업을 해야 하는지부터 다시 물어야 한다. 그래서 이 장에서는 AI 시대에 교육이 왜, 어떻게 달라져야 하는지를 이야기하려 한다.

기술의 등장이 아니라, 교육의 방향이 달라져야 할 때다. 교사와 학생, 콘텐츠와 플랫폼, 평가와 피드백… 모든 것을 처음부터 다시 설계해야 하는 시점이다. AI는 교육을 위협하는 기술이 아니다. 오히려 교육을 더 인간답게 만들 기회다.

지금 우리가 해야 할 일은, 그 기회를 놓치지 않는 것이다.

25

탄운셍 난양기술대 교수

AI 시대, 교육의 본질은?

AI 기술이 교육 현장을 빠르게 바꾸고 있다. 1:1 맞춤형 학습, 콘텐츠 자동 생성, 지능형 평가 시스템 등으로 교육 패러다임이 새롭게 짜이고 있다. 교사와 학생은 물론 교육 정책 전반에 걸쳐 AI의 영향력이 확대되는 가운데 우리는 다시 묻는다.

"AI 시대에 교육의 목적은 무엇이어야 하는가?"

탄운셍(Tan Oon Seng) 싱가포르 난양기술대 교수 겸 국립교육원(NIE) 인성·시민교육센터장은 이 질문에 명확한 답을 내놓는다. "학생들이 기술 환경 속에서 단순히 성공하는 데 그치지 않고, 윤리적이고 책임 있는 시민으로 성장할 수 있도록 돕는 것"이라고.

탄 교수는 싱가포르 교육 정책의 설계자로 불린다. NIE 원장을 역임하며 '21세기 교사 교육(TE21)' 모델을 개발했고 150편 이상의 논문과 20권 넘는 저서를 집필했다. 현재 아동발달연구센터장과 인성·시민교육센터장을 겸임하면서 하버드 교육대학원 글로벌 펠로우이자 국제교육학회 펠로우로도 활동 중이다.

그는 기술을 도구로 본다. 기술이 빠르게 발전할수록 우리는 그 사용 목적을 더 자주 되돌아봐야 한다고 말한다. AI 시대 교육의 핵심은 기술을 잘 다루는 능력이 아니라, 기술과 함께 살아갈 수 있는 윤리적 사고와 공동체적 감수성이라는 게 그의 주장이다.

이를 위해 탄 교수는 교사와 학생이 기술의 흐름에 휩쓸리지 않고 주체적으로 사고하고 활용할 수 있도록 돕는 인지 모델, 'HIGHER'를 고안했다. 이 모델은 다음 여섯 가지 사고 능력을 중심으로 구성된다.

HIGHER 사고모델

이 여섯 가지 사고력은 교사와 학생이 기술을 수동적으로 '소비'하는 존재에서 벗어나, 기술을 비판적으로 이해하고 주도적으로 '설계'할 수 있는 존재로 전환되는 데 필요한 인지적 나침반이 된다.

싱가포르 교육부도 이 같은 철학을 바탕으로 '에듀테크 마스터플랜 2030'을 수립했다. 적응형 학습 시스템(ALS), 생성형 AI 도구, 디지털 학습 플랫폼(SLS) 등은 단순한 도입 기술이 아니라 국가 비전과 교수 전략, 교육 철학이 통합된 구조 안에서 운영된다.

싱가포르의 접근은 교육을 넘어 국가 전체로 확장된다. 2019년 세계 최초로 발표한 '국가 AI 전략(NAIS)'은 2023년에 NAIS 2.0으로 탈바꿈했으며, 의료, 교통, 공공안전, 금융, 교육 등 다양한 분야에 AI를 전략적으로 도입하고 있다. AI의 윤리적 활용을 위한 제도적 기반도 함께 마련됐다. 2020년 수립된 AI 거버넌스 모델 프레임워크는 2024년 생성형 AI 등 최신 기술을 반영해 '인간 중심 9대 원칙'으로 개정됐다.

그러나 탄 교수는 모든 연령에서의 AI 활용이 무조건 바람직하지는 않다고 경고한다. 특히 0~6세 영유아기는 인간과의 상호작용을 통해 정체성과 자기 조절력이 형성되는 결정적 시기로, 이 시기에 AI는 보조자의 역할에 그쳐야 한다는 의견이다. 하버드대 아동발달센터 연구에 따르면, 보호자와 아이 간의 '주고받기(Serve and Return)' 상호작용은 건강한 뇌 발달에 핵심적 역할을 한다고 밝혀졌다.

그는 AI 도입의 판단 기준으로 'ABCDE 프레임워크'를 제안한다. 다음 다섯 가지 질문은 교육 현장에서 AI를 적용할 때 반드시 점검해야 할 원칙이다.

- 정확성과 진정성(Accuracy and Authenticity): 정보는 신뢰할 만한가?
- 편향(Bias): 데이터에 어떤 관점이 내포되어 있는가?
- 제약(Constraints): 인간의 전문적 판단이 필요한 지점은 어디인가?
- 의존(Dependence): 학습자는 기술에 의존하지 않고 사고할 수 있는가?
- 윤리(Ethics): 인간의 존엄성과 프라이버시는 보호받고 있는가?

고학년 이상에서는 AI 기반 1:1 맞춤형 학습과 탐구 중심 수업이 학습자의 몰입과 자율성을 높일 수 있다는 기대도 있다. 하지만 그는 모든 활용이 반드시 맥락과 철학 위에 세워져야 한다는 입장을 견지한다.

그렇다면 AI 시대 교사는 어떤 역량을 갖춰야 할까. 탄 교수는 깊은 교수학적 이해, 윤리적 판단력, 인지적 유연성을 핵심 역량으로 제시한다. 이는 단순한 기술 활용 능력이 아니라, 기술이 제시하는 가능성과 한계를 읽고 교육의 설계도를 그려낼 수 있는 사고력을 의미한다.

싱가포르는 이를 뒷받침하기 위해 'AI@NIE 프로젝트'를 추진 중이다. 2026년까지 예비·현직 교사를 대상으로 AI 원리, 생성형 기술, 교육 응용 사례는 물론 윤리와 철학까지 아우르는 연수를 강화하고 있다. 이는 싱가포르가 지향하는 '인간 중심 AI 교육'의 상징적 이정표이기도 하다.

AI는 교육의 모든 영역에 빠르게 스며들 것이다. 수업 설계부터 학습 평가, 학교 운영까지 그 영향력은 더욱 커질 수밖에 없다. 그러나 그 변화의 중심에는 반드시 사람이 있어야 한다. 기술은 도구일 뿐이며, 진짜 교육의 힘은 인간의 전문성, 윤리적 판단, 그리고 타인과 맺는 관계에서 나온다. 이것이 흔들릴 때 교육은 방향을 잃는다.

26

김봉제 서울교대 교수

AI 세상, 학교에 가야만 하는 이유

AI 시대, 학교에 다닐 필요가 있을까?

지식을 얻는 일만 놓고 보면, 학교는 더 이상 반드시 가야 할 공간이 아닐지도 모른다. AI가 개인 맞춤형 학습을 제공하고, 언제 어디서든 정보를 얻을 수 있는 시대이기 때문이다. 하지만 아이들이 학교에 가야 하는 이유는 단지 공부 때문이 아니다.

김봉제 서울교육대학교 AI가치판단디자인센터장은 공부는 학교에 가는 여러 이유 중 하나일 뿐, 학교의 본질은 '관계'에 있다고 강조한다. 아이들은 또래, 선생님, 선후배와 맺는 관계 속에서 자라며, 인성과 감정, 태도 역시 이러한 관계 안에서 형성된다. 김 교수는, 학교는 사람을 통해 사람을 배우는 공간이라고 본다.

AI 도구는 단순히 정보를 전달하거나 명령을 수행하는 역할을 넘어
가정과 학교에서 중요하게 여기는 가치를 내재해야 한다.

    그는 인성 교육의 핵심이 또래와의 상호작용을 통해 가치와 태도를 체득하는 경험에 있다고 설명한다. 예절, 배려, 정의 같은 덕목은 수업보다도 친구와의 관계 속에서 더 깊게 배울 수 있다. 관계는 학습에도 영향을 미친다. 정서적으로 위축된 아이는 수업에 몰입하기 어렵고, 친구와의 갈등은 학습 의욕을 떨어뜨린다. 반대로 심리적 안정감을 느끼는 환경에서는 수업에 자연스럽게 집중하게 된다.

    하지만 현재의 교육 환경에서 모든 학생의 관계성을 교사가 온전히 파악하기는 어렵다. 한 명의 교사가 수십 명의 학생을 맡는 상황에서 교실 속 복잡한 관계망을 관찰만으로 이해하는 데는 한계가 있다.

김 교수는 이 지점을 AI 기술이 보완할 수 있다고 본다. 데이터를 수집하고 분석하는 AI의 역량은 교사가 미처 파악하지 못한 관계의 맥락까지 보여줄 수 있기 때문이다. 그는 이러한 AI 기능을 실현하기 위해 더아이엠씨와 협력해 '초등학생 사회관계망 분석 플랫폼'을 개발 중이다. 이 플랫폼은 '놀이공원에 함께 가고 싶은 친구는 누구인가?' 같은 간단한 질문을 통해 학생들의 관계망을 시각화한다. 교사는 이 데이터를 통해 학급 내에서 신뢰받는 학생, 소외된 학생, 갈등 가능성이 있는 관계 등을 객관적으로 파악할 수 있다.

이런 정보는 상담, 생활지도, 학부모 소통에도 활용된다. 학부모는 '우리 아이를 가장 잘 아는 교사'에 대한 신뢰가 쌓이고, 이는 교사의 권위 회복으로도 이어진다. AI는 교사의 눈과 손이 닿지 않는 곳을 채우고, 교사의 교육 전문성 강화에 도움을 줄 수 있다.

그러나 그는 AI를 맹신해선 안 된다고 강조한다. 기술은 어디까지나 '보조자'일 뿐 핵심 판단은 여전히 교사의 몫이다. AI가 수집한 데이터는 유용한 참고 자료지만, 교육적 해석과 개입은 교사의 관찰과 직관이 결합할 때 진정한 효과를 낼 수 있다.

특히 초등학교는 담임 교사가 하루 대부분의 시간을 아이들과 보내기에 관계를 직접 관찰할 수 있는 여지가 크다. 여기에 AI가 수집한 정량적 데이터가 더해지면 입체적이고 정교한 교육적 판단이 가능해진다. 일례로 특정 활동에서 반복적으로 배제되거나 친구 관계에 급격한 변화가 생긴 아이를 교사가 빠르게 포착하고 개입할 수 있게 되는 것이다.

이처럼 AI는 교사의 감각을 돕는 '두 번째 눈'이 될 수 있다. 김 교수는

AI 시대일수록 교사의 역할이 더욱 중요하다고 말한다. AI가 정보를 제공한다면, 교사는 그 정보 속에서 아이의 마음을 읽고, 가장 적절한 시점과 방식으로 교육적 개입을 설계해야 한다. 관계 중심의 전문성이 요구되는 시대, 교사는 단순한 지식 전달자가 아니라 아이의 발달과 정서를 섬세하게 조율하는 존재로 거듭나야 한다는 것이다.

그는 이러한 변화가 공교육의 전환점이 될 수 있다고 본다. 교권은 지식량이 아니라, 학생을 이해하고 성장하도록 돕는 관계적 능력에서 비롯된다. AI는 그 이해를 위한 '도구'로 교사의 손에 들려야 한다.

다만 공교육에서의 AI 도입은 신중한 접근이 필요하다. 기술의 안정성과 윤리성이 먼저 검증돼야 하며, 기업이 충분한 기술적 안전장치를 마련한 이후 학교 현장에서 교육적 판단이 더해져야 한다는 것이 그의 주장이다. 그가 제시한 '킬 데이터' 개념 또한 AI가 잘못 학습하거나 오작동할 때 이를 즉각 차단하거나 수정할 수 있는 보호 장치가 꼭 필요하다는 점을 강조한다.

또한 AI가 아이들의 일상에 깊숙이 들어오는 만큼, 단순한 정보 전달이나 명령 수행을 넘어 가정과 학교가 중요하게 여기는 윤리적 가치를 내포해야 한다고 지적한다. 존중, 배려, 감정 조절 같은 기준이 반영되지 않으면, 아무리 정교한 기술이라도 아이들에게 왜곡된 메시지를 전달할 위험이 있기 때문이다.

그는 앞으로 1~2년 안에 대화형 AI의 활용이 급격히 확대될 것이며, 5년 후에는 AI 활용 능력이 교육과 직업 세계 전반의 격차를 가를 핵심 요소가 될 것으로 전망했다.

그는 기술과 사람의 조화 속에서 인성 교육의 미래를 설계하고 있다. 아이들이 학교에 와야 하는 이유는 단순히 성적 때문이 아니다. 친구를 만나고, 관계 속에서 성장하고, 삶의 감각을 배우는 공간이기 때문이다. 그는 말한다.

"지식만 얻으려면 학교에 올 필요 없다. 하지만 관계 속에서 사람답게 자라야 한다면 아이들은 반드시 학교에 와야 한다."

27

정제영 KERIS 원장

AI 변화,
응답하라 공교육

AI 기술이 교육 현장을 빠르게 바꾸고 있다. 학습 콘텐츠는 자동으로 생성되고, 학생 개개인의 수준에 맞춘 맞춤형 학습도 가능해졌다. 교사의 역할도 단순한 지식 전달자가 아니라, 기술을 활용해 학습 환경을 설계하는 디자이너로 변모하고 있다. 이러한 변화 속에서 공교육은 근본적인 질문을 마주하고 있다. "AI 시대, 어떻게 변화해야 하는가?"

정제영 한국교육학술정보원(KERIS) 원장은 이 질문에 대해 "지금이야말로 공교육의 본질을 다시 묻고, 구조 자체를 재설계해야 할 시점"이라고 말한다. 그는 향후 5년 안에 학년과 교실의 경계가 허물어지고, 10년 후에는 무학년제 교육이 실현될 가능성이 높다고 본다. AI 기술이 학습자 개개인의 수준과 속도에 맞춘 학습을 가능하게 만들면서, 전통적으로 고정돼 있던 나이 중심, 학년 중심의 교육 구조가 점점 설 자리를 잃게 될 것이라는 분석이다.

이러한 변화의 시작점에 AI 디지털교과서가 있다. 2025년 3월부터 초등학교 3·4학년, 중학교 1학년, 고등학교 1학년을 대상으로 수학·영어·정보 과목에 AI 교과서가 공식 도입됐다. 2025년에는 전국 약 32%의 학교가 자율적으로 이 교과서를 사용 중이다. 이제 막 교육 현장에서 실험대에 오른 셈이다.

AI 디지털교과서는 이제 그 효과와 가능성을 본격적으로 검증해야 할 시점이다. 이를 위해 한국교육학술정보원(KERIS)은 2025년부터 3년간 초등학교 4학년과 중학교 1학년 학생들을 대상으로 종단 연구에 착수했다. 동일한 학생 군을 해마다 추적 관찰하며, 단순한 학업 성취도뿐만 아니라 자기효능감, 자아존중감, 또래 관계, 디지털 리터러시 등 정서적·사회적 변화까지 폭넓게 분석할 계획이다. 특히 AI 디지털교과서를 도입한 학교와 도입하지 않은 학교를 비교함으로써, 이 기술이 공교육에 미치는 실제적 영향을 정밀하게 검증하고자 한다.

정 원장은 AI 디지털교과서를 '보조교사'로 이해해야 한다고 강조한다. AI는 교사의 역할을 대체하는 것이 아니라, 교사가 미처 파악하지 못하는 학습자의 학습 속도, 개념 이해도, 반복 오류 등을 실시간으로 분석해 보완할 수 있도록 도와주는 존재다. 교사가 모든 학생의 수준을 개별적으로 맞추기 어려운 현실에서 AI는 각자에게 최적화된 학습 경로를 제시하는 조력자로 기능할 수 있다.

이처럼 AI를 기반으로 한 맞춤형 학습이 현실화하면서 교육의 평가 방식과 입시 제도 또한 변화가 불가피해졌다. 그는 지금의 수능 중심 선발 제

AI 디지털교과서 도입 현황과 로드맵

	교과목	도입 시기
초등학교	영어, 수학, 정보	2025년 도입 → 2027년 도입 완료
	사회(역사), 과학	2027년 도입 → 2028년 도입 완료
중학교	영어, 수학, 정보	2025년 도입 → 2027년 도입 완료
	사회(한국사)	2027년 도입 → 2028년 도입 완료
	과학	2027년 도입 → 2028년 도입 완료
고등학교	영어, 수학, 정보	2025년 도입 → 2027년 도입 완료
특수학교	국어	2025년 초등 도입
	수학	2026년 초등 도입

출처: 교육부 인공지능(AI) 디지털교과서 추진방안 로드맵 조정안(2024. 11. 28.)

도나 선행학습 금지법 역시 향후 변화가 필요하다고 본다. AI 기술이 학습 방식뿐 아니라 지식이 활용되는 방식 자체를 변화시키고 있기 때문이다. 나이와 학년이 아니라 학습자의 수준에 따라 진도를 나가는 시대라면 '선행'과 '후행'의 개념 자체가 무의미해질 수 있다. 이에 따라 디지털 배지, 학습 포트폴리오 등을 기반으로 한 새로운 평가 체계가 등장할 가능성이 커지고 있다.

이러한 변화는 단지 제도에서 그치지 않는다. 정 원장은 AI 기술이 사교육비 절감에도 이바지할 수 있다고 강조한다. 기존 사교육에서 제공하던 영어 발음 교정, 수학 문제 풀이, 개인별 약점 분석 같은 서비스가, 이제는

AI를 통해 공교육 안에서도 구현 가능해졌기 때문이다. 특히 초등학교 단계에서 방과후학교와 AI 디지털교과서를 연계하면 실질적인 사교육비 절감 효과를 기대할 수 있다고 전망한다.

물론 기술 도입만으로 모든 것이 해결되는 것은 아니다. 그는 AI 디지털교과서의 성공적인 안착을 위해 무엇보다 중요한 요소는 교사의 수업 설계 역량이라고 강조한다. 아무리 정교한 기술이라도 그것을 실제 수업 속에 효과적으로 녹여낼 수 있는 교사의 전문성이 없다면 교육적 효과는 제한적일 수밖에 없다. 이에 따라 KERIS는 교사를 대상으로 한 AI 활용 연수를 확대하고 있으며, 실제 현장에서 효과가 입증된 수업 사례들을 적극적으로 공유하고 있다. 또, 선도학교에는 맞춤형 컨설팅을 제공해 AI 디지털교과서가 학교 현장 전반에 확산될 수 있도록 지원한다.

정 원장은 현재의 교육 정책과 시스템이 기술 발전 속도를 따라가지 못하고 있다고 지적한다. AI 기술은 지식을 습득하고 활용하는 방식은 물론, 기업이 요구하는 인재상까지 빠르게 바꾸고 있다. 이러한 변화에 효과적으로 대응하기 위해서는 공교육 시스템 역시 유연하고 개방적인 구조로의 전환이 필요하다는 것이다.

무엇보다 그는 AI가 아무리 발전하더라도 교육의 중심은 사람이어야 한다고 강조한다. 학습자의 감정, 정서, 공동체적 성장, 그리고 개별화된 피드백은 결국 교사와 인간 간 상호작용 속에서 완성된다. 그는 "기술만으로 교육의 질을 담보할 수 없고, AI 시대일수록 오히려 교사의 역할이 더욱 중요해진다"라고 말한다. 지금이야말로 공교육의 철학, 구조, 실행 방식 전반을 다시 설계해야 할 때다.

28
이지형 성균관대 교수

퍼스트무버가 AI를 지휘한다

AI 기술은 이미 일상을 바꿔놓았다. 대화형 AI는 논문을 요약하고, 이미지 생성 모델은 디자이너의 역할을 대신하며, 자율주행차는 도로 위를 달린다. 하지만 정작 이 기술들을 설계하고 실험할 인재들은 여전히 과제 중심의 좁은 틀에 갇혀 있다.

이러한 현실을 두고 이지형 성균관대학교 인공지능대학원장은 "지금이야말로 인재 육성의 패러다임을 바꿔야 할 때"라고 강조한다. 그는 국내 10개 AI 대학원과 9개 융합혁신대학원이 참여하는 '인공지능대학원협의회' 의장으로, 한국 AI 교육의 방향을 이끄는 중심인물이다.

그가 말하는 미래 인재는 단순히 주어진 과제를 잘 수행하는 성실한 실무형 인재가 아니다. 기존에 없던 문제를 정의하고, 실험과 도전을 통해 새로운 길을 여는 창의적이고 자율적인 인재, 바로 '퍼스트무버'다.

그는 미래 인재가 갖춰야 할 핵심 역량으로 창의성, 도전정신, 자율성, 상상력을 강조한다. 이러한 역량은 이미 딥마인드, 오픈AI, 딥시크 등 글로벌 AI 선도 기업들의 성장 과정에서 그 중요성이 입증됐다. 이들 기업은 이러한 자질을 지닌 인재들과 그들이 자유롭게 실험할 수 있는 연구 생태계를 바탕으로 발전해 왔다. 그는 혁신은 수많은 실패 끝에 비로소 탄생하는 것이라며, 한국 역시 상상하고 실험하며 도전할 수 있는 연구 생태계 조성이 시급하다고 강조한다.

그러나 그는 곧바로 현실의 제약을 짚는다. 국내 AI 인재들이 뛰어난 학습 능력과 연구 성과를 보여주고 있음에도 불구하고, 그 역량을 지속적으로 발전시킬 수 있는 자율적 연구 기반이 부족하다는 지적이다.

이러한 환경적 한계는, 많은 학생을 박사 후 지속적인 연구나 창업을 위해 해외로 진로를 틀도록 만든다. 국내보다 더 자유로운 연구 환경과 협업 기회가 북미와 유럽을 중심으로 한 글로벌 연구 생태계에 더 많이 열려 있기 때문이다.

그는 대표적인 성공 사례로 캐나다의 AI 생태계를 소개한다. 요슈아 벤지오, 제프리 힌튼 같은 세계적 석학들이 활약할 수 있었던 배경에는, 고등연구소(CIFAR) 등 정부·학계·산업계가 긴밀하게 연계된 전략적 구조가 있었다. 이러한 구조 덕분에 연구자들은 자율성과 독립성을 보장받으며 장기적 연구에 몰입할 수 있었고, 그것이 곧 세계 최고 수준의 AI 기술개발로 이어졌다.

그는 지금이야말로 국내 AI 인재 양성 정책이 '숫자 확대'에서 '질적 도

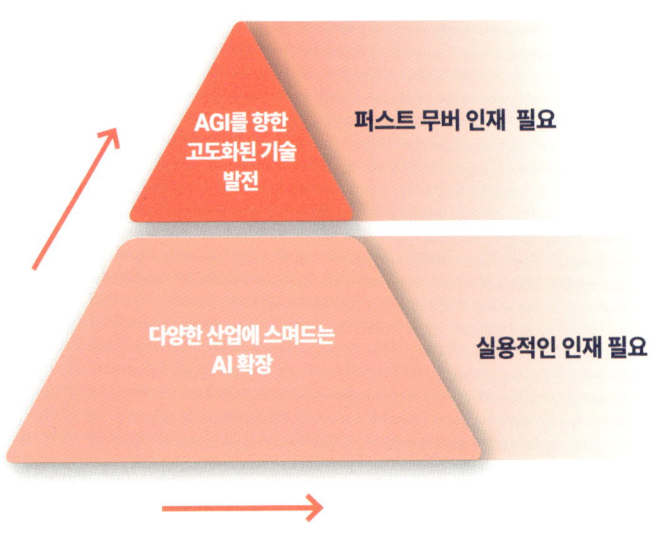

약으로 전환해야 할 시점이라고 강조한다. 현재의 수치 중심 평가 체계는 오히려 창의적이고 도전적인 연구를 억누르는 구조로 작용하고 있다. 성과를 수치로만 관리하려는 행정 시스템은 연구자의 상상력과 자율성을 제한하며, 결과적으로 도전보다는 안전한 과제를 선택하게 만드는 요인이 되고 있다.

그는 진정한 혁신은 단기 성과로 드러나지 않는다고 말한다. 실험과 실패, 방향 전환이 반복되는 과정에서 비로소 축적되고 발전하는 게 혁신의 본질이다. 이를 가능하게 하려면 자유롭되 신뢰를 기반으로 한 질적 평가 체계로의 전환이 필요하다. 지금의 연구 문화는 여전히 실패를 허용하지 않으며, 이는 도전을 주저하게 만들고 연구의 깊이를 제한하는 구조로 이어지고 있다. 실패의 경험이 누적되고, 그 자체가 인정받는 분위기 속에서만 진정한 도약이 가능하다는 게 그의 진단이다.

AI 기술의 발전 방향에 대해 그는 하나의 이미지를 제시한다. 바로 '피라미드'다. 피라미드의 꼭짓점은 인간 수준의 사고를 구현하는 범용 AI(AGI)이고, 밑변은 산업과 일상 속 다양한 영역에 적용되는 실용적 AI 기술이다. 현재 AI 기술은 꼭짓점을 향해 높아지는 동시에, 밑변을 넓히는 방향으로 동시에 확장되고 있다.

이지형 원장은 이 두 방향 모두를 책임질 수 있는 다양한 유형의 인재 양성이 함께 이뤄져야 한다고 강조한다. 꼭짓점을 높이려면 창의성과 상상력을 갖춘 탐험형 인재가, 밑변을 넓히려면 실용성과 문제 해결 능력을 갖춘 응용형 인재가 필요하다. 이 두 방향은 병렬적으로 발전해야 하며, 이를 뒷받침할 수 있는 유연한 교육·연구 시스템이 꼭 필요하다.

그는 앞으로 5년이 한국 AI의 미래를 결정할 분기점이 될 것으로 내다봤다. 이 시기를 어떻게 준비하고 실행하느냐에 따라 한국이 기술 추격자에 머물지, 선도국으로 도약할지가 결정된다.

AI 시대의 진정한 경쟁력은 결국 사람에게서 나온다. AI를 두려워하지 말고, 삶을 향상하게 만드는 능동적 도구로 받아들이는 자세가 필요하다. 이지형 원장의 당부로 마무리하자.

"기술은 도구일 뿐이다. 그것을 어떻게 활용하느냐는 결국 사람의 몫이다."

4
AI 인프라

AI 기술 발전으로 확실하게 바뀐 게 하나 있다. 바로 젠슨 황 엔비디아 CEO의 가죽점퍼다. 젠슨 황이 입은 검정 가죽점퍼는 단순한 패션이 아니라 AI 시대의 상징이 되었다. 그가 이끄는 엔비디아는 현재의 AI 열풍을 만든 핵심 기업이자 '스케일링 법칙'의 최대 수혜자이기도 하다.

스케일링 법칙이란 데이터가 많을수록, 모델이 클수록, 연산 자원이 클수록 AI는 더 똑똑해진다는 것이다. 한마디로 많이 보고 많이 계산한 AI가 더 똑똑하다는 얘기다. 사람도 마찬가지 아닌가. 더 많이 공부한 사람이 시험도 잘 보지 않나.

이 법칙 아래에서 GPU는 AI의 심장 역할을 한다. 수천 개의 코어로 수많은 연산을 동시에 처리하는 병렬 계산의 마법. 원래는 그래픽을 위한 칩이었지만, 지금은 AI 학습과 추론을 위한 '금쪽같은 자원'이 됐다.

그래서 지금 세계는 GPU 쟁탈전에 빠져 있다. 미국은 중국으로의 GPU 수출을 막고 있고, 한국 대선 공약에도 'GPU 구매'가 등장한다. AI 시대의 석유는 데이터라지만, 이를 태워줄 엔진은 GPU다. 젠슨 황의 옷장에는 아마 점퍼가 한둘이 아닐 거다.

하지만 여기서 중요한 질문 하나. "GPU만 많이 사면 되는 걸까?" 절대 아니다. GPU는 시작일 뿐이다. 확보한 자원을 어디에, 어떻게 쓰느냐가 진짜 전략이다.

지금처럼 초거대 모델을 훈련시키는 데만 몰두하면, 전기료와 냉각 비용으로 예산이 타버린다. 반면, 최신 AI 트렌드는 정반대다. 작고, 빠르고, 똑똑한 쪽으로 간다. 엣지와 온디바이스 AI가 대표적이다.

이제 AI는 클라우드에만 머물지 않는다. 스마트폰, 자동차, 공장 로봇 등 모든 기기 안으로 들어가고 있다. 실시간 반응은 빨라지고, 개인정보도 단말기 안에서 지킬 수 있다. AI는 중심에서 흘러나와, 주변에서 스스로 살아 움직이는 존재가 되어간다. 여기서 등장하는 것이 'GPU 대체제', 바로 AI 특화 반도체다. CPU와 AI 가속기, NPU, FPGA 등 각각의 칩은 자기만의 역할을 가지고 현장을 누빈다.

결국 필요한 건 숫자 싸움이 아니라 '설계의 힘'이다. 어떤 AI 모델을, 어디서, 어떤 반도체로 돌릴지. AI를 위한 전력, 연결, 반도체까지 아우르는 하드웨어 생태계의 전체 그림이 있어야 한다.

AI는 이제 하나의 거대한 데이터센터에 갇혀 있지 않다. 수많은 기기 속에 스며들어, 동시에 작동하는 시대가 왔다. 준비하지 않으면 아무리 비싼 GPU를 갖고 있어도 커지지 않는다. AI 인프라 시대의 진짜 경쟁력은 '어디에 어떻게 쓸 것인가'에 달려 있다.

AI와 반도체 전문가들은 이미 인프라 전략의 판을 짜고 있다. 그들이 말한다. "앞으로의 AI 전쟁은 물량이 아니라 방향이다." 그리고 한마디를 덧붙인다. "공룡을 이기려면, 거인의 방식이 아니라 우리의 무기로 싸워야 한다."

김종원 GIST AI대학원장

GPU 20만 장 vs 2천 장, 한국의 반격 시나리오

사람이 공룡과 싸워 이기려면 어떤 전략이 필요할까? 공룡처럼 덩치를 키우고 이를 날카롭게 하면 이길 수 있을까? 아니다. 애초에 티라노사우루스처럼 덩치를 키우는 것 자체가 불가능하다. 공룡을 이기려면 덫을 놓거나, 총을 들거나, 다른 사람과 힘을 합치는 등 사람이 할 수 있는 방식의 전략을 세워야 한다. 지금 한국이 AI 인프라 싸움에서 미국을 따라 하지 않고 '우리 식' 전략을 세워야 하는 이유도 같다.

지금의 AI 패권 경쟁은 단순히 성능이 아니라 '물량'이 핵심인 싸움으로 압축된다. GPU와 같은 고성능 하드웨어와 고품질 데이터를 얼마나 확보했느냐가 모델 성능을 가르는 기준이 되기 때문이다. 많은 국가와 기업이 GPU 확보에 총력을 기울이는 이유도 여기에 있다. 예컨대 일론 머스크

가 이끄는 xAI는 AI 모델 '그록(Grok) 3'를 무려 20만 장의 H100 GPU로 학습시켰다고 밝혔다. 현재 한국이 보유한 최신 GPU는 2,000장 수준에 불과하다.

한 기업의 GPU 수가 한 나라 전체보다 100배 이상 많은 셈이다. 오픈AI, 구글, 메타, 아마존 등 글로벌 기업들 역시 수십만 장의 GPU를 기반으로 초대형 모델을 훈련하고 있으며, 생성은 물론 고도화된 추론까지 가능한 AI를 앞다퉈 선보이고 있다. AI 경쟁에서 컴퓨팅 자원이 절대적인 변수로 작용하고 있음을 보여주는 사례다.

그렇다면 한국은 이 전쟁에서 어떤 전략을 택해야 할까. 김종원 GIST AI대학원장은 "글로벌 공룡들과 똑같은 방식으로 맞서면 백전백패"라고 단언한다. GPU 확보가 중요하지 않다는 것이 아니라, 공룡 기업처럼 하드웨어 물량을 쏟아붓는 전략은 한국의 현실과 맞지 않다는 뜻이다.

그가 제안하는 해법은 '연결', '공유', 그리고 '데이터 중심의 공공 인프라'다. 한국처럼 산업 규모가 작은 나라에서는 폐쇄적이고 분산된 인프라 구조로는 결코 규모의 경제를 달성할 수 없다고 본다. 현재와 같은 자원 중심의 지원 방식은 오히려 AI 경쟁력을 분산시키는 결과를 낳을 수 있다. 따라서 그는 한정된 자원을 하나로 묶고, 이를 가장 효율적으로 활용할 수 있는 전략이 필요하다고 강조한다.

이 전략의 핵심은 '연결된 데이터 레이크(Connected Data Lake)' 모델이다. 이는 기존 데이터센터 개념을 뛰어넘는 차세대 AI 인프라 모델로, 과거처럼 데이터를 단순히 저장하기만 하는 창고가 아니다. 데이터를 수집하고, 정제하고, 산업 간에 공유하고, AI가 학습하고, 다시 산업 현장에 활용될 수 있도록 순환시키는 구조다. 이처럼 데이터를 끊임없이 돌리는 게 경쟁력의 핵심이라는 주장이다.

또한 이 모델은 GPU 같은 고가 연산 자원을 '공유형'으로 전환해, 필요할 때 누구나 접근할 수 있는 환경을 만든다. 지금처럼 각자 자원을 구매해 사용하는 방식은 비용이 많이 들고, 효율성은 낮으며, 국가 자산으로 축적되지도 않는다. 반면 공유형 인프라는 스타트업, 중소기업, 대학, 연구자 등 다양한 주체가 함께 자원을 활용할 수 있어 효율성과 공공성을 동시에 확보할 수 있다.

김 원장은 지금처럼 연구자에게 GPU나 클라우드만 지원하는 방식은 모두가 자가용을 타고 다니는 비효율적 구조와 같다고 지적한다. 때로는 버스도, 카풀도 필요하다. 이런 시스템이 작동하려면 '공유 주차장'이 필요

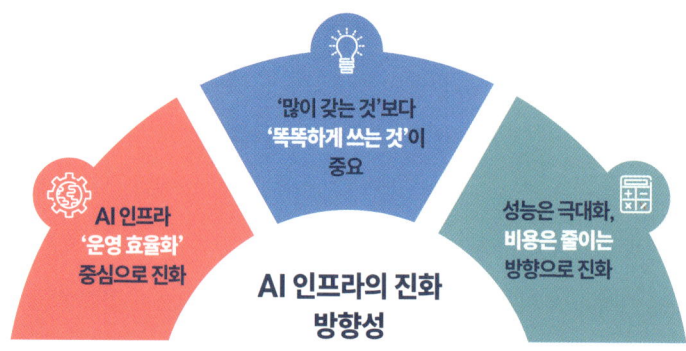

하다. Connected Data Lake는 바로 이 공유 주차장 같은 존재다. 도로를 차량 흐름에 맞춰 설계하고 주차장을 적절히 배치하듯, AI 인프라도 데이터 흐름 중심으로 설계하고 운영해야 한다. 김 원장은 이를 위해 민관 협력형 공공 데이터센터 모델을 확산하고, 자원을 나눠 쓰는 체계를 구축해야 공룡을 이길 수 있다고 강조한다.

그는 앞으로 AI 인프라의 활용 방식이 '운영 효율화' 중심으로 진화할 것으로 전망한다. 인프라 자원을 효율적으로 배분하고, 다양한 수요에 따라 설정과 운영을 자동화하는 기술이 핵심이 될 거라는 설명이다. 음식점에 손님이 들어왔을 때 어디에 어떻게 앉히느냐에 따라 테이블 회전율과 매출이 달라지듯, AI 인프라에서도 데이터와 연산 작업을 어떻게 배치하고 관리하느냐가 전체 성능과 경쟁력을 좌우한다는 것이다.

김 원장은 이와 함께 소프트웨어 역량의 중요성도 강조한다. 앞으로 인프라 간 연결성이 확보돼야 데이터가 순환하고, 그래야 AI가 제대로 작동할 수 있다. 이를 위해서는 물리적인 하드웨어 연결만이 아니라, 소프트웨어와 정책의 표준화가 함께 이뤄져야 한다. 또 AI 인프라는 단기간에 완성되는 구조가 아니기 때문에 지금부터 설계를 시작해도 5년 후에야 안정적인 운영이 가능하다고 강조한다. 지금 실행하지 않으면 기회를 놓칠 수 있다는 의미다.

마지막으로 그는 "기술 변화 속도가 매우 빠른 지금이야말로 정신을 바짝 차려야 할 때"라고 말한다. 단순한 조언이 아니라, 지금 한국이 처한 AI 인프라 경쟁의 현실을 정확히 직시하라는 경고다. GPU가 지배하는 시대, 단순한 물량 투입으로는 승산이 없다. 공유되고 연결된 데이터 중심의 AI 인프라 전략, 그것이 우리가 공룡을 이기는 유일한 길이다.

30

조민성 인텔코리아 이사

GPU 독점에 맞선 또 다른 선택지

"GPU는 금보다 귀하다." AI 업계에서 흔히 들을 수 있는 농담 아닌 농담이다. AI 모델을 학습하고 서비스하려면 막대한 연산 자원이 필요하다. 그 핵심이 바로 GPU다. 그리고 이 자원을 한 곳이 독점하고 있는데, 바로 엔비디아다.

CUDA라는 자체 플랫폼 위에 견고하게 쌓아 올린 개발 환경, 대체 불가능한 연산 성능 덕분에 엔비디아는 AI 하드웨어 시장의 절대강자로 떠올랐다. 실제로 전 세계 AI 기업과 연구기관은 엔비디아 GPU 확보에 사활을 건다. 한국의 국가 주요 AI 전략조차 GPU 확보가 우선순위로 설정돼 있을 정도다.

이러한 시장 독점은 문제점도 함께 키운다. 가장 먼저 꼽히는 건 수급의 어려움이다. 엔비디아가 내놓는 고성능 GPU는 "돈이 있어도 구할 수 없다"라는 말이 나올 정도다. 물론 가격도 지속적으로 올라서, 중소기업이나 대학은 고성능 GPU 한 장 구하기도 어렵다고 호소한다.

전력 한계도 무시할 수 없다. GPU는 기본적으로 많은 전력을 소비하는 장비다. 서버 한 랙당 몇 kW밖에 전력을 공급받지 못하는 한국 환경에선, 애초에 고성능 GPU 여러 장을 설치하기가 어렵다. AI를 하고 싶어도 할 수 없는 환경인 셈이다.

결국 하드웨어의 한계로 인해, 현재 AI 산업은 더 많은 자본과 더 큰 인프라를 가진 기업에 유리한 구조로 흘러가고 있다. 이런 흐름 속에서 조민성 인텔코리아 데이터센터 기술담당 이사가 전하는 메시지는 명확하다.

"GPU로만 AI를 처리하는 시대는 곧 끝날 것이다."

GPU 독점에 대항하기 위한 반도체 기업은 많지만, 가장 유력한 주자는 인텔이다. 인텔은 다양한 AI 특화 반도체를 선보이며 '포스트-GPU 시대'에 대비하고 있다. 특히 지난해 네이버클라우드, KAIST, 스퀴즈비츠 등과 협력해 AI 반도체 프로젝트를 추진하며 '가우디2'를 중심으로 한 새로운 생태계를 조성하고 있다.

가우디2는 GPU보다 낮은 전력 소모와 더 나은 비용 효율성으로도 경쟁력 있는 성능을 낼 수 있다는 점에서 주목받았다. 실제 연구 결과에 따르면, LLM 기반 서비스에서는 엔비디아 A100보다 평균 50% 높은 전력 효율을 보였다. 이 성과는 컴퓨터 아키텍처 분야 최고 학회인 ISCA 2025에 채택되며 그 가치를 인정받았다.

물론 모든 환경에서 가우디2가 A100을 능가한 것은 아니다. 추천 시스템 환경에서는 A100보다 성능이 20% 낮고, 전력 효율도 28% 떨어진다. 그

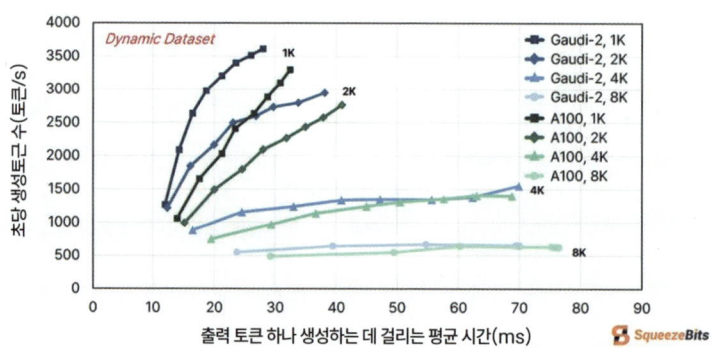

인텔 가우디2와 엔비디아 A100의 성능 평가 결과.
가우디2는 LLM 추론에서 A100 대비 빠른 토큰 생성(TPOT) 속도와 높은 처리량(Throughput)을 동시에 확보했다. 특히 짧은 입력 길이 구간(1K~2K)에서는 성능 우위를 보였다.

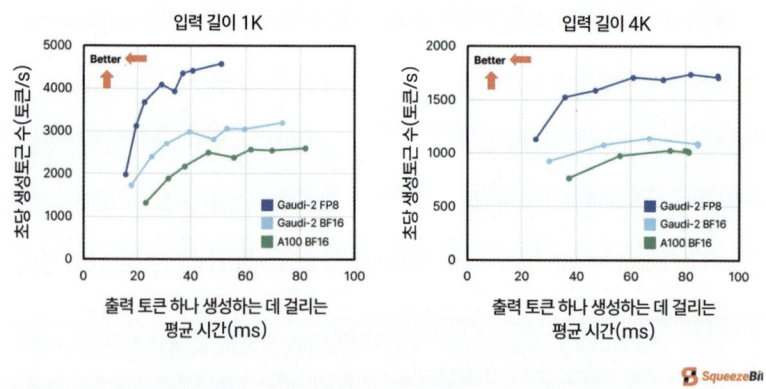

인텔 가우디2와 엔비디아 A100의 정밀도에 따른 AI 추론 성능을 비교한 결과.
가우디2는 FP8 연산을 활용해 A100보다 높은 처리량과 빠른 응답 속도를 구현한다.

러나 이 프로젝트의 진짜 의미는 단순한 수치 비교를 넘어선다. 조 이사는 "GPU를 대체할 수 있는 새로운 옵션이 실제 서비스에 적용할 수 있는 수준까지 올라왔다는 것이 핵심"이라고 말한다.

무엇보다 이 프로젝트에서 중요한 성과는 '소프트웨어 생태계 구축'에 있다. 가우디2 기반 인텔 AI 가속기 위에 소프트웨어를 최적화하는 게 이번 협력의 시작점이자 핵심 목표였다. 아무리 좋은 하드웨어도 그것을 실질적으로 활용할 수 없다면 무용지물이기 때문이다.

엔비디아가 AI 생태계를 장악하고 있는 이유 역시 칩 자체가 아니라 CUDA라는 강력한 툴 체인과 이를 지탱하는 방대한 개발자 커뮤니티다. 성능 좋은 AI 칩이 나와도 그 위에서 돌아갈 소프트웨어 생태계가 없으면 산업 현장에서 채택되기 어렵다.

이를 극복하기 위해 인텔은 오픈소스를 중심으로 한 개방형 생태계 조성에 주력해 왔다. 대표적인 것이 oneAPI와 OpenVINO다. oneAPI는 CPU, GPU, FPGA 등 이기종 하드웨어 환경에서도 하나의 코드로 실행할 수 있게 해준다. OpenVINO는 컴퓨터 비전 기반 AI 추론 성능을 극대화할 수 있는 오픈소스 도구다. 이들 툴킷을 활용하면 특정 벤더에 종속되지 않고도 다양한 환경에 유연하게 대응할 수 있다.

이번 프로젝트는 소프트웨어 생태계 확장의 또 다른 성과를 남겼다. 바로 한국 대학과의 협력이다. 국내 대학의 AI 연구 환경은 열악하다. GPU는 비싸고 구하기도 어렵다. 연구자가 논문 하나를 쓰기 위해 몇 개월을 기다려야 하는 상황도 발생한다.

인텔은 가우디2를 대학에 제공해 새로운 연구 기반을 마련하고, AI 인재들이 인텔 가속기와 소프트웨어 환경을 함께 경험할 수 있게 했다. 이는 단순한 시장 확장이 아니라 한국 AI 생태계 전체의 기반을 다지는 작업이었다.

조 이사는 GPU만 강조하는 지금의 AI 산업 분위기를 우려한다. AI는 GPU 독점이 아니라 CPU, NPU 등 다양한 칩이 조화를 이뤄야 진짜 효율이 나올 수 있어서다. CPU 사례만 봐도 이 칩은 AI 연산에서 여전히 핵심적인 역할을 한다. GPU가 단독으로 동작하지 못하고 항상 CPU와 함께 구동되는 구조인 데다가 데이터 정제, 메모리 관리, 네트워크 트래픽 제어 등 시스템의 모든 기반 작업을 CPU가 담당하기 때문이다.

그는 현재 AI 인프라 논의에서 CPU가 '그림자'처럼 취급되는 현실을 문제로 지적한다. GPU 중심의 단일 구조는 지속 가능하지 않으며, 다양한 연산 환경에 최적화된 포트폴리오 전략이 필요하다는 설명이다. 이를 위해 인텔은 작업 성격에 따라 CPU, AI 전용 NPU, AI 가속기 등 다양한 하드웨어 조합을 지원하고 있다. 앞으로는 GPU 제품도 포함해 고객이 자신의 워크로드에 가장 적합한 조합을 선택할 수 있도록 유연한 AI 인프라 환경을 제공하는 것이 인텔의 전략적 방향이다.

결국 인텔이 그리는 AI 생태계는 단순한 칩 제조를 넘는다. 다양한 연산 환경에 최적화된 프로세서 포트폴리오, 그것을 연결하고 작동시키는 소프트웨어 플랫폼, 그리고 이 모든 것을 실제 서비스로 연결하는 생태계 구축. 이것이 조민성 이사가 말하는 인텔의 비전이다.

AI 시대, 정답은 GPU 하나에만 있지 않다. 진짜 게임은 이제 시작이다.

31

이상현 성균관대 교수

디바이스로 옮겨온
AI 칩 판도, 지금이 골든타임

AI가 컴퓨터를 떠나고 있다. 데이터센터 중심 중앙집중형 패러다임에 갇혀 있던 AI가 지금은 스마트폰, 자율주행차, 웨어러블 기기 등 다양한 디바이스에 탑재되고 있다. 여기서 AI는 클라우드 없이 자체 연산하고 판단한다. AI가 활약하는 무대가 넓어진 셈이다.

이 중심에 있는 것이 바로 '온디바이스 AI 반도체'다. 이것은 디바이스 내부에서 데이터를 직접 연산하고 판단하는 AI 칩이다. 클라우드나 외부 서버에 의존하지 않고, 기기 자체에서 AI가 작동한다는 점이 핵심이다. 인터넷 연결이 없더라도 AI 기능을 활용할 수 있는 것이다. 데이터를 외부로 전송하고 다시 받아오는 과정을 생략하기 때문에 반응 속도가 빠르고 전력 소모도 적다. 또한 데이터가 외부로 나가지 않아 보안성과 프라이버시 측

면에서도 유리하다.

스마트폰에서 사진을 찍자마자 AI가 자동으로 사람, 풍경, 음식 등으로 분류하고 보정하는 기능은 온디바이스 AI의 대표적인 사례다. 이 작업은 클라우드 서버로 전송하지 않고도, 폰 내부에서 바로 처리되기 때문에 빠르고 안정적이다.

또 다른 예로, 무선 이어폰이 사용자의 음성 명령을 실시간으로 인식하고 실행하는 기능도 있다. '다음 곡 재생' 같은 명령어를 기기 내부에서 곧바로 처리하기 때문에 응답이 빠르고 개인정보도 외부로 전송되지 않는다. 최근 등장하고 있는 AI PC는 오프라인 상태에서도 문서 요약, 자동 번역, 사진 속 텍스트 인식 등의 기능을 수행할 수 있는 방향으로 발전하고 있다.

이상현 성균관대학교 반도체시스템공학과 교수는 이 기술을 두고 "지금 한국이 가장 앞서 나갈 수 있는 전략적 기회"라고 말한다. 그는 삼성전자, 엔비디아, 자일링스(현 AMD), 타블라 등에서 실무 경험을 쌓은 반도체 전문가다. 메모리와 파운드리, GPU, FPGA까지 모든 공정을 아우르며 반도체 생태계를 꿰뚫고 있는 그는 지금 한국이 주목해야 할 기술은 온디바이스 AI 반도체라고 강조한다.

그 이유는 명확하다. 이 시장은 아직 완성된 승자가 없는 초기 단계여서다. 자율주행, 로봇, 드론, 스마트폰 등 온디바이스 AI가 본격적으로 적용되는 상황에서, 이 시장에 선제적으로 뛰어든다면 한국 기업도 충분히 글로벌 경쟁력을 확보할 수 있다.

그렇다면 온디바이스 AI 반도체 시장에서 유리한 칩은 무엇일까? 이 교수는 NPU(Neural Processing Unit)를 꼽는다. 전력 효율성과 비용 최적화 측면에서 가장 유리한 구조이기 때문이다.

국내 기업들도 이 흐름에 빠르게 반응하고 있다. 삼성전자 SLSI를 비롯해 딥엑스, 모빌린트, 리벨리온, 오픈엣지, 보스반도체 등이 온디바이스 AI 반도체 개발에 본격적으로 나서고 있다. 하지만 기술개발만으로는 충분하지 않다. 온디바이스 AI 반도체는 하드웨어와 소프트웨어를 동시에 개발해야 하고, 개발 기간도 최소 5년 이상 소요된다. 지속적인 투자와 인력 확보, 산업계와 학계, 연구기관의 유기적 협력이 동반되어야 한다.

현재 그는 삼성전자, 모빌린트, 오픈엣지, 보스반도체 등과 함께 공동 연구 과제를 진행 중이다. 성균관대를 중심으로 한 산학 프로젝트는 온디바이스 AI 반도체 생태계를 구축하려는 실용적 시도다. 단순한 기술개발을 넘어 학생들은 현장 문제를 연구하고, 기업은 실질적인 제품화를 시도하는 방식이다. 대학-기업-정부의 삼각 협력 구조를 통해 지속 가능한 생태계를 구축하는 것이 목표다.

이 교수는 반도체 산업의 생존 전략으로 두 가지를 꼽는다. 하나는 시

	NPU	GPU
최적화 용도	온디바이스 AI, 실시간 추론	대규모 병렬 연산, AI 학습, 그래픽 처리
전력 효율성	높음(저전력 설계)	낮음(고전력 소비)
연산 구조	AI 연산에 특화(행렬 곱셈 최적화)	범용 병렬 구조, 프로그래머블함
칩 크기/발열	작고 발열 낮음	큼, 발열 높음
응답 속도	실시간 연산에 적합	서버연산 중심, 응답 속도 상대적으로 느림
비용	상대적으로 저렴	고가의 고성능 제품 다수
사용 환경	스마트폰, 웨어러블, 자동차, 드론 등	데이터센터, 데스크톱, 서버 등

스템 반도체 생태계 강화, 다른 하나는 파운드리와 후공정 기술 확보다. 지금까지 한국은 메모리 반도체 강국이었다. 삼성전자와 SK하이닉스를 중심으로 글로벌 메모리 시장을 양분해 왔다. 하지만 AI 기술이 진화하면서 CPU, GPU, NPU 같은 시스템 반도체 비중이 전체 시장의 70~80%로 커질 가능성이 높다. 이런 흐름에 대응하지 못하면 기존 메모리 중심 산업 구조도 위협받을 수 있다.

파운드리와 패키징 역량도 경쟁력의 핵심이 되고 있다. 온디바이스 AI 반도체는 고성능을 유지하면서도 작고, 전력 효율은 높아야 한다. 이는 설계뿐만 아니라 생산 공정 전체에 새로운 조건을 요구한다. 단순한 미세 공정을 넘어서 3D 스태킹, 칩렛, SiP(System in Package) 같은 후공정 기술이 필수다.

이 기술들은 소형화와 저전력이라는 온디바이스 AI 반도체의 특성과 직결된다. 후공정은 이제 부수적인 요소가 아니라 제품 완성도를 좌우하는 결정적 기술로 부상하고 있다. 기존 메모리 반도체에 집중돼 있던 투자와 인력 전략 역시 이러한 시스템 반도체 중심 구조로 재편돼야 한다.

이 교수는 온디바이스 AI 반도체가 향후 20~30년 한국 산업의 생존과 도약을 가를 전략 자산이라고 강조한다. 지금은 대규모 데이터센터에서 개별 디바이스로 AI 기술의 무게중심이 이동하는 전환기다. 이 흐름에서 주도권을 놓친다면, AI 시대 반도체 강국이라는 지위도 유지하기 어려워질 것이다.

온디바이스 AI 반도체는 아직 정해지지 않은 시장이다. 초기 시장이라서 기술력과 실행력을 갖춘 국가라면 누구든 선도자가 될 수 있다. 이 시장은 한국에 '열린 문'이다. 그 문을 열 수 있을지는 지금 우리가 어떤 결정을 내리느냐에 달려 있다.

32

최수혁 어드밴텍 부사장

클라우드를 넘어, 엣지로

AI가 출근하기 시작했다. 연구소 안에서만 존재하던 AI가 이제는 산업 현장 곳곳에서 실제 '직원'처럼 작동하고 있다. 공장의 비전 검사 설비, 자율주행차, 배달 로봇, 교차로의 신호 제어 장치 등 분야도 다양하다. 이처럼 AI가 실시간으로 판단하고 행동하는 시대의 중심에는 '엣지컴퓨팅'이 있다.

엣지컴퓨팅은 데이터를 생성하는 현장 가까운 곳(엣지)에서 데이터를 직접 처리하고, 실시간으로 판단과 실행까지 가능하게 하는 기술이다. 기존 방식은 센서나 기기에서 수집된 데이터를 중앙 서버(클라우드)로 전송해 분석한 뒤 결과를 다시 내려보냈다. 하지만 엣지컴퓨팅은 분석과 실행을 현장에서 직접 수행함으로써 지연을 줄이고, 보안성을 높이며, 네트워크 부담도 최소화할 수 있다.

AI와 결합하면 엣지컴퓨팅은 자율주행차, 스마트공장, 교통제어 시스템 등에서 즉각적이고 지능적인 반응을 구현하는 핵심 인프라로 자리 잡는다. 최수혁 어드밴텍케이알 부사장은 "2026년에는 엣지컴퓨팅에도 추론이나 머신러닝 기능들이 탑재돼 실시간으로 판단하고 제시하는 시스템이 본격 등장할 것"이라며 AI 인프라의 중심축이 클라우드에서 엣지로 이동하고 있다고 강조한다.

그는 특히 엣지컴퓨팅이 산업 현장에 적합하다고 본다. 서버룸이나 데이터센터가 아니라, 사용자 또는 기기 가까운 곳에서 연산을 수행할 수 있기 때문이다. 반도체 공장의 비전 검사기나 스마트 교통 시스템의 신호 제어 장치처럼, 엣지에서 AI가 독립적으로 판단하고 대응하는 구조가 산업 전반에 새로운 패러다임을 만든다는 것이다.

기존 방식은 센서에서 수집된 데이터를 클라우드로 전송해 분석 결과를 다시 받아오는 데 시간이 걸렸다. 반면 엣지컴퓨팅은 기기 내부에서 직접 데이터를 연산하기 때문에 실시간 대응이 가능하다. 제조라인에서 불량을 감지하고, 교차로에서 보행자를 인식하며, 로봇이 장애물을 회피하는 작업이 모두 현장에서 즉시 이뤄진다.

엣지컴퓨팅의 또 다른 강점은 인프라 효율성이다. 데이터를 외부로 전송하지 않으므로 네트워크 비용과 대역폭 부담이 줄고, 보안 위험도 감소한다. 클라우드 의존도가 낮아지면서 시스템의 자율성도 강화된다. 기업으로선 전력 소모와 인프라 투자 비용을 모두 줄일 수 있다. 특히 제한된 자원 안에서 최적 효율을 내야 하는 제조업 환경에 적합하다는 게 그의 설명이다.

엣지컴퓨팅과 온디바이스 AI 차이

	엣지컴퓨팅(Edge Computing)	온디바이스 AI(On-device AI)
위치	네트워크의 가장자리에 위치한 소형 서버 또는 게이트웨이 장비에서 연산 수행	스마트폰, 센서, 카메라, 웨어러블 기기 등 개별 디바이스 자체에서 연산 수행
주요 목적	현장 인근에서 데이터를 분석하고 처리해 지연 감소, 클라우드 의존 줄이기	디바이스 내부에서 AI 연산 처리로 실시간 반응, 오프라인 작동 가능
연산 능력	비교적 높은 연산 능력 (NPU/GPU 탑재한 엣지 서버)	제한된 연산 자원에서 고도화된 AI 기능 구현(경량화 모델 중심)
인터넷 연결	네트워크와의 연결을 전제로 한 분산 처리 환경	인터넷 연결 없이도 독립적인 작동 가능
사용 사례	공장 내 엣지서버, 스마트 교차로, CCTV 중앙 연산 장비 등	스마트폰 음성 인식, 자율주행 차량의 개별 센서 연산, IoT 기기 등
구조	다수의 IoT 디바이스 → 엣지 노드 → 클라우드	AI 모델을 디바이스 내에 탑재 (단말 중심 구조)

확장성도 장점이다. 모든 연산을 클라우드에 집중하면 비용과 물리적 한계에 부딪힐 수밖에 없다. 반면 엣지를 중심으로 분산된 구조를 도입하면 각 지역에서 자율적인 AI가 작동해 전체 시스템의 탄력성과 회복력을 높일 수 있다.

적용 분야도 늘고 있다. 물류, 의료, 국방, 환경, 에너지 등 실시간 대응과 예측이 필요한 다양한 산업에서 엣지컴퓨팅의 중요성이 커지고 있다. 병원에서는 환자의 생체 신호를 실시간으로 감지해 이상 징후를 즉시 알릴 수 있으며, 발전소나 전력망에서는 고장을 예측해 자동 대응하는 엣지 플랫폼이 등장하고 있다.

어드밴텍은 이 흐름을 10여 년 전부터 준비해 왔다. 사물인터넷(IoT)에서 산업용 IoT, 싱글보드 엣지 컴퓨터에서 엣지 서버, 비전 시스템까지 제품 라인업을 확장해 왔으며, 현재는 엔비디아 젯슨 플랫폼을 탑재한 MIC 시리즈나 고온·고습 환경에서도 견디는 산업용 엣지 서버 등을 출시해 다양한 산업 현장에 적용 중이다.

가트너는 2026년까지 전체 엣지컴퓨팅 플랫폼의 절반 이상이 AI 추론 기능을 탑재할 것으로 전망했다. 최 부사장은 이 시점을 "엣지컴퓨팅이 실시간 판단과 실행의 주체로 전환되는 분기점"이라고 진단한다.

그는 앞으로 5년이 엣지컴퓨팅이 산업 표준이 되느냐를 가를 결정적 시기라고 말한다. 아직은 실험 단계인 프로젝트가 많지만, 상용화가 본격화되면 자율주행차의 실시간 제어, 로봇 군집 제어, 드론 자율 비행, 재난 대응 시스템 등에서 엣지컴퓨팅이 핵심 역할을 하게 될 것이라는 전망이다.

어드밴텍은 단순한 하드웨어 공급을 넘어 AI 솔루션 기업과 협업해 산업용 엣지AI 생태계를 구축하고 있다. 국내 생성형 AI 전문 기업 노타AI와 함께 엣지에 특화된 생성형 AI 플랫폼을 공동 개발 중인데, 엣지와 AI를 분리된 기술이 아닌 통합 시스템으로 접근하는 전략이다.

지금이 전환점인 것만은 분명하다. 서버에서 디바이스로, 중앙 제어에서 현장 실행으로. 엣지컴퓨팅은 그 흐름의 교차로에 있다.

PART 3

AX(AI로 변하는 산업)

제조

공장이 돌아간다. 끊임없이 제품을 쏟아낸다. 그런데 이상하다. 인기척이 없다. 사람이 없다?

납량특집에나 나올 법한 이 공장. 실제로도 사람은 한 명도 없다. 대신 기계와 로봇들이 부지런히 움직인다. 사람은 공장이 잘 돌아가는지 살피는 관리자 역할만 맡고 있다. 관리자 곁에는 언제나 '완벽한 비서'가 함께한다. 바로 AI다.

"3번 생산라인 온도가 평소보다 2도 높습니다."
"A 고객 주문량이 20% 늘었으니 야간 생산을 준비해야 합니다."
"다음 주 화요일, 2번 모터 교체가 필요할 것 같습니다."

마치 비밀스러운 속삭임처럼 AI가 실시간으로 조언을 건넨다. 사람은 AI가 알려주는 정보를 듣고, 판단만 하면 된다. 이것은 공상과학 소설이 아니라, 제조업 강국인 한국이 지금 생존을 위해 걸어가고 있는 길이다.

통계청에 따르면 한국의 출산율은 0.72명으로 세계 최저 수준이다. 인구는 쪼그라들고, 베이비부머 세대가 은퇴하면서 수십 년간 쌓아 올린 제조 기술과 노하우도 서서히 사라지고 있다. 더 큰 문제는 젊은 세대가 제조업 현장을 외면한다는 것이다. 이 위기를 극복하기 위해 한국 제조업은 DNA부터 새롭게 바꾸고 있다. '많은 사람이 밤낮없이 일해서 빨리 만들자'에서 '적은 사람이 AI와 함께 똑똑하게 만들자'로 진화 중이다.

이 길이 쉽지만은 않다. 제조업용 AI는 우리가 흔히 아는 AI와는 차원이 다르기 때문이다. 공장에서는 0.1초의 지연도, 0.01%의 오차도 용납되지 않는다. 챗GPT가 아무리 똑똑해도 공장 내 특수한 언어인 PLC 코드는 이해하지 못한다. 그래도 한국은 이 길을 반드시 가야 한다. 선택의 여지가 없다. 인구 절벽 시대에 제조업 강국의 명맥을 이어가려면 AI와의 공존과 협업이 필수다. 10년 후, 우리 아이들은 이렇게 물어볼지도 모른다.

"아빠, 정말 옛날에는 사람이 밤새 공장에서 일했어요?"

이번 장은 인구 위기와 AI 혁신이라는 거대한 교차로에서, 새로운 미래를 향해 나아가는 한국 제조업 현장의 뜨거운 현장 보고서다.

서영주 포항공대 교수

AI, 자율 제조 실행 주체로 진화

AI는 제조업의 미래를 근본적으로 바꾸고 있다. 서영주 포항공대 인공지능대학원장은 AI가 단순한 도구를 넘어 '자율 제조'라는 궁극적 진화 단계로 나아가고 있다고 말한다. 멀티모달 센서 데이터에 기반한 상황 인지, 시뮬레이션과 강화학습을 통한 의사결정, 그리고 엣지 컴퓨팅을 활용한 실시간 제어가 그 핵심이다.

AI가 사람의 개입 없이 현장에서 직접 판단하고 행동하는 실행 주체로 자리 잡는다는 것은, 제조 현장에서 AI가 단순한 보조 도구를 넘어 자율적으로 상황을 인식하고 대응하는 능력을 갖춘다는 뜻이다. 예를 들어, 공장 내 컨베이어벨트 고장 징후를 감지하면 AI가 이를 즉시 분석해 적절히 조처한다. 작업 중단 없이도 설비를 안전하게 제어하고, 필요한 경우 교체 시점을 판단해 작업자의 안전을 확보한다.

서영주 교수 연구팀이 개발한 포크리프트 충돌방지 AI와 컨베이어 고장 탐지 기술은 현장 맞춤형 튜닝을 거쳐 1~2년 내 실제 제조 현장에 도입될 예정이다. 이 기술은 작업자와 현장의 안전성을 크게 높이고, 생산성과 운영 효율성까지 크게 개선할 것으로 기대되고 있다.

이 시스템들이 수집하는 데이터는 제조 현장의 다양한 운영 정보를 실시간으로 제공한다. 나아가 제조 공정 전체를 최적화하는 지능형 공장으로의 전환을 견인하는 중요한 기반이 될 것이다. 결국 이러한 AI 기술은 단순한 안전장치를 넘어 공장 운영의 '뇌' 역할을 해 제조업의 미래를 한층 더 스마트하고 안전한 방향으로 이끌 것이다.

이처럼 AI는 제조 현장의 안전성을 책임지는 '두 번째 눈'이자 '즉각 대응자' 역할로 빠르게 자리매김하고 있다. 서 교수의 연구 성과가 현실이 되면 더 많은 공장이 이 첨단 기술을 도입해 작업 환경을 한층 안전하고 효율적으로 바꾸게 될 전망이다.

그러나 자율 제조를 실현하기 위해 넘어야 할 과제는 많다. 안전성 검증, 설명 가능한 AI 구축, 그리고 신뢰성 확보가 반드시 선행돼야 하며, 사람이 주도하는 설계와 AI의 제어 역할이 조화를 이루는 협업 체계가 필요하다. AI가 모든 판단을 독립적으로 내리는 것이 아니라 인간과 상호작용하면서 최적의 결정을 내릴 수 있도록 설계되어야 한다는 뜻이다.

현재 데이터 확보 과정에도 난관이 있다. 공장마다 데이터 형식과 저장 방식이 달라 통합하기 어렵고, 제조 분야의 이상 상황 데이터는 희소하다. 보안 문제로, 외부로의 데이터 이전도 제한적이다. 이에 서 교수는 정부 주도의 공용 데이터세트 구축과 공유가 시급하며, 데이터 공유 체계와 개방형 연구 플랫폼 구축이 중요한 과제라고 강조한다. 온디바이스 학습과 프라이버시 보존 기술 도입도 필수적이다.

포항공대 인공지능대학원은 현재 다양한 AI 산업안전 분야 산학협력을 진행하고 있다. 골격 데이터 분석 기반 작업자 안전 확보 기술, 배터리 소재 예측을 위한 분자 그래프 학습 기술, 디지털 트윈 기반 스마트 팩토리 구축, 설비 데이터 기반 품질 예측, 보일러 튜브 손상 예측 시스템 등 다양한 프로젝트를 추진하고 있다.

또 포항공대 인공지능연구원은 'D.N.A(Data, Network, AI)' 기반 제조 유해 환경 안전진단 플랫폼 연구를 진행 중이다. 경북 지역의 제조기업인 대구정밀, 건우금속 등 지역 내 중견 철강 관련 제조기업을 대상으로 산업안전 AI 관련 연구개발 결과물을 현장에 적용하는 실증연구를 수행하며, 제조 현장에 실질적인 AI 기술 적용을 확대하고 있다.

서영주 교수는 자율 제조를 위한 AI 기술이 앞으로 5년 내 신뢰성과 책임성을 갖춘 실용적 기술로 진화할 것으로 전망한다. 특히 초거대 AI 모델의 경량화와 효율화가 중요한 과제로 떠오르고 있으며, 엣지 컴퓨팅 기반 AI가 제조 현장과 모바일 환경에서 핵심적인 역할을 할 것으로 기대된다. AI의 윤리적 사용과 사회적 신뢰 확보를 위한 연구도 더욱 활발해질 전망이다.

향후 1~2년 안에 산업안전 AI 분야는 단순한 이상 탐지를 넘어서 '설명 가능한 AI'로 발전할 것으로 보인다. 그는 기존 이상 탐지 모델은 정확도가 높지만, 판단 근거가 부족해 현장 의사결정에 충분히 활용되지 못하고 있

경북 지역 제조기업들을 대상으로 산업안전 AI 관련 연구개발 결과물을
현장에 적용하는 실증연구를 수행하는 모습

다고 설명했다. 앞으로 AI는 근거 있는 설명을 제공해 산업 현장에서 신뢰받는 의사결정 도구로 자리매김할 것이다. 또한 제조 현장에 있는 다양한 국적의 근로자들과 소통할 수 있는 다국어 실시간 음성 변환 기술도 빠르게 발전할 것으로 예상된다.

"AI는 사람을 위한 기술이어야 하며, 산업 현장에서는 생명과 직결되는 안전을 지키는 데 실질적인 도움이 돼야 한다."

그가 강조하는 사항이다. 기술 발전이 현장의 안전과 효율성 향상으로 이어지도록 사람 중심 AI 구현을 위해 끊임없이 노력해야 한다는 것이다.

기술이 사람을 위한 도구임을 잊지 않고, AI가 현장의 '두 번째 눈'이자 '즉각 대응자'로 자리매김할 때, 비로소 제조업은 더욱 스마트하고 인간 중심적인 미래로 나아갈 수 있다. 이들의 연구가 보여주듯, 제조업의 미래에는 단순한 기술 발전을 넘어 사람과 기술이 조화를 이루는 패러다임의 변화가 필요하다.

34

정운성 다쏘시스템코리아 대표

위기의 제조업, AI로 재설계

"사람은 줄고, 할 일은 늘고 있다. 그러면 누가 그 일을 할 것인가?"

한국 제조업은 지금 기로에 서 있다. 베이비부머 세대가 은퇴하며 현장 인력이 급격히 줄어들고, 젊은 세대는 제조 현장을 외면한다. 그렇다면 누가 이 공백을 메울 것인가? AI가 답이다. 하지만 아무 AI나 되는 것은 아니다. 제조업에는 제조업만의 특별한 AI가 필요하다.

정운성 다쏘시스템코리아 대표는 제조업 AI 혁신의 핵심을 단 한 마디로 정의한다.

"결국 핵심은 데이터다."

다쏘시스템의 AI 이야기는 45년 전으로 거슬러 올라간다. 1981년에 설립된 이 회사는 항공기 설계로 시작해 제조업의 디지털 전환을 이끌어왔다. 정운성 대표는 "우리는 AI를 최근 시작한 것이 아니다"라고 강조한다. 오랜 기간 축적된 기술과 데이터 위에 AI를 올린 것이지, 갑자기 새로운 개념을 만든 것이 아니라는 설명이다.

자동차나 항공 분야에서 사용하는 '제너러티브 디자인' 기술은 이미 오래전부터 AI를 활용해 무게를 줄이면서 강도는 유지하는 최적의 형상을 찾아내 왔다. 예전에는 사람이 수많은 시뮬레이션과 반복적인 모델링을 다 했지만, 지금은 AI가 그것을 학습하고 반복해서 최적의 형상을 찾아낸다.

요즘 생성형 AI가 화제지만, 다쏘시스템의 AI는 근본적으로 다르다. 일반적인 생성형 AI가 텍스트나 이미지를 만드는 데 집중한다면, 다쏘시스템의 AI는 실제 제조에 투입할 수 있는 정밀한 3D 데이터를 생성한다. 예를 들어, 자동차 설계에서 일반 AI는 보기 좋은 외형을 그릴 수 있다. 하지만 다쏘시스템의 AI는 충돌 시 어느 부위가 찌그러지는지, 공기 저항을 어떻게 줄일 수 있는지, 어떤 부분을 보강해야 하는지까지 버추얼 트윈을 통해 가상 시뮬레이션으로 분석해 반영한다.

정 대표는 유사한 생성형 기술이나 디지털 트윈 기술과의 차이점을 묻는 말에 이렇게 답한다.

"제조업이 진짜로 원하는 건 보기 좋은 3D 모델 그 이상이다. 가상공간에서 모든 실험과 검증을 마쳐서, 현실에서는 단 한 번만 만들어도 완벽한 제품이 나올 수 있는 수준까지 가야 한다. 이것이 우리가 가진 AI와 버추얼

버추얼 트윈에서 제품을 테스트하고 시뮬레이션하는 예시

트윈 기술의 차별점이다."

그렇다면 다쏘시스템은 어떻게 이런 정밀한 제조업 AI를 만들 수 있었을까? 비밀은 바로 데이터에 있다. AI 기술에 활용할 수 있을 만큼 검증되고, 잘 정리된 데이터가 필요하다. 다쏘시스템은 45년간 CAD, PDM, PLM, 버추얼 트윈 등의 기술 발전 과정을 거치면서 고객들이 데이터를 체계적으로 축적할 수 있도록 지원해 왔다.

특히 2012년부터는 플랫폼 중심의 데이터 통합 전략으로 전환했다. '3D익스피리언스 플랫폼'을 통해 각각 흩어져 있던 데이터를 하나의 흐름 속에서 유기적으로 연결되도록 구조화한 것이다. 이렇게 플랫폼을 기반으로 모든 제품 정보가 맥락을 가지고 연결되다 보니, AI가 학습할 수 있는 정형화된 데이터 구조가 자연스럽게 갖춰졌다.

B2B 기업은 과거에 축적된 경험과 노하우가 미래 경쟁력의 핵심 자산이다. 다쏘시스템은 이러한 경험을 AI가 바로 활용할 수 있을 정도로 체계적으로 구조화된 데이터 자산으로 전환했다. 다쏘시스템의 계열사인 메디데이터가 의료 분야에서 AI 적용을 성공적으로 이뤄낸 것도 같은 이유다. 임상 데이터에 환자 이력, 진단 정보, 약물 반응 등 모든 정보가 잘 정리돼 있고, FDA 승인 같은 외부 규제 기준을 맞추기 위한 표준화 역시 잘 되어 있다. 이러한 데이터 기반 덕분에 임상시험 분야에 AI를 적용할 수 있었다.

정 대표는 앞으로 3~5년 안에 제조업이 AI로 인한 근본적인 변화를 겪게 될 것으로 전망한다. 전통적인 제조업은 AI를 통해 크게 지능화되고, 생산 속도와 품질도 눈에 띄게 향상될 것이다.

소비자 트렌드를 적용하는 데도 AI의 역할이 크다. 소비자 성향은 점점 개인화되고 있다. 소프트웨어정의차량(SDV) 개념처럼 자동차도 이제는 소비자의 운전 스타일과 선호도에 따라 개인 맞춤형으로 조절되는 방향으로 진화하고 있다. 앞으로는 가전제품 등 다양한 분야에서도 '누가 만들었느냐'보다 '나에게 얼마나 잘 맞춰주느냐'가 더 중요해질 것이다.

과거에는 이런 개인화된 제품의 대량 생산은 불가능했다. 하지만 AI가 그 해답을 제시하고 있다. AI는 각 소비자의 데이터를 분석해 개별 맞춤형 설계를 자동으로 생성하고, 생산 과정에서도 효율적으로 개인화 제품을 만들 수 있다.

제조기업들의 AI 전환(AX)을 위해 가장 중요한 것은 무엇일까? 그는 주저 없이 '데이터 준비'라고 답한다. 우선 그동안 축적된 경험과 노하우, 지식들을 체계적인 데이터로 정리해야 한다. 그 이후에는 회사에 맞는 AI 유스케이스를 발굴하고, 이를 실제로 적용할 수 있는 플랫폼을 활용하는 것이 중요하다고 조언한다.

제조업 AI 혁신의 핵심은 결국 데이터다. 45년간 쌓아온 체계적인 데이터 기반 위에서 AI가 꽃을 피울 수 있었던 다쏘시스템의 사례는 한국 제조업이 나아가야 할 방향을 명확히 보여준다. 사람이 줄어드는 시대, AI가 그 공백을 메우되 사람과 협업하는 파트너로 자리 잡는 미래. 그 미래를 만드는 열쇠는 바로 우리 손안의 데이터에 있다.

지앙 파올로 바씨 다쏘시스템 고객 경험 부문 수석부사장

AI 지능형 공장에 펼쳐진 아우라(AURA)

제조업에 새로운 바람이 분다. 단순히 물건을 만드는 공장에서 AI와 첨단 기술이 융합한 지능형 공장으로의 진화가 가속되고 있다. 그 중심에는 가상과 현실을 연결하는 버추얼 트윈 기술과 이를 더욱 똑똑하게 만드는 AI가 자리한다.

다쏘시스템은 제조업에 생성형 AI 기술을 녹여냈다. 이름하여 '아우라(AURA)'다. 이 AI는 일반적인 챗봇이나 AI 비서와는 다르다. 제품 설계부터 제조, 심지어 폐기와 재활용까지 전체 생명주기를 관장하는 제조업 전문 비서 역할을 한다.

지앙 파올로 바씨(Gian Paolo Bassi) 다쏘시스템 고객 경험 부문 수석 부사장에 따르면, AURA는 다쏘시스템의 혁신적인 AI 솔루션으로, 단순한 정

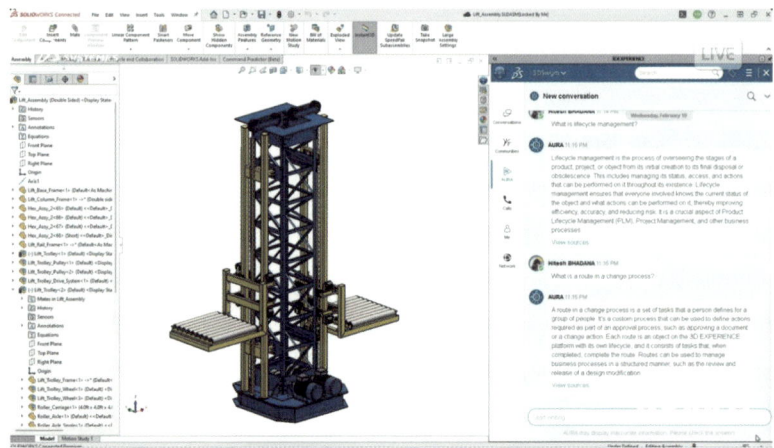
다쏘시스템 3D익스피리언스 플랫폼에서 AURA 기능을 활용하는 모습

보 제공을 넘어 실질적인 작업 수행까지 가능한 버추얼 동반자다. 사용자가 자연어로 설계 관련 질문을 하면 적합한 지식과 노하우를 즉시 제공하며, 복잡한 설계 과정을 자동화할 수 있다. 특히 사용자 데이터에서 학습하되, 지식 재산권을 철저히 보호하는 보안 체계를 갖추고 있어 기업들이 안심하고 활용할 수 있는 것도 장점이다.

바씨 부사장의 설명에 따르면, 다쏘시스템이 추구하는 것은 단순한 기술 혁신을 넘어 경제 모델 자체의 변화다. 기존의 '제조-소비-폐기'로 이어지는 선형 경제에서 '생성-경험-재생'의 순환형 경제로 전환하는 것이다. 이를 '생성형 경제'라고 명명했다.

생성형 경제에서는 제품을 만들 때부터 재활용과 지속 가능성을 고려한다. 버추얼 트윈(현실과 똑같은 가상공간)을 통해 제품의 전체 생명주기를 시뮬레이션하고, AI가 최적의 설계와 생산 방법을 제안하는 방식이다.

현대의 엔지니어들은 그야말로 만능 전문가가 되어야 하는 시대에 살고 있다. 단순한 설계 능력만으로는 부족하다. 시뮬레이션, 메카트로닉스, 재료공학, 환경공학까지 다양한 분야의 지식이 필요하다. 마치 끝없는 지식의 바다에서 길을 잃을 것 같은 상황이다.

AURA는 이런 엔지니어들에게 던져진 구명줄 같은 존재다. 다쏘시스템이 수십 년간 다양한 산업의 고객들과 협력하며 축적한 방대한 데이터를 학습한 이 AI는, 엔지니어가 특정 문제에 부딪혔을 때 관련 지식을 즉시 제공한다. 단순히 정보를 검색해 주는 것이 아니라 상황에 맞는 최적의 해결책을 제안하고, 자동으로 설계 변경까지 수행한다.

예를 들어 엔지니어가 자동차 엔진 부품의 내구성을 높이고 싶다면, AURA는 과거 비슷한 문제를 해결했던 사례들을 분석해 최적의 재료와 설계 방법을 제안한다. 심지어 시뮬레이션까지 자동으로 실행해 결과를 미리 보여줄 수 있다. 변경 요청 작성 같은 복잡한 업무도 여러 응용 프로그램을 거치지 않고, 간단하고 효율적으로 처리할 수 있도록 지원한다.

바씨 부사장이 강조하는 AURA의 진짜 가치는 현실 세계와의 연결에서 드러난다. 일반적인 생성형 AI들이 인터넷의 공개 데이터를 학습하는 것과 달리, AURA는 실제 제조 현장에서 발생하는 전문 데이터를 학습한다. 공장에서 생산되는 모든 제품의 품질 데이터, 기계의 작동 상태, 작업자 효율성까지 실시간으로 분석하고 최적화 방안을 제시한다.

더 나아가 AURA는 미래를 예측하는 능력까지 갖추고 있다. 현재의 생산 패턴과 시장 동향을 분석해 다음 달, 다음 분기에 어떤 제품이 얼마나 필요할지 예측하고, 그에 맞는 생산 계획을 자동으로 수립한다. 기계의 고장 시점도 예측해 예방 정비 일정을 제안한다.

중요한 것은 AURA가 사람을 대체하려는 것이 아니라 보완하려 한다는 점이다. 엔지니어의 창의성과 직감은 여전히 중요하다. AURA는 복잡한 계산과 데이터 분석을 담당하고, 엔지니어는 최종 판단과 창의적 설계에 집중할 수 있게 된다. 실제 제조 현장에서도 마찬가지다. 숙련된 작업자의 경험과 노하우는 AI가 대체할 수 없는 영역이다. 대신 AI는 작업자에게 최적의 작업 순서를 제안하고, 품질 관리를 자동화하며, 안전사고를 예방하는 역할을 한다.

바씨 부사장은 "AI 기술은 게임체인저가 될 것"이라며 AURA 같은 AI 기술의 발전이 제조업의 미래를 완전히 바꿀 것으로 전망한다고 밝혔다. 단순히 빠르고 많이 만드는 것이 아니라, 환경에 미치는 영향을 최소화하면서도 고품질의 제품을 효율적으로 생산하는 것이 목표다.

제조업체들은 이제 AI의 도움을 받아 더 스마트하고 지속 가능한 방식으로 제품을 만들 수 있게 된다. 이는 단순히 비용 절감이나 효율성 향상을 넘어, 지구 환경을 보호하고 미래 세대를 위한 지속 가능한 발전에 기여하는 일이 될 것이다. 제조업에 불어온 AI 바람은 이제 되돌릴 수 없는 흐름이다. AURA가 보여준 것처럼, AI는 더 이상 먼 미래의 기술이 아니라 지금 당장 제조 현장에서 활용할 수 있는 현실적인 솔루션이다.

중요한 것은 이 변화에 어떻게 적응하고 활용하느냐다. AI와 함께하는 제조업의 새로운 시대가 열리고 있다.

36

윤성호 마키나락스 대표

제조 특화 AI 에이전트의 탄생

챗GPT에게 "공장 로봇을 제어하는 PLC 코드를 짜줘"라고 요청해 보자. 아마 당황스러운 답변이 돌아올 것이다. 세상 모든 언어를 구사할 것 같던 AI에 맥 빠지는 순간이다. 하지만 바로 여기에 한국이 AI 강국으로 도약할 비밀이 숨어 있다.

"제조 특화 AI는 기회이면서 필수입니다."

윤성호 마키나락스 대표의 말이다. 그는 제조 특화 AI가 한국에선 '필수 과목'이라고 설명했다. 한국 경제 발전을 지탱해 온 제조 경쟁력을 지속적으로 이어갈 기술로 꼽히기 때문이다.

사실 국내에서 제조 위기설은 계속 제기되어 왔다. 제조 현장을 지원하는 인력은 줄어들고, 경험 많은 인력은 은퇴를 앞두고 있다. 소리와 진동만으로 장비 이상 여부를 확인하고, 감각만으로 제품을 완성하는 경험 많은 직원들의 노하우는 젊은 인력들의 기피 현상과 잦은 이직으로 대가 끊기는 상황이다.

이 문제를 해결하기 위해 AI와 자동화 기술을 도입하려 하지만 쉽지 않다. AI와 제조에서 사용하는 프로그래밍 언어부터 다르기 때문이다. 보통 AI에서는 파이썬 같은 범용 프로그래밍 언어를 사용하지만, 제조에선 PLC 언어를 사용한다. 생산라인의 모터, 센서, 로봇, 컨베이어벨트 같은 장비를 제어하는 컴퓨팅 언어다.

오픈AI, 메타 같은 범용 AI 기업들은 PLC 언어를 제공하지 않아 챗GPT나 라마 등의 생성형 AI를 제조에 완전히 적용하기는 힘들다. 윤 대표는 제조기업들이 PLC 엔지니어를 뽑고 싶어 하지만, 정작 PLC를 다루는 청년들이 거의 없다는 점을 문제로 지적했다. 같은 코드를 공부하더라도 파이썬이나 자바는 연봉도 높고 서울 근교에서 근무할 수 있지만, PLC를 배우면 지역 제조 현장에서 근무하게 되기 때문이다.

이런 현실에서 마키나락스는 제조 도메인에 특화한 'DAS(Domain-Adaptive Specialization)' 플랫폼을 제공한다. 기업들이 PLC 언어 등을 몰라도 바로 AI를 적용할 수 있는 환경을 제공하는 것이다. 그는 이를 토대로 제조 특화 AI 에이전트를 만들었다. 실제로 PLC 코드를 읽고, 이해하고, 조치할 수 있다. 기존 LLM에 PLC 도메인 특화 데이터를 학습시키고, 모델의 구조를 재설계해 제작했다.

일반적인 LLM 기반 에이전트들은 파이썬, C++, 자바스크립트처럼 IT 영역에서 널리 쓰이는 언어에 강하다. 하지만 제조 현장에 들어오면 얘기가 달라진다. 아무리 똑똑한 AI라도 실제 산업 현장에서 일하려면 그 산업에 특화된 데이터와 도메인 전문성이 꼭 필요하다. 스탠퍼드대 학생이 아무리 똑똑해도 울산 자동차 공장에서 바로 일을 잘할 수 없는 것과 마찬가지다.

마키나락스가 개발한 DAS 플랫폼은 도메인별 특화 AI를 구현하게 도와주는 플랫폼이다. 특정 산업과 도메인에 특화된 형태로 빠르게 AI를 만들고 사용할 수 있도록 돕는다. 현재 플랫폼은 PLC처럼 기존 AI가 전혀 다룰 수 없던 산업용 언어라도 데이터를 정리해 가이드를 주기만 하면 몇 시간 안에 학습해 성과를 낼 수 있는 수준으로 발전했다.

실제 사례도 있다. 마키나락스가 만든 AI 에이전트는 주문서 표준화를 지원한다. 제조기업이 받는 주문서는 PDF, PPT, 엑셀 등 다양한 형식에 내용도 천차만별이다. 결국 전문가들이 자사 제조 환경에 맞게 표준화하는 작업을 일일이 해야 하는데, 이 업무를 AI 에이전트가 처리했다. 그 결과 작업 시간을 약 60%나 단축할 수 있었다.

윤 대표는 3~5년 후 제조 현장의 변화를 전망하며 "전문가 보조형 AI가 확산할 것"이라고 말했다. 주문서 표준화, PLC 코딩 보조 등 업무 효율을 향상시킬 수 있는 분야에서 AI 도입이 빠르게 이뤄질 것이라는 전망이다. 이를 '엑스퍼트 어그멘테이션 에이전트', 즉 전문가의 역량을 증강하는 AI 에이전트라고 부른다.

AI 분야에 대한 국가 차원의 대규모 투자에 대해서는 신중한 접근을 주

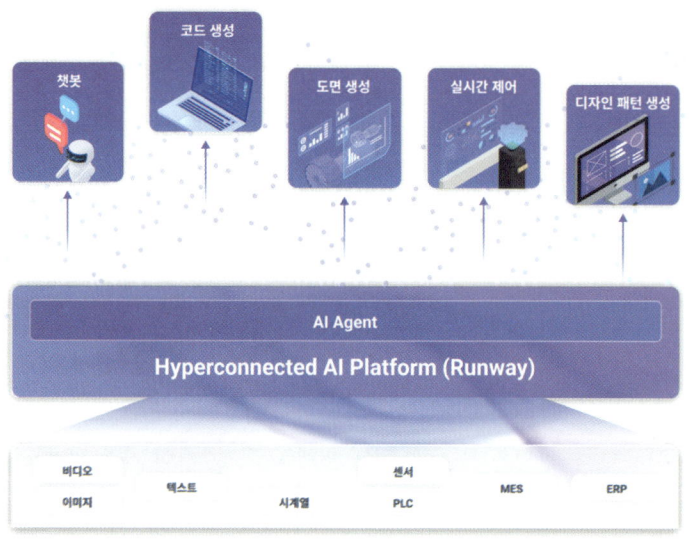

마키나락스가 만든 산업 특화 AI 에이전트

문했다. 범용 AI나 LLM 개발에 무작정 많은 돈을 투입하는 것은 자칫 엄청난 낭비로 이어질 수 있다고 경고한다. 그보다는 팔란티어나 스노우플레이크 같은 기업이 특정 분야에 특화한 기술을 기반으로 빠르게 성장했듯이, 한국도 제조업처럼 산업 특화형 AI 기술에 집중 투자하는 게 더 유리할 것이라는 판단이다.

제조업의 언어 장벽이 오히려 한국 AI에 새로운 기회를 열어주고 있다. PLC라는 특수한 언어 때문에 글로벌 빅테크도 쉽게 접근하지 못하는 영역에서, 제조업 강국인 한국이 AI 강국으로 도약할 수 있는 블루오션을 발견한 셈이다.

37

오병준 지멘스DISW 한국지사장

산업용 AI의 민주화 실현

"성공적인 디지털 전환(DX), 누구나 산업용 AI를 활용할 수 있어야 한다."

오병준 지멘스DISW 한국지사장의 이 말은 단순하지만 종종 간과하는 점을 일깨운다. 좋은 AI의 조건은 무엇일까? 요즘은 성능 좋은 AI가 주목받지만, 그는 성능보다 활용을 더 중요하게 여긴다. 구성원 누구나 쉽게 사용할 수 있는 AI가 좋은 AI라는 것이다. 이는 제조업에도 적용된다. 오 지사장은 이를 두고 '산업용 AI의 민주화'라고 강조한다.

지금까지는 AI를 제조업에 적용하려면 높은 진입장벽이 존재했다. 엄격한 산업 표준, 까다로운 신뢰성 요구사항, 그리고 무엇보다 숙련된 전문가 부족이라는 현실적인 제약이 있었다.

산업 내 디지털 전환의 중요성이 커지면서 관련 솔루션 시장도 급성장

더비즈니스리서치컴퍼니(TBRC)가 발표한 디지털 전환 시장 전망

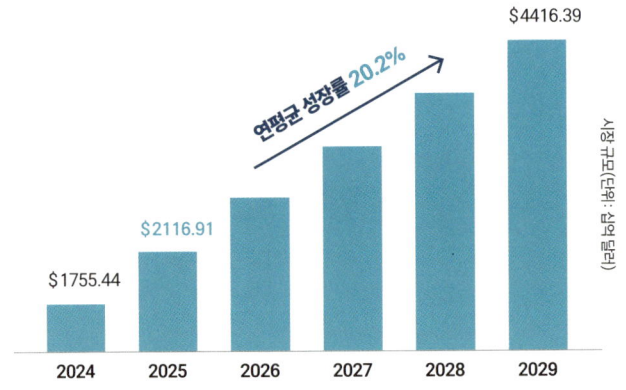

하고 있다. 영국의 한 글로벌 시장조사기관은 2024년 디지털 전환 시장 규모를 1조 7,554억 달러로 추산했다. 2029년에는 연평균 20.2% 성장해 4조 4,163억 달러에 이를 것으로 전망한다.

이 시장에서 지멘스는 기술로 승부한다. 그는 회사의 핵심 기술력은 '액셀러레이터(Xcelerator)' 플랫폼 내 '인더스트리얼 오퍼레이션 X(Industrial Operations X)'에서 확인할 수 있다고 말한다. 단순한 자동화 솔루션을 넘어 정보기술과 운영기술을 융합한, 시대에 맞춘 개방형 상호운용 포트폴리오다. 로우코드(Low-code), 엣지(Edge), 클라우드, AI 기술이 지멘스의 자동화 기술과 융합해 공장과 생산라인을 더욱 유연하고 모듈화된 구조로 변화시키는 것이 핵심이다.

주목할 만한 것은 '프로세스 시뮬레이트 X(Process Simulate X)'다. AI와 클라우드 기반 시뮬레이션 기술을 활용해 작업 안전 리스크를 최소화하고 인간공학을 개선한다. 프로세스 시뮬레이트 콜래버레이트 어고노믹스(Process Simulate Collaborate Ergonomics)는 AI 기반 인체공학 최적화 도구로, 작업자의 성능을 향상하고 고위험 시나리오를 예측해 완화시킨다.

디지털 트윈 기술도 눈여겨볼 만하다. 디지털 트윈은 물리적 사물이나 시스템의 동작을 실시간 데이터와 시뮬레이션으로 반영하는 가상 표현으로 성능 최적화, 운영 모니터링, 의사결정 지원의 핵심 도구로 활용되고 있다.

2022년부터 시작된 엔비디아와의 협업 또한 주목할 만하다. 지멘스의 액셀러레이터(Xcelerator)와 엔비디아의 옴니버스(Omniverse)를 통합해 실제 환경을 고정밀로 시뮬레이션하는 몰입형 디지털 트윈을 구현했다. 복잡한 운영을 가상공간에서 시뮬레이션하고 최적화할 수 있도록 한 것이다.

실제 사례도 있다. 마키나락스가 만든 AI 에이전트는 주문서 표준화를 지원한다. 제조기업이 받는 주문서는 PDF, PPT, 엑셀 등 파일 형식이 다양하고 내용도 천차만별이다. 결국 전문가들이 자사 제조 환경에 맞게 일일이 표준화하는 작업이 필요하다. 이 업무를 AI 에이전트가 처리했고, 그 결과 작업 시간을 약 60%나 단축할 수 있었다.

현장 적용 사례도 늘어나고 있다. 자동차 산업에서 이모터스 사가 심센터(Simcenter)를 사용해 전기 구동장치의 NVH 테스트를 진행하고, 삼성 파운드리와는 반도체 공정에 최적화된 3D-IC 설계 도구를 개발 중이다. 배터리 산업에서는 볼타이크와 협력해 배터리 제조 프로세스 분석을 진행하고 있다.

현재 개발 중인 기술로는 인더스트리얼 코파일럿(Industrial Copilot)이

지멘스DISW는 엔비디아 옴니버스 플랫폼과 가속화 컴퓨팅을 Teamcenter에 도입한 Teamcenter Digital Reality Viewer를 선보였다. 이 솔루션은 엔지니어링과 제조 분야에서 널리 사용되는 복잡한 대규모 데이터세트의 사실적인 고품질, 고성능 시각화를 지원한다.

포함된다. 생성형 AI를 활용해 설계, 유지보수, 품질 관리 등에서 생산성 향상을 목표로 한다. 오병준 지사장은 향후 1~2년 안에 인더스트리얼 엣지(Industrial Edge), 마인드스피어(MindSphere), 인사이즈 허브(Insights Hub) 등을 활용해 AI 통합을 심화할 계획이라고 밝혔다.

5년 후 전망에 대해 오 지사장은 신중한 입장이다. 제품 설계가 점점 더 복잡해지고, 상호 연결됨에 따라 데이터가 제조 혁신의 핵심 요소가 되고 있다고 설명했다. 데이터의 방대함과 복잡성 때문에 생산 데이터를 통해 유의미한 통찰을 얻는 일이 도전 과제가 될 것이라는 전망이다.

제조 산업의 디지털 전환이라는 거대한 변화 속에서 지멘스는 기술적 우위를 바탕으로 '산업용 AI 민주화'라는 비전을 현실로 만들고 있다. 그는 제조업의 변화에 대해 이렇게 말했다.

"제조업에서의 AI 전환은 단순히 기계가 사람을 대체하는 것이 아니라, AI가 사람의 역량을 증강해 더 창의적이고 효율적인 생산 환경을 만드는 진보다."

채교문 슈나이더일렉트릭코리아 본부장

사람 없이 돌아가는 공장

공장이 스스로 생각하기 시작했다.

아침 7시, 경기도 안산의 한 자동차 부품 공장. 평소 같으면 기술자들이 분주히 설비를 점검하고 있을 시간이다. 하지만 오늘은 다르다. 공장 곳곳에 설치된 센서들이 이미 밤새 온도와 진동, 전류를 모니터링했고, AI가 오늘 최적의 생산 조건을 도출했다. 심지어 고장이 예상되는 모터까지 미리 진단해 부품 주문을 완료한 상태다.

"사람이 직접 개입하지 않아도 최적의 상태로 운영되는 공장이 늘어날 것입니다."

채교문 슈나이더일렉트릭코리아 산업 및 공정 자동화 사업부 본부장의 이 전망은 현재 제조업계가 직면한 변화의 속도를 보여준다. 슈나이더일렉트릭은 산업 자동화 분야의 핵심 플레이어다. 그 중심에는 에코스트럭처(EcoStruxure)라는 통합 플랫폼이 있다. 다양한 산업 솔루션이 하나의 생태계에서 작동하도록 설계된 덕분이다.

에코스트럭처의 3계층 구조는 인간의 신경계와 유사하다. 커넥티드 프로덕트(Connected Products)가 IoT 센서로 감각기관 역할을 하고, 엣지 컨트롤(Edge Control)이 PLC와 HMI로 척수처럼 실시간으로 반응하며, 상위에 있는 앱과 분석 서비스가 클라우드 기반으로 두뇌 역할을 담당한다.

채 본부장은 하드웨어에서 나오는 전력, 전류, 전압 데이터를 한눈에 확인할 수 있고, 고객 자산의 수명과 고장 예측을 쉽게 관리할 수 있다고 설명한다. 개방형 프로토콜을 사용해 다양한 서비스를 연결하고, 단순한 자동화를 넘어선 스마트 팩토리 구현이 목표다.

AI 기술의 산업 현장 적용은 단순한 자동화를 넘어 지능화 단계로 진입했다. 특히 예지보전 분야에서 눈에 띄는 변화가 일어나고 있다. 그는 에코스트럭처 에셋 어드바이저(EcoStruxure Asset Advisor)가 온도, 전류, 진동 등의 데이터를 실시간으로 수집하고 분석해 사전 유지보수를 가능하게 한다고 설명한다. 기계가 고장 난 후 수리하는 기존 방식에서 벗어나 AI가 24시간 모니터링하며 이상 징후를 미리 감지하는 시스템이 상용화되고 있다.

더 나아가 디지털 트윈 기술과 AI의 결합이 주목받고 있다. 그는 디지털 트윈과 연계된 AI 분석을 통해 운영 데이터를 기반으로 이상 징후를 조기에 식별하고, 자율적인 유지보수 및 제어까지 가능하다고 설명한다. 현

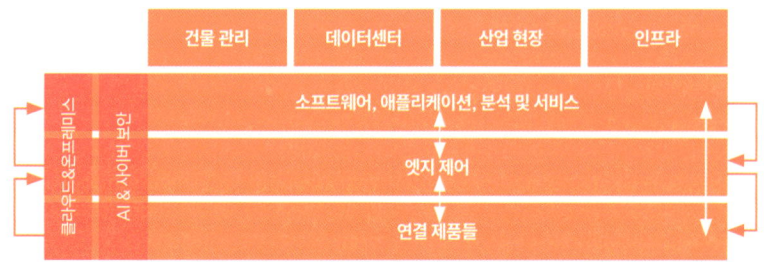

실의 공장을 가상공간에 복제한 후 AI로 시뮬레이션하고 최적화하는 과정이 실용화 단계에 있다는 의미다.

AI 자동화 기술의 발전은 제조업 인력 구조에도 변화를 불러왔다. 단순 반복 업무는 줄어들고, 데이터 기반 의사결정 중심의 업무 전환이 가속화되고 있다. 이러한 변화는 일자리 감소보다는 업무 성격의 변화로 이어진다. 공정 기술자들이 단순 유지보수나 문제 해결보다는 공정 개선과 설비 최적화에 집중하는 방향으로 역할이 바뀌고 있는 것이다. 제조 현장의 인력 구조가 양보다 질 중심으로 전환되고 있다는 평가가 나오는 이유다.

제조 산업에서 지속 가능성은 더 이상 선택사항이 아닌 필수 요구사항이 되고 있다. 기후 변화와 에너지 자원의 한계가 기업 경영에 중요한 과제로 부상하면서, 단순한 생산성 향상을 넘어 환경친화적 제조가 중요해졌다. 에너지 효율 극대화와 탄소배출 최소화를 동시에 달성할 수 있는 솔루션에 대한 수요 역시 증가하고 있다.

그는 향후 제조업의 변화를 단계별로 전망한다. 1∼2년 후에는 AI가 생산 조건을 분석해 자동으로 공정 조건을 조정하거나 설비 수명을 예측해 운영 전략을 수정하는 등 자율성이 강화된 스마트 팩토리 구현이 본격화될 것으로 전망한다.

3~5년 후에는 더 큰 변화가 생길 것이다. 현장 중심의 제조 방식이 플랫폼 중심의 디지털 제조 방식으로 전환된다. AI 기반의 시뮬레이션과 디지털 트윈이 설계, 생산, 유지보수에 통합돼 사람이 직접 개입하지 않아도 최적의 상태로 운영되는 공장이 늘어날 수 있다.

그는 현재 FA(Factory Automation) 산업이 과거 어느 때보다도 큰 변화를 겪고 있는 격변의 시기라고 평가한다. 하지만 최종 목적지를 생각하면 아직은 매우 초기 단계에 머물러 있다는 것이다. 변화의 속도는 점점 가속화될 것이며, 이 변화에 대응할 수 있는 기술과 솔루션을 갖추는 것이 중요하다고 강조한다.

제조업의 디지털 전환은 선택이 아닌 필수가 됐다. AI, IoT, 클라우드, 빅데이터 같은 첨단 기술이 빠르게 도입되고 있으며, 기존의 폐쇄적이고 독립적인 시스템에서 벗어나 개방형 자동화와 데이터 기반 의사결정이 중요한 과제로 떠오르고 있다. 동시에 탄소중립과 ESG 경영이 강화되면서 에너지 효율성, 자원 최적화, 친환경 공정에 대한 요구도 커지고 있다.

어느새 공장이 스스로 판단하는 시대가 도래했다. 이제 남은 과제는 이 변화의 흐름에 어떻게 올라탈 것인가다.

권오혁 로크웰오토메이션코리아 부문장

연결로 깨어나는 지능형 공장

연결이 안 되면 아무 소용이 없다. 최첨단 AI 기술로 무장한 IT 업체가 제조업 진출을 선언한다. 화려한 프레젠테이션과 인상적인 데모 영상으로 고객을 설득한다. 하지만 실제 공장에 적용되면 대부분 실패한다. 그 이유는 무엇일까?

"아무리 뛰어난 기술이라도 연결이 원활하지 않으면 산업 자동화는 성공하기 어렵다."

권오혁 로크웰오토메이션 코리아 소프트웨어·컨트롤 부문장의 말이다. 그는 아무리 뛰어난 기술이 있어도 연결되지 않으면 무의미하다고 설명한다.

그는 연결을 위해서는 산업에 대한 이해가 핵심이라고 강조한다. 실제로 IT 업체들이 제조 산업에 진출하거나 제조업계가 IT 기술에 투자하는 사례가 늘고 있지만, 성공적으로 안착하지 못하고 잦은 실패를 경험하고 있다. 기술력은 뛰어나지만, 산업용 제조업에 대한 이해 부족으로 적용에 실패하는 경우가 많다.

로크웰오토메이션이 그리는 미래는 명확하다. '자율 제조'다. 이를 위한 핵심 요소는 AI와 생산 물류 시스템이다. 마치 배달 음식처럼 엣지나 클라우드 형태로 '전달'된다고 생각하면 이해하기 쉽다.

그러나 이 꿈을 현실로 만드는 과정은 단순하지 않다. 제조업의 패러다임은 이미 많이 바뀌었다. 센서는 비전 기술로 대체되고 있으며, 제어는 머신러닝이, 프로그래밍은 AI가 대신하고 있다. 엔지니어링 부분은 데이터 모니터링 및 관리를 통한 적응형 학습으로 진화하고 있다.

이러한 변화의 중심에는 팩토리톡(FactoryTalk) 같은 통합 플랫폼이 있다. 과거에는 단순한 생산 관리 플랫폼이었으나 최근에는 데이터 중심 플랫폼으로 진화했다.

팩토리톡의 강점은 엣지와 클라우드를 적재적소에 활용하는 것이다. 엣지 형태는 '작고 빠르고 경제적'이며 고속 처리와 실시간성을 우선으로 한다. 반면 클라우드 형태는 모델링과 학습을 통한 정밀 분석을 지원한다. 패스트푸드와 파인다이닝의 차이처럼 각 방식의 장점을 살린 전략이다.

산업 자동화는 단독으로 할 수 없는 일이다. 로크웰오토메이션은 시스코와의 협업을 통해 IT와 OT 융합 아키텍처를 제공하고, 마이크로소프트와는 코파일럿을 통한 생성형 AI 서비스를, 아마존웹서비스와는 클라우드 솔루션을 제공한다. 각각의 강점을 살린 협업 생태계를 형성하고 있다.

디지털 전환은 모든 제조업체의 화두다. 하지만 초창기에는 고객들이 디지털 전환에 대한 로드맵이나 전략을 수립하기가 어려웠다. 근본적인 이유는 고객 스스로 자사의 자산이나 능력을 평가할 수 없었기 때문이다.

이런 문제를 해결하기 위해 많은 기업이 전문 컨설팅 서비스를 활용하고 있다. 회사 내부의 현재 상황을 정확히 파악하고, 앞으로 어떤 방향으로 나아가야 할지 로드맵을 그려주는 역할이다. 또 다른 방법은 작은 테스트부터 시작하는 것이다. 대규모 투자 전에 개념 검증(PoC)을 통해 구체적인 숫자로 투자 대비 효과를 계산해서 보여준다.

이제 AI가 제조업을 어떻게 바꾸고 있는지 살펴보자. 가장 큰 변화는 단순한 '자동화'에서 '자율 제조'로 발전하고 있다는 점이다. 과거에는 사람이 미리 정해놓은 대로만 작동했다면, 이제는 AI가 스스로 판단하고 결정하는 단계로 넘어가고 있다.

하지만 아직 넘어야 할 산이 많다. 제조업은 24시간 멈추지 않고 돌아가야 하고(가용성), 실시간으로 빠르게 반응해야 하며(실시간성), 절대 고장나면 안 된다는(안정성) 특성이 있다. 권오혁 부문장은 AI가 이 세 가지를 모두 충족시킬 때 비로소 진정한 자율 제조가 실현될 것으로 전망한다.

그는 AI 기술의 발전 속도를 보면 이 목표가 그리 멀지 않아 보인다고 말한다. 챗GPT가 출시된 지 불과 2년 6개월 만에 이미 우리의 일상을 크게 바꿔놓았기 때문이다. 20년간 더디게 발전하던 로봇 기술도 AI와 결합하자 단 2년 만에 눈에 띄는 진전을 이뤘다. 이런 속도라면, 2030년쯤에는 사람처럼 생각하고 행동하는 AI와 휴머노이드 로봇이 실제 공장에서 일하는 모습을 보게 될 가능성이 크다.

미래에는 공장의 모든 기계와 시스템이 AI로 연결될 것이다. 생산 장비 데이터뿐만 아니라 경영 시스템 데이터까지 모두 통합되어, AI가 전체적인 그림을 보면서 최적의 결정을 내릴 수 있게 된다.

하지만 여기서 중요한 점이 하나 있다. 아무리 뛰어난 AI 기술이 있어도, 그 기술을 사용하는 산업 분야를 제대로 이해하지 못하면 소용없다는 것이다. 자동차를 만드는 공장과 반도체를 만드는 공장은 완전히 다르고, 각각의 특성과 요구사항을 정확히 알아야 적합한 솔루션을 만들 수 있다.

결국 가장 중요한 것은 '연결'이다. 최고급 재료로 집을 지어도 못이 부실하면 태풍에 무너지듯, 아무리 좋은 기술들이 있어도 서로 제대로 연결되지 않으면 의미가 없다. 기술과 기술을 연결하고, 기술과 현실을 잇고, 고객의 실제 요구와 솔루션을 연결하는 것이 진정한 산업 자동화의 핵심이다.

② 의료 I

병원에는 비밀이 있다. 그곳에 엄청난 양의 데이터가 잠들어 있다는 점이다.

매일 쏟아지는 CT, MRI, 혈액검사, 심전도 수치 같은 귀중한 정보 97%가 하드디스크에 담긴 채 어딘가에서 먼지만 뒤집어쓰고 있다. 마치 도서관 구석에 꽂혀 누구의 손길도 닿지 않는 책처럼. 그런데 어느 날 AI라는 '데이터 먹보'가 나타났다. 그리고 잠든 데이터들을 하나하나 씹고, 뜯고, 분석하기 시작했다. 결과는 놀라웠다.

AI는 인간 의사가 놓친 심부전을 예측하고, 병리학자도 헷갈리는 유형의 간염을 90% 정확도로 판별했다. 미국 메이오클리닉에서는 AI가 '정상'으로 보이는 심전도를 보고 "이 환자, 몇 년 뒤 심부전이 올 것"이라고 경고했다. 그리고 정말로 그 예측은 현실이 됐다. 놀라운 건 당시엔 '오진'으로 보였던 예측조차 무시할 수 없었다는 점이다. 병이 없다고 판정된 환자였지만, AI가 문제를 의심했던 사람들은 시간이 지나 실제로 병에 걸릴 확률이 4배나 높았다.

미국만의 이야기가 아니다. 한국에서도 세계 최초로 AI 기반 간질성 폐질환 진단 기술이 도입됐다. 의사의 눈에 보이지 않는 병변도, AI는 단 1.8%에 불과한 크기만으로 폐의 이상을 포착해 냈다.

AI는 '지금'을 진단하는 데 그치지 않는다. 미래까지 내다본다. 문제는 이 뛰어난 기술이 실험실을 벗어나 병원 현장에 안착하기가 쉽지 않다는 데 있다. 정확도 95%? 병원에서는 통하지 않는다. 의사와 간호사가 신뢰하지 않으면, AI는 아무리 똑똑해도 현장에서 쓰이지 못한다. 실제로 많은 AI 기술이 높은 성능에도 불구하고 '현실의 벽' 앞에서 멈추고 있다. 그래서 지금 필요한 건 화려한 스펙이 아니라 실제로 신뢰받는 사례다.

대표적인 예가 바로 임상시험이다. 하루 지연이 수억 원의 손실로 이어지는 이 전쟁터에서, AI는 계획서 분석부터 규제 대응까지 시간을 절반으로 줄여준다. AI가 의료 현장에서 실질적인 가치를 증명한 대표 사례라고 볼 수 있다.

병원에서 시간은 곧 생명이고, 비용이다. AI는 이 두 가지를 모두 구할 도구가 되고 있다. 하지만 의료 AI가 계속 진화하려면 기술 하나만으론 부족하다. 의료 현장, 제도, 경제가 함께 움직여야 한다. 보험 적용, 산업과의 협력, 규제 개선, 그리고 무엇보다 의료진의 신뢰가 뒷받침돼야 한다. 이런 맥락에서 주목받는 것이 바로 '의사-과학자' 모델이다. 진료실에선 환자를 돌보고, 연구실에선 AI 알고리즘을 설계하는 사람들. 의료와 기술, 두 세계를 연결하는 이들이야말로 미래 의료 혁신의 핵심이 될 것이다.

의료는 지금 조용히 그리고 근본적으로 바뀌고 있다. '병이 생기면 치료'하던 시대에서 '병이 생기기 전에 예측'하는 시대로, '경험에 의존한 진단'에서 '데이터 기반 정밀의료' 시대로. 이 변화의 동반자인 AI는 더 이상 경쟁자가 아니다. 이제, 의사의 진짜 파트너다.

마크 스토에즈 GE헬스케어 인터내셔널 엔터프라이즈 솔루션 부문 사장

의료 데이터 97%, 아직 잠들어 있다

의료 산업은 지금 데이터와의 싸움 중이다.

마크 스토에즈(Mark Stoesz) GE헬스케어 인터내셔널 엔터프라이즈 솔루션 부문 사장은 병원 시스템에 쌓이는 방대한 의료 데이터 가운데 단 3%만이 실제로 활용되고 있다고 지적한다. 나머지 97%의 데이터는 방치되고 있다. 이는 단순한 비효율이 아니라, 조기진단과 예측 치료의 기회를 놓치고 있다는 의미다.

스토에즈 사장은 의료 산업의 다음 국면은 '데이터 활용'에 달려 있다고 강조한다. 데이터는 흔히 'AI 원료'라고 불린다. 데이터가 있어야 AI 성능이 좋아질 수 있다. 지금 챗GPT가 생성하는 글과 이미지도 AI가 새로 창조하는 것처럼 느껴질 수 있지만, 모두 인간의 데이터를 기반으로 만들어지는

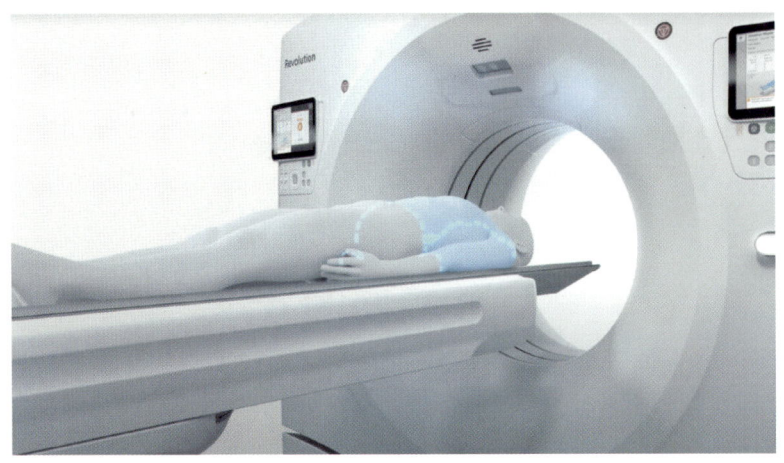

GE헬스케어의 레볼루션 어센드 CT

것이다.

　의료 AI의 발전을 위해선 이 데이터 활용이 중요하다. GE헬스케어는 이 AI 기술을 향상시키기 위해 잠들어 있는 AI를 깨우는 역할에 속도를 내고 있다. AI를 단순한 도구가 아니라 통찰력을 확보하고, 접근성을 향상시키며, 서비스의 질을 높이고, 비용을 낮추는 핵심적인 수단으로 보고 있기 때문이다. 실제로 AI는 의료진이 환자에 더 집중할 수 있게 하고, 의료 서비스 전달 방식에도 변화를 주고 있다. 질병을 예방하는 선제적 도구로도 쓰인다.

　GE헬스케어는 AI를 의료 현장에 접목해 구체적인 성과를 만들어내는 기업이다. 대표적인 사례가 CT 진단기기인 '레볼루션 어센드 CT(Revolution Ascend CT)'다. 국내에서는 디지털 의료기기법에 따라 최초로 인증받은 수입 디지털 의료기기이기도 하다. 이 장비에는 AI 기반의 자동 환자 자세 조정 기술이 탑재돼 있다. 내장된 카메라가 환자의 위치를 실시간으로 인식하고, 최적의 촬영 자세로 유도함으로써 수동 조정 과정에서 발생하는 오류를 줄이고 진단의 정확성을 높인다.

방사선 노출 문제도 기술로 대응하고 있다. '트루파이델리티(TrueFidelity)'는 낮은 방사선량으로도 고화질 이미지를 구현하는 기술이다. 딥러닝 알고리즘을 활용해 영상 품질을 개선하고, 환자의 안전과 진단 정확성을 동시에 확보한다.

MRI 분야에서는 '에어 리콘 DL(AIR Recon DL)'이 주목받고 있다. 이 기술은 기존 수학적 영상 변환 방식 대신 합성곱신경망(CNN)을 활용한 딥러닝 방식으로 영상을 재구성한다. 영상의 노이즈와 왜곡을 제거하고, 신호대 잡음비(SNR)를 개선하며, 검사 시간을 단축해 환자의 불편을 줄인다. 이미지의 선명도가 높아질수록 판독의 정확도도 함께 향상된다.

이처럼 AI 기술은 영상 진단의 품질을 높이는 데 그치지 않고, 의료 패러다임 자체를 바꾸는 중이다. 스토에즈 사장은 의료의 중심이 진단에서 예측으로, 치료에서 예방으로 이동하고 있다고 설명한다.

AI는 또한 암, 심혈관 질환, 신경계 질환 등 다양한 질병 영역에서 고위험군 환자를 조기에 식별하고, 질병 발생 가능성을 수치화해 임상 판단을 지원한다. 이러한 시스템은 의료진이 더 빠르고 정밀하게 개입할 수 있도록 돕는다.

이를 실현하기 위해 GE헬스케어는 클라우드 기반의 AI 플랫폼을 개발 중이다. 이 플랫폼은 영상 데이터, 임상기록, 생체신호, 치료 반응 데이터 등을 통합적으로 분석할 수 있는 구조로 설계됐다. 병원, 장비, 진료팀 간 데이터 흐름을 유기적으로 연결해 진단의 정확도뿐만 아니라 병원의 전체 운영 효율성까지 개선하는 것을 목표로 한다.

스토에즈 사장은 앞으로 5년 이내에 AI가 임상 워크플로에 깊이 통합할 것으로 전망한다. 이를 토대로 앞으로의 진료 경험은 더 원활하고, 개인화되며, 연결된 형태로 진화할 것으로 본다. 이 변화는 단순한 편의성 향상 이상의 효과를 낼 수 있다. 진단과 치료 속도를 높이고, 전체 의료 시스템 비용을 절감할 수 있기 때문이다.

특히 그는 예측 기반 공중보건 지원을 통해 질병을 대하는 방식이 바뀔 것으로 보고 있다. 질병이 진행될 때 치료하는 방식이 아니라, 사전에 질병을 예측하는 예방 중심 접근이 가능해질 것으로 전망한다.

그는 AI가 더 이상 도구가 아니라 "의료진의 판단을 보완하고 역량을 강화하는 신뢰할 수 있는 파트너"가 되어야 한다고 강조한다. AI는 단순한 정보 제공을 넘어 기기와 데이터, 사람을 연결해 보다 통합적이고 개인화된 진료 경험을 제공할 수 있는 기반이 될 것이기 때문이다.

이러한 변화는 의료의 본질적인 문제들을 해결하려는 시도이기도 하다. 전 세계적으로 의료 시스템은 인력 부족, 환자 수 증가, 진료 지연 등의 문제에 직면해 있다. AI는 이 복합적인 병목을 풀 수 있는 실질적인 해법으로 자리 잡고 있다.

GE헬스케어의 전략은 명확하다. 더 많은 데이터를 분석해, 더 많은 환자를 더 이르게, 더 정확하게 돕는 것, 그리고 '질병을 고치는 의료'에서 '질병을 예방하는 의료'로 전환하는 것이다.

AI는 이제 의료 산업의 미래를 위한 선택이 아니라 필수 조건이 되어가고 있다. GE헬스케어는 그 흐름의 한복판에서 기술을 넘은 의료의 방향을 제시한다.

진공용 전북대 교수

AI에 의사 가운을 입히는 방법

AI도 의사 가운을 입고 싶다.

정확히 말하면, 입어야만 한다. 아무리 정밀한 예측을 해도, 아무리 똑똑한 알고리즘을 품고 있어도 병원이라는 현실 앞에서 '작동'하지 않으면 소용이 없다. 그래서 의료 AI는 실험실이 아니라 진료실에서 검증되어야 한다. 환자 앞에서, 의료진 곁에서 작동하지 않는 기술은 아무리 혁신적이어도 무력할 뿐이다.

그 현실을 넘어선 사례가 있다. 진공용 전북대학교 의과대학 영상의학과 교수팀이 세계 최초로 성공한 'AI 기반 간질성 폐 이상 진단'이다. 폐암 검진용 CT 촬영 중 우연히 발견되는 이 질환은 조기진단이 중요하다. 하지만 병변이 작고 진단 기준도 주관적이어서 전문의도 쉽게 판별하지 못하는 경우가 많다. 이들이 개발한 AI는 단 1.8%의 병변만으로도 이상 징후를 포착한다. 기존 기준은 5%였다. 결과적으로 민감도는 올라갔고, 진단 가능성은 높아졌다.

이 기술은 논문에 그치지 않고, 실제 국가폐암검진 사업에 적용됐다. 전북대병원과 울산대병원이 보유한 3,000여 명의 CT 데이터를 기반으로 AI 성능을 검증했고, 코어라인소프트의 기술력, 대한흉부영상의학회의 임상 지원이 더해졌다. 기술, 병원, 학회가 유기적으로 협력해 만든 '현장형 AI'로서 의사 가운을 입은 기술이 된 셈이다.

현재 이 AI는 전공의부터 전문의에 이르기까지 영상 진단에 적극적으로 활용하고 있다. 특히 간질성 폐 이상처럼 조기 대응이 중요한 질환에선 신뢰받는 경고 시스템 역할을 한다. 병변이 육안에 보이지 않아도, AI가 먼저 신호를 보내면 의료진은 그 신호를 바탕으로 세밀하게 재검토하는 식이다. 단순한 도구가 아니라 의료 판단을 돕는 동반자로 기능하고 있는 셈이다.

의료 AI는 왜 현장에서 작동하기 어려울까? 이유는 단순하다. 기술만으로는 부족하기 때문이다.

병원에서 AI를 쓰려면 '기술-제도-경제-신뢰'라는 네 가지 기반이 함께 움직여야 한다. 먼저 AI는 끊임없이 데이터를 학습하며 성능을 유지해야 한다. 시간이 갈수록 정확도는 올라가지만, 그만큼 유지비용도 증가한다. 이 비용을 감당하기 위한 해법이 바로 보험 적용이다. 진공용 전북대병원 교수는 의료 AI는 개발보다 유지에 훨씬 많은 시간과 돈이 들기 때문에 보험 적용이 필수 과제라고 강조한다.

"병원에서 AI를 쓰려면 4가지 기반이 함께 움직여야 한다."

실제로 건강보험심사평가원은 2023년 8월 디지털치료기기 및 AI 의료기기 등재 가이드라인을 발표했다. 의료용 빅데이터를 분석해 질병을 진단·예측하는 소프트웨어를 정식 의료기기로 인정하겠다는 뜻이다. 그러나 이 제도가 실제 현장에 안착하기까지는 갈 길이 멀다. 임상 근거 부족, 경제성 평가의 어려움, 수가 체계 미비, 정책 공백, 의료 현장의 불신 등 넘어야 할 벽이 많다.

현장의 신뢰를 얻지 못한 기술은 결국 병원 문을 넘지 못한다. 그렇다면 AI는 어떤 방향으로 진화해야 할까? 진 교수는 다음 단계로 '멀티모달 AI'를 제시한다. CT 영상뿐만 아니라 병력, 증상, 검사 결과 등 다양한 데이터를 통합적으로 분석해 진단과 치료 방향을 제시하는 구조다. 영상 하나만 보는 시대는 끝났고, 이제는 전체 환자를 바라보는 진단으로 나아가야 한다는 설명이다.

이 흐름에 생성형 AI가 결합하면, AI는 단순한 판독 보조를 넘어 진료 흐름 전체를 조율하는 조력자로 진화할 수 있다. 실제로 구상되고 있는 시스템은 환자가 병원에 도착하면 AI가 먼저 면담을 진행하고, 필요한 검사를 추천한다. 이후 의사가 이를 검토해 최종 진단을 내리는 방식이다. 의료진이 사람에게 집중하고, 반복 작업은 AI가 맡는 구조가 점차 현실이 되는 중이다.

물론 전제는 분명하다. AI는 결코 의사를 대체할 수 없다. 질병은 끊임없이 변화하고, 환자는 예측대로 반응하지 않는다. AI는 과거의 데이터를 기반으로 작동하지만, 의료는 현재의 환자를 다룬다. 그 격차를 완전히 메우기는 어렵다. 하지만 AI는 의료의 표준화와 객관화를 끌어내고 있다. AI가 반복적이고 단순한 작업을 대신하면, 의사는 더 중요한 판단에 집중할 수 있다. 영상 판독, 오류 감지, 진단 보조까지 AI가 맡을 수 있는 역할은 계속 넓어지고 있다.

중요한 것은 기술이 아니라, 기술을 어떻게 설계하고 어디에 적용할 것인가다. 여기서 주목받는 것이 바로 '의사과학자' 모델이다. 환자를 직접 보는 의사가 기술개발에도 참여해, AI가 병원에서 실질적으로 쓰일 수 있는 방향으로 설계하는 구조다. 진 교수 역시 미국 NJH에서 간질성 폐 이상을 공부했다. 귀국 후 10년 넘게 이 질환을 연구해 왔고, 그 경험을 AI에 반영했다. AI가 의사의 언어를 배우는 것이 아니라, 의사가 기술의 언어로 의료 문제를 재정의하는 방식이다.

의료 AI의 잠재력은 분명하다. 5년 후 의료 보조 인력의 상당 부분이 AI로 대체될 것이라는 전망도 있다. 물론 그 전에 해결해야 할 과제도 적지 않다. 신뢰, 규제, 보험, 인력, 데이터, 그리고 시간. 이 모든 조건이 갖춰졌을 때 비로소 기술은 병원에 안착할 수 있을 것이다. 지금 필요한 것은 기술 그 자체가 아니라, 기술이 설 자리를 만드는 제도와 환경이다.

AI가 의료의 미래를 바꿔놓을 수 있다는 사실에는 의심의 여지가 없다. 하지만 진짜 변화는 AI가 의사 가운을 입었을 때야 비로소 시작된다.

노영균 한양대 교수

AI가 바꿀 의학의 미래

의학 분야에서도 AI를 활용한 연구가 점차 우리 삶에 큰 영향을 미칠 날이 머지않았다는 전망이 나오고 있다. 미국 메이오클리닉, 웨일코넬병원 등과 공동 연구를 진행하고 있는 노영균 한양대학교 교수는 기술 발전이 거듭될수록 인류 지식과 문명에 미칠 영향이 클 것이라며 이 같은 견해를 밝혔다.

현재 노 교수가 메이오클리닉과 진행하는 주목할 만한 연구는 AI를 활용한 알코올성(ASH)과 비알코올성(NASH/MASH) 간염 구분 기술이다. 조셉 안(Joseph Ahn) 소화기내과 교수, 비제이 샤(Vijay Shah) 교수, 차디 메루에(Chady Meroueh) 병리과 교수와 함께 병리 이미지를 활용한 연구를 이어가고 있다.

이 연구가 중요한 이유는 단순한 의학적 정확성을 넘어선다. 병리학자들조차 생검 이미지를 봐도 두 질환을 구분하기 어려울 정도로 판단이 까다롭다. 두 경우 모두 조직상에 지방 축적이나 염증이 나타나는데, 겉보기에 유사한 양상이 많기 때문이다.

더 심각한 문제는 사회적 차별이다. 알코올성 간염으로 진단될 경우 환자는 보험 가입 거절, 직장 및 결혼 생활의 차질 등 개인의 삶 전반에 악영향을 줄 수 있는 중대한 불이익이 따른다.

현재 합성곱 신경망(CNN)을 활용한 엔드 투 엔드(end-to-end) 방식으로 90% 이상의 정확도를 달성했다. 하지만 노 교수는 단순한 정확도 향상보다 더 중요한 접근법을 강조한다. 의료적 가설을 기반으로 구조화된 분석을 하는 것이다. 예를 들어 간 지방조직이 해부학적 구조상 어디에 집중돼 있는지를 분석하고, 이를 통해 간질환의 유형을 추론하는 방식이다.

웨일코넬병원과의 협력에서는 MRI나 엑스레이 영상 데이터를 기반으로 한 진단 보조 연구가 진행되고 있다. 이런 영상 기반 연구가 중요한 이유는 병리 조직 이미지와 달리 세포 단위가 아닌 장기 수준의 이미지를 다루기 때문에 또 다른 분석 방식이 요구되기 때문이다.

영상 기반 진단의 가장 큰 장점은 실시간성과 비침습성이다. 특히 미국처럼 의료비가 매우 비싼 환경에서는 저렴하고 효율적인 진단법이 더욱 중요하다.

AI는 현재 의료 현장에서, 특히 예측 능력 부분에서 일반 의사보다 앞선 성과를 보인다. 가장 놀라운 성과 중 하나는 의사들조차 놓친 미래의 질병을 예측하는 능력이다. 메이오클리닉에서 발표한, 심전도(EKG) 데이터만으로 심부전을 진단하는 AI 모델이 대표적인 사례다.

실제 사례는 더욱 놀랍다. AI가 '양성'으로 예측했지만 당시에는 의사가 '정상'으로 판단한 환자들이 몇 년 안에 실제로 심부전을 겪는 사례가 있었다. 더욱 흥미로운 것은 AI가 심부전으로 잘못 판단했던 환자들이, 그렇지 않은 환자들에 비해 심부전 발병률이 무려 4배나 높았다는 점이다.

이는 AI가 현재의 발현 증상보다는 데이터 안에 숨겨진 예후 정보를 감지해 예측했음을 의미한다. 인간 의사는 그 패턴을 인지하지 못했지만, AI는 데이터 속에 숨은 연관성을 학습해 보이지 않던 단서들을 연결하고 예측한 것이다.

그러나 중요한 건 모델의 의료적 해석 가능성이다. 90% 이상의 정확도를 보이는 모델이 있어도 의사와 의견이 다르면 사용할 수 없다. 의료 AI의 핵심은 단순한 성능 지표가 아니라는 뜻이다.

병원에 AI 모델을 적용하려면 여러 병원 간 데이터 편차를 줄이는 일반화 능력이 필요하다. 한 병원에서 학습한 모델이 다른 병원의 데이터에서는 전혀 작동하지 않는 경우가 많아서 그렇다. 다양한 병원 데이터를 통합해서 테스트하고 일반화된 성능을 확보해야만 실제로 활용할 수 있는 것이다.

현재 가장 주목받는 기술은 생성형 AI 중에서도 '디퓨전 모델'이다. 의료 데이터를 생성하거나 시뮬레이션해 볼 수 있는 가능성은 무궁무진하다. 예를 들어 병변이 있는 이미지와 없는 이미지를 비교해 학습하거나, 교육용 데이터세트를 생성해 의사 교육에 활용할 수도 있다.

디퓨전 모델은 물리적 확산현상의 수학적 모델링에 기반하고 있어 이론적 확장성이 크고 응용 가능성이 풍부하다. 앞으로 1~2년 안에 디퓨전 모델을 활용한 의료 응용이 본격화될 것으로 전망된다.

AI 기술은 지금보다 훨씬 더 정교해져 의사결정에 깊이 개입하게 될 것이며, 이 과정에서 '진짜 연구'를 하는 소수의 전문가가 의료 패러다임을 바꿀 것이라는 전망도 있다. 의료 AI의 진정한 변화는 결국 소수의 혁신적인 연구자가 이끌 것이다. 단기적으로는 수많은 연구가 진행되겠지만, 장기적으로 살아남고 축적되는 성과는 극소수일 것이다. 그 소수의 연구는 질병 진단과 치료의 과학적 원리를 바꾸고, 의료 지식의 진보를 획기적으로 가속할 수 있다.

여기서 중요한 것은 의학 지식을 갖춘 의사와 수학적으로 알고리즘을 깊이 이해한 AI 연구자, 이 둘이 긴밀히 협력하는 '의사-과학자 모델'이다. 중증 환자를 다루는 주요 임상 과에서는 AI 도입이 매우 어렵다. 심장내과나 중환자실 의사들은 매 순간 판단에 대한 책임이 크기 때문에 판단의 근거를 찾는 것에 보수적일 수밖에 없고, AI를 새롭게 학습하고 적용할 여유가 없다.

의료 인공지능이라고 하면, 흔히 로봇이 환자를 돌보거나 진료를 대신하는 모습을 떠올리기 쉽다. 하지만 실제로 AI가 혁신적으로 기여할 수 있는 영역은 과학적 연구 분야다. 뛰어난 의사가 신체 기능 간 연관성에 대한 가설을 세우면, AI는 이를 기반으로 새로운 연관성과 패턴을 찾아낼 수 있다. 이러한 선도적 연구가 이루어지기 위해서는 의료 인공지능 관련 세미나와 학회가 서비스 중심이 아니라 연구 중심으로 전환되어야 한다.

앞으로 10년 안에 지금은 해결하기 어려운 질환에 대한 해법도 등장할 것으로 전망된다. AI는 의료 발전의 가속 장치가 될 것이며, 이러한 변화의 중심에는 의학과 AI 기술을 모두 깊이 이해하는 소수의 혁신적 연구자가 있을 것이다.

우리는 단순히 기술의 발전을 보는 것이 아니라, 인류의 생명을 구하는 새로운 의학의 탄생을 지켜보고 있는 것일지도 모른다.

주성훈 뷰노 CTO

국민 모두의 나이팅게일, AI

의료와 AI의 만남. 이 만남은 진단과 예측, 돌봄의 방식을 조용히 그러나 확실하게 변화시키고 있다. 단순한 디지털화나 전산 처리 수준을 넘어, AI는 이제 실제로 병원 시스템 속에 들어와 환자의 생명을 지키는 데 일조한다. 의료 영상 판독, 생체신호 분석, 예측 모델링 등 다양한 분야에서 AI 기술이 자리 잡으며, 의료진의 판단을 보조하고 예측 정확도를 높이는 사례가 점차 늘고 있다. 이 같은 변화는 의료 현장에서 기술이 작동하는 방식뿐만 아니라, 환자와 병원의 관계, 의료진의 역할, 진단의 개념에까지 영향을 준다.

글로벌 의료 AI 시장은 2023년 약 158억 달러(약 21조 원) 규모였지만, 2030년에는 1,800억 달러(약 246조 원)를 넘어설 것으로 예측된다. 연평균 성장률은 41.8%에 달한다. 이는 금융, 유통, 제조 등 여타 산업보다도 높은 수치다. 국내 시장 역시 50%를 웃도는 성장률을 기록할 것으로 보인다. 의료 AI가 실험적 기술이 아니라 산업의 다음 스탠더드로 빠르게 전환되고 있음을 보여주는 지표다. 실제로 국내외 병원에서는 흉부 엑스레이, 뇌 MRI, 폐 CT 등 다양한 영상 데이터를 분석하는 데 AI를 활용하고 있다. 심전도, 호흡, 혈압 같은 생체신호 분석도 AI의 주요 영역이다.

뷰노가 개발한 심정지 예측 시스템 '딥카스(Deep-CARS)'는 대표적인 사례 중 하나다. 이 시스템은 입원 환자의 혈압, 체온, 맥박, 호흡수 등 기본 활력 징후를 분석해 심정지 위험도를 예측한다. 기존의 병원 알람 시스템이 높은 오경보율로 인해 의료진의 신뢰를 얻지 못했던 문제를 해결하고자, 이 시스템은 낮은 오경보율과 높은 예측력을 목표로 설계됐다.

실제로 이를 경험한 일부 병원에서는 "이전 시스템으로 돌아가기 어렵다"라는 반응을 보이기도 했다. 그러나 주성훈 뷰노 CTO는 이러한 기술의 발전이 병원 내부에만 머물러선 안 된다고 말한다. 진정한 혁신은 AI 기술이 의료진만이 아니라 환자 개인에게도 작동할 수 있어야 한다는 것이다.

이러한 시도는 최근 다양한 형태로 나타나고 있다. 예컨대 AI를 활용한 건강관리 애플리케이션이나 환자용 자가진단 도구 등은 의료의 경계를 병원 밖으로 확장하는 역할을 한다. 특히 웨어러블 기기를 통해 활력 징후를 실시간으로 자동 측정할 수 있게 된다면, 간호사의 노동 강도를 줄이는 동시에 데이터 수집 정밀도를 크게 높일 수 있다. AI는 이처럼 병원과 생활의 경계를 넘나드는 파트너로 진화하고 있다. 의료의 중심축이 병원 중심에서 환자 중심으로 이동하고 있음을 보여주는 징후다.

하지만 기술의 발전이 곧장 신뢰로 이어지는 것은 아니다. 의료 AI의

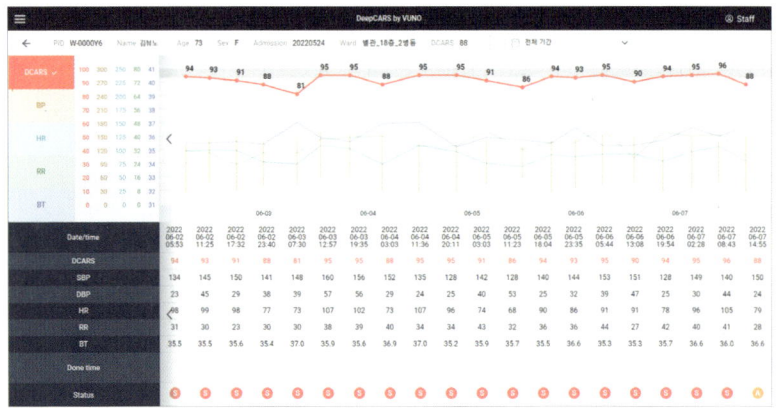

뷰노의 딥카스 구동화면

핵심은 예측력이 아니라 임상적 유효성이다. 아무리 성능이 좋더라도, 실제 의료 현장에서 얼마나 유용한가를 입증하지 못하면 외면받을 수밖에 없다. 민감도와 특이도의 균형은 이 문제의 핵심이다.

민감도를 지나치게 높이면 정상인도 환자로 진단받을 수 있고, 반대로 특이도에만 초점을 맞추면 진짜 환자를 놓칠 수 있다. 기상청이 계속 비가 온다고만 예보하면 결국 신뢰를 잃듯, AI도 정밀성과 실효성 사이의 균형을 갖추지 못하면 실전에서 무용지물이 될 수 있다.

의료 AI 기술은 점점 늘고 있고, 인허가받은 제품도 많아졌지만, 현장에 남아 실제로 쓰이고 있는 솔루션은 일부에 그친다. 이처럼 어떤 기술이 초기 수용층을 넘어서지 못하고 정체되는 구간을 '캐즘(chasm)'이라 부른다. 지금 의료 AI 산업은 바로 이 캐즘의 초입에 서 있다. 겉보기에는 시장이 확대되고 기술도 빠르게 개발되고 있지만, 실질적인 임상 적용과 효과가 입증되지 않는다면 많은 기술과 기업은 이 캐즘을 넘지 못하고 사장될 가능성이 높다. 기술이 아니라 검증이 산업의 다음 단계를 결정짓는 셈이다.

그는 지금이야말로 임상적 유효성을 입증할 수 있는 데이터와 연구를 축적해야 할 시기라고 말한다. 기술적 완성도는 높지만, 임상에서 의미가 없다고 판단돼 사라진 의료기기는 많다. 현재의 AI 솔루션도 같은 길을 걸을 수 있다. 살아남는 건 복잡한 병원 시스템에 통합되었는가, 환자의 상태를 개선했는가, 의료진의 의사결정에 실제로 도움이 되었는가에 대한 해답을 낼 수 있는 기술일 것이다.

데이터 보안과 활용의 문제는 여전히 풀어야 할 과제다. 고품질의 의료 데이터를 확보하는 것이 성능 개선의 핵심이지만, 병원들은 개인정보 보호 문제로 데이터 반출에 보수적인 태도를 보이고 있다. 뷰노는 국내 병원들과 협업해 데이터를 익명화하고, 윤리심의를 거친 후 외부망과 단절된 내부 연구 서버에서 이를 활용하는 방식으로 문제를 풀어가고 있다. 기술의 발전만큼 데이터를 다루는 태도 역시 의료 AI의 신뢰도를 좌우하는 중요한 요소로 자리 잡고 있다.

AI가 의료를 대체할 것이란 예측은 아직 성급하다. 그러나 반복적이고 노동집약적인 업무를 덜어주고, 의료진이 더 중요한 의사결정에 집중할 수 있게 하는 보조 역할로서의 AI는 이미 자리를 잡아가고 있다. 의료 AI는 '기술'이 아니라 '도구'이며, 의사의 경험과 판단, 환자의 삶과 이어질 때 비로소 진짜 혁신이 된다. 기술은 점점 정교해지고, 환자 중심의 데이터는 점점 풍부해지고 있다. 남은 과제는 그것이 실제 사람의 생명과 건강을 어떻게 바꾸는지, 수치가 아니라 경험으로 입증하는 일이다. 그는 말한다.

"AI와의 융합을 통한 의료의 미래는 기술과 임상 경험이 조화를 이룰 때 비로소 완성될 것이다."

지금 의료 AI가 마주한 진짜 질문은 기술이 무엇을 할 수 있는가가 아니라, 인간의 돌봄을 어디까지 확장할 수 있는가에 있다.

박영용 제이앤피메디 CTO

AI, 임상시험의 새 심장

박영용 제이앤피메디 최고기술책임자(CTO)는 임상시험 현장에서 AI가 수행하는 역할이 날로 중요해지고 있다고 강조한다. 단 하루만 일정이 지연돼도 적게는 수천만 원, 많게는 수억 원의 손실이 발생하는 임상시험 환경에서, AI는 더 이상 부가적인 옵션이 아닌 핵심적인 전략 도구로 자리 잡고 있다.

> "임상시험은 시간과의 전쟁이다. 그리고 AI는 그 전쟁에서 더 이상 선택이 아닌 필수다."

우리가 약국에서 쉽게 살 수 있는 약은 사실 상당한 노력과 시간 끝에

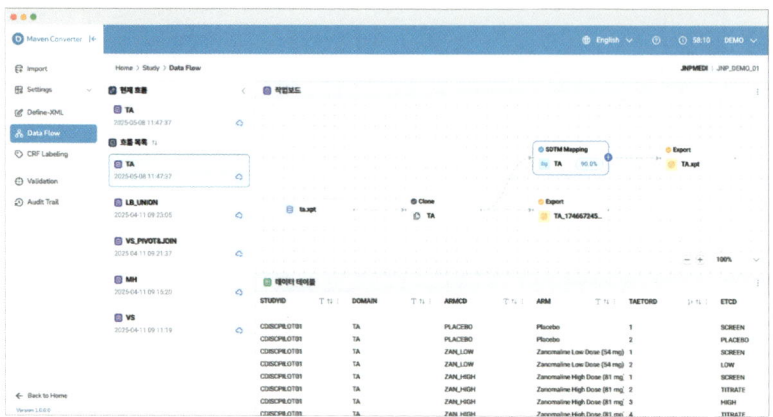

제이엔피메디의 메이븐 클리니컬 클라우드 구동 화면

나온 결과물이다. 신약 하나가 시장에 출시되기까지는 평균 10년 이상의 시간이 걸리고, 비용은 수천억 원에 달한다. 이 같은 압박 속에서 제약·바이오 기업들은 점점 더 복잡해지는 임상시험 프로세스를 간소화하고, 오류를 줄이며, 동시에 규제기관의 기준도 충족시켜야 하는 난제에 직면해 있다. 박 CTO는 이러한 복합적인 과제를 동시에 해결할 수 있는 유일한 수단으로 AI를 지목한다.

최근에는 자연어 처리 기반의 AI 기술이 도입돼, 임상시험계획서를 자동 분석하고 전자증례기록서(eCRF)를 생성하거나 데이터 수집 규칙을 설정하는 방식으로 효율성을 높이고 있다. 기존에는 다수의 전문가가 며칠 또는 몇 주에 걸쳐 수행하던 작업이 이제는 몇 시간 안에 끝나며, 그 과정에서 발생할 수 있는 인적 오류도 크게 줄어드는 추세다.

이러한 기술은 국내 의료 데이터 전문 기업인 제이앤피메디를 통해 실제로 상용화되고 있다. 이들이 개발한 플랫폼은 '메이븐 클리니컬 클라우드(Maven Clinical Cloud)'라는 이름으로 구현되었으며, 자동화된 설계 기능 외에도 '메이븐 컨버터'를 통해 자유롭게 입력된 데이터를 미국 FDA가 요구하는 CDISC 포맷으로 자동 변환할 수 있도록 한다. AI 기반의 데이터 매핑 기술이 적용된 이 솔루션은 시간과 비용을 줄이는 동시에 정확도를 획기적으로 향상시키며, 글로벌 진출을 준비하는 기업에 실질적인 도구가 되고 있다.

박 CTO는 기술의 성능만큼이나 '신뢰'가 중요하다고 말한다. 임상시험은 환자의 생명과 직결되는 고위험 산업이기에, 단순한 효율 개선 도구로는 부족하다. 그는 AI가 의료 현장에서 진정한 도구가 되기 위해서는 규제기관이 인정할 수 있는 수준의 품질과 안정성을 갖춰야 한다고 강조한다. 이를 위해 제이앤피메디는 2023년 6월 전담 태스크포스를 꾸려 임상시험 전 주기에 걸쳐 AI 기술을 접목하고 있다. 특히 비정형 데이터를 구조화하고, 임상시험 규칙을 생성하는 AI 모델의 고도화에 주력하고 있다.

그는 기술뿐만 아니라 규제 대응력 또한 핵심 역량이라고 본다. 미국 시장이 목표인 기업들이라면 FDA의 까다로운 데이터 제출 기준을 충족시키는 것이 중요한 과제다. 이를 위해 그는 'FDA 엑스퍼트 솔루션'이라는 종합 지원 체계를 구축해, 임상 데이터를 자동 정제하고 변환하는 규제 친화적인 워크플로를 AI로 구현하고 있다고 설명한다. 기술이 아무리 뛰어나도 사용자는 편리함을, 규제기관은 기준 준수를 요구하는 만큼 두 기준을 동시에 만족시키는 솔루션이 되어야 한다는 것이 그의 철학이다.

그는 가까운 미래에 대한 전망도 분명하게 제시한다. 향후 1~2년 안에 AI 기술은 훨씬 더 실용적이고 문제 해결 중심으로 진화하고, 생성형 AI와 AI 에이전트는 단순한 반복 업무 자동화를 넘어 임상 설계와 전략 수립까지 돕는 단계로 발전할 것으로 내다본다. 특히 AI가 임상시험 초기 설계 단계에 개입해 성공 가능성이 높은 시나리오를 도출하거나, 실패 가능성을 줄이기 위한 전략을 제시하는 역할을 하게 될 것이라고 설명한다. 이는 AI가 단순히 데이터를 다루는 도구를 넘어, 의사결정의 동반자로 기능하게 된다는 것을 의미한다.

그는 AI가 인간을 대체할 것으로 생각하지 않는다. 그보다는 반복적이고 구조화된 업무는 AI가 처리하고, 인간은 공감, 윤리적 판단, 복합적인 맥락 해석 같은 인간 고유의 업무에 집중할 수 있게 되는 구조가 바람직하다고 본다. 기술개발의 중심에는 항상 '현장의 문제 해결'이 있어야 한다며, 실험실 안에서 만든 기술이 아니라 실제 의료 환경에서 신뢰받는 실용적인 AI가 되어야 한다고 강조한다.

그의 철학은 제품 전략에도 그대로 반영된다. 사용자 피드백을 개발의 출발점으로 삼고, 모듈화된 설계, 직관적인 UI/UX, 강력한 기술 지원을 통해 신뢰를 구축하는 방향으로 설계한다. 단순한 기능의 향상이 아니라, 임상 현장에서 실제로 쓸 수 있는 기술을 만드는 것이야말로 기술자의 진짜 역할이라고 믿는다.

"AI는 우리가 더 중요한 일에 집중할 수 있도록 도와주는 존재다."

의료 AI의 방향성을 묻는 질문에 박 CTO의 이 한마디만큼 명료하면서도 인간적인 답은 드물다. 기술은 빠르게 진화하고 규제 환경도 변화하고 있지만, 중심에는 여전히 '사람'이 있어야 한다. 그는 그 믿음을 바탕으로 오늘도 AI를 통해 의료의 내일을 설계하고 있다.

3
의료 II

"김철수 님, 감기에 걸리셨네요. 타이레놀 드세요."
"박영희 님, 감기에 걸리셨네요. 타이레놀 드세요."
"이민수 님, 감기에 걸리셨네요. 타이레놀 드세요."

똑같은 감기에 똑같은 처방. 이상하지 않은가? 키도, 몸무게도, 생활습관도 다른 세 사람이 왜 똑같은 약을 먹어야 할까? 이제는 다르다.

"김철수 님, 유전자 검사 결과 이 약이 70% 더 효과적입니다."
"박영희 님, 혈액 데이터를 분석한 결과 이 치료법이 가장 적합해요."
"이민수 님, 당뇨를 고려해 맞춤 처방을 드릴게요."

마치 맞춤 정장처럼 각자 몸에 꼭 맞는 치료가 시작되었다. 비결은 AI다. 환자의 유전자부터 병력, 생활습관까지 데이터로 모아 분석한다. AI는 "김철수 님과 비슷한 환자 1만 명 중 89%가 이 치료로 좋아졌다"라고 의사에게 알려준다.

예측도 가능하다. 병이 오기 전에 미리 막는 '질병 예보' 시대다.

"이민수 님, 혈당 수치가 이러니 3년 내 합병증 위험이 65%예요. 지금부터 관리하면 25%로 줄일 수 있습니다."

암 치료도 변했다. 암도 사람마다 다르니까.

"김철수 님의 폐암 유전자 타입은 A형이니 이 표적치료제가 효과적입니다."

물론 쉽진 않다. 사람의 몸은 복잡하고, AI 말을 믿어야 할지 고민도 많다. 하지만 삼성서울병원, 서울아산병원 등에서는 이미 AI 진단 시스템을 도입해 의사와 AI가 힘을 합치고 있다. 운에 맡기던 시대는 끝났다. 과학과 데이터가 만드는 진짜 '나만의' 치료 시대가 온 것이다.

이번 장에서는 그 변화의 최전선에서 개인 맞춤형 의료를 현실로 만들어가는 의료진과 AI 전문가들의 이야기를 들어본다.

알렉산더 어반 스탠퍼드대 교수

AI와 유전체, 맞춤형 치료 문을 열다

알렉산더 에케하트 어반(Alexander Eckehart Urban) 스탠퍼드대학교 교수는 유전체학과 AI의 융합이 의료 서비스 전반을 근본적으로 변화시키고 있다고 말한다. 단순한 기술의 결합을 넘어 의료 패러다임 자체가 바뀌고 있다는 것이다. 그는 이 협업이 '개인 맞춤형 치료'라는 의학의 궁극적 목표를 현실로 만들고 있다고 강조한다.

"유전체 분석 기술은 AI와 결합할 때 가장 강력한 시너지를 낼 수 있는 분야다."

현재 의료계에서 가장 주목받는 기술 중 하나는 유도만능줄기세포

(iPSC)를 활용한 질병 모델링이다. 어반 교수의 연구실에서는 정신분열증 관련 돌연변이를 가진 세포를 실제 뇌세포로 전환해 해당 변이가 뇌에 어떤 영향을 주는지를 연구하고 있다. 같은 유전적 결실이라도 세포 종류에 따라 작용 방식이 다르다는 점이 핵심이다.

예를 들어 22번 염색체 일부가 결실된 동일한 유전적 변이라도 신경세포, 글리아세포, 심장세포에서 전사체와 후성유전체가 재구성되는 방식은 서로 다르게 나타난다. 이처럼 질병의 발현이 세포 유형에 따라 달라진다는 발견은, 치료 역시 세포 특성을 반영한 맞춤형 접근이 필요하다는 사실을 뒷받침한다.

실용화에 가까운 기술로는 혈액 내 DNA 메틸화 마커를 활용한 정신질환 진단법이 있다. 자폐증 등 특정 질환을 메틸화 마커로 식별할 가능성이 보이기 시작했고, 어반 교수는 이 기술이 이미 실용화 단계에 접어들었다고 설명한다. 기존 혈액검사로는 접근하기 어려웠던 정신질환 진단에 새로운 전환점이 마련되고 있는 셈이다.

AI는 유전체 기반 의료 연구에서 이미 없어서는 안 될 도구가 됐다. 어반 교수는 "최근에는 머신러닝 없이는 분석 자체가 불가능하거나 분석이 불완전한 사례들이 많다"라고 말한다. 방대한 유전자 데이터를 정제하고 신호를 분석해 유의미한 결과를 도출하는 과정에서 머신러닝은 핵심적인 역할을 하고 있다.

구글 딥마인드의 '알파폴드'가 대표적인 예다. 어반 교수팀은 이 기술을 통해 뇌에서 생성된 다양한 스플라이스 아이소폼의 단백질 구조를 3차원으로 예측한다. 불과 몇 년 전만 해도 상상할 수 없던 일이 이제는 고속으로 진행된다. 과거에는 단백질 하나의 구조를 밝히는 데 수년이 걸렸지만, 지금은 대량 데이터를 실시간에 가깝게 분석할 수 있다. 조현병, 자폐증, 양극성 장애 환자들의 뇌 조직에서 수집한 데이터를 활용해 질병 환자의 뇌와 정상 뇌 사이의 구조 차이를 정밀하게 비교하는 것도 가능해졌다.

어반 교수가 주목하는 또 다른 분야는 체세포 유전체 변이 분석이다. 이는 생식세포가 아닌 개인의 발달 과정에서 생긴 돌연변이를 정밀하게 측정하는 기술이다. 최근 연구에 따르면 인간 뇌에도 체세포 돌연변이가 존재하며, 정신질환과의 연관성이 관찰되고 있다. 이 기술이 발전하면 진단뿐만 아니라 치료 전략에도 혁신적인 변화를 불러올 것이다.

의료 AI는 점차 단일 데이터 분석을 넘어 유전체, 뇌 영상, 행동 패턴 등 다양한 데이터를 통합 분석하는 멀티모달 시스템으로 진화하고 있다. 어반 교수는 아직 이 기술이 어디까지 기여할지는 알 수 없지만, 멀티모달 분석의 가능성에 대해서는 낙관적이다.

그는 의료의 미래가 '전 유전체 수준에서 염기서열 변이의 이해'에 달려 있다고 강조한다. 지금은 개인 유전체를 시퀀싱해 수많은 유전적 변이를 목록화할 수 있지만, 이들 사이의 복잡한 상호작용은 거의 밝혀지지 않았다. 이 메커니즘이 해석되는 순간, 알파폴드 이상의 혁신이 가능할 것으로 내다본다.

정신질환은 유전적, 환경적, 신경생물학적 요인이 복합적으로 작용하는 대표적 질환이다. 따라서 AI의 역할은 더욱 중요하다. 유전자 분석, 뇌 영상, 행동 데이터 등을 AI가 통합 분석하면서 과거에는 불가능했던 정밀 진단과 예측이 현실이 되고 있다. 특히 질병 예측과 위험도 분석에서 AI는 더욱 강력한 도구가 될 것이다. 복잡한 신호 간 패턴과 상관관계를 찾아내는 AI의 능력은 의료 현장에서 최대한 발휘될 수 있다.

AI와 유전체 분석의 결합은 더 이상 가능성에 머무르지 않는다. 이미 의료 현장에서 현실로 작동하고 있으며 속도 역시 점점 빨라지고 있다. 중요한 점은 이 기술들이 단순히 효율성을 높이는 데 그치지 않고, 개인의 유전적 특성과 환경을 반영한 진짜 맞춤형 치료를 가능하게 한다는 것이다. 그 오랜 꿈이 이제 손에 잡히는 거리까지 다가왔다.

과거에는 상상하지도 못했던 정밀한 진단과 예측이 가능해졌고, 우리는 지금 그 문턱에 서 있다. AI가 의료의 상상력을 넓히고, 유전체 기술이 그 상상을 현실로 바꾸고 있다. 이 두 기술이 만나는 지점에서, 미래 의료는 '질병'이 아닌 '개인'을 중심으로 다시 쓰이고 있다.

이승빈 마크로젠 CSO

유전체 퍼즐을 푸는 AI, 정밀의학의 대전환

아침에 일어나서 혈당을 재는 것처럼, 앞으로는 스마트폰 앱으로 자기 유전자 정보를 확인하는 시대가 온다. "오늘 혈당 수치 120mg/dL, 정상입니다"라는 알림 대신 "BRCA1 유전자 변이 없음. 유방암 위험도 낮음. 오늘도 건강한 하루 보내세요"라는 메시지를 받게 될지도 모른다.

이승빈 마크로젠 최고과학책임자(CSO)가 그리는 미래다. 과거 연구자들만의 전유물이었던 유전체 데이터가 이제 개인 건강관리의 핵심 도구로 바뀌고 있다. 약 30억 개의 염기쌍으로 구성된 인간 유전자 분석을 통해 질병을 예측하고 맞춤형 치료를 제공하는 시대가 현실이 되고 있다.

현재 글로벌 유전체 분석 시장은 중요한 전환점을 맞는 중이다. 오랜 기간 백인 중심으로 축적된 유전체 데이터의 한계가 드러나면서, 아시아인

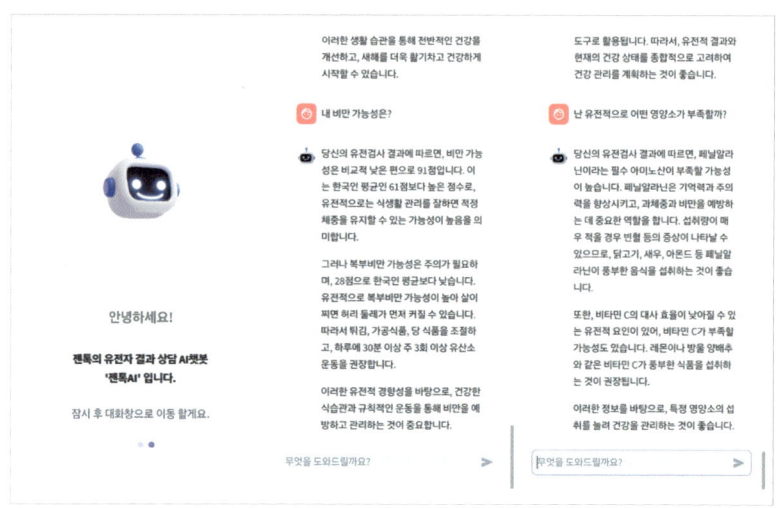

유전자 검사 결과 상담 AI 챗봇 '젠톡AI' 사용 모습

의 유전적 특성을 반영한 데이터 확보가 정밀의료의 핵심 경쟁력으로 부상하고 있다.

실제로 2019년 세계적인 과학 저널 〈네이처〉에 발표된 연구를 보면, 심혈관 질환 치료에 쓰이는 특정 항응고제에 대해 한국인, 중국인, 일본인 같은 북동아시아인들이 유전적으로 더 민감하게 반응할 수 있다는 점이 밝혀졌다. 같은 약을 써도 사람마다 다르게 반응하는 이유가 유전자에 있다는 얘기다.

유전체 분석에 AI가 본격 도입되면서 패러다임이 근본적으로 바뀌고 있다. 이승빈 CSO는 이를 퍼즐에 비유해 설명한다.

"인간의 유전자는 약 30억 개의 염기쌍으로 이뤄져 있고, 과거에는 거대한 퍼즐을 한 조각씩 맞추는 작업처럼 느리게 진행될 수밖에 없었다. 이제는 AI 기술 덕분에 과거에는 하나씩 맞춰야 했던 퍼즐을 동시에 수십 개씩 연결할 수 있고, 전체 유전체 패턴을 더 빠르고 정확하게 파악할 수 있게 되었다."

실제로 구글이 개발한 딥러닝 기반 도구 'DeepVariant'는 유전체 시퀀싱 데이터를 이미지처럼 변환한 후 딥러닝 모델을 통해 변이를 검출한다. 기존 통계적 방법보다 훨씬 높은 정확도와 일관된 성능을 보여준다.

약물 반응 예측에는 머신러닝 기반 분석 도구인 'PyPGx'가 활용된다. 특히 구조가 복잡한 특정 유전자들에 대한 정밀 분석이 가능해지면서, 개인의 약물 반응성을 더 정확하게 예측할 수 있게 됐다.

생성형 AI의 실용적 활용도 확산하고 있다. 일반 소비자를 대상으로 한 유전자 검사 서비스에는 챗GPT 모델 기반 유전자 상담 시스템이 포함돼 있다. 이 시스템은 200장이 넘는 유전자 검사 리포트를 참고해 개인 맞춤형 답변을 24시간 제공한다.

수십만 건의 유전체 분석 경험을 바탕으로 축적된 데이터를 활용해 AI 모델이 실험 실패 가능성을 사전에 예측하기도 한다. 시간과 비용을 줄이고 전체 실험의 효율성을 높이는 것이다. 미래에는 유전체 정보가 전문가 전유물이 아닌, 혈당·혈압처럼 누구나 쉽게 관리하고 활용하는 정보가 될 전망이다. 많은 사람이 자신의 유전체를 확인하고 생활습관을 조절하거나 건강관리를 실천하는 시대가 머지않았다.

현재 정밀의료 서비스는 암, 당뇨, 심혈관 질환, 치매 등 주요 질환의 발병 가능성을 사전에 예측하고, 발병 전 생활습관 조정과 조기 관리를 지원하는 데 중점을 둔다. 특정 약물에 대한 유전 반응과 생활습관 인사이트도 함께 제공해 개인화 건강관리와 예방 중심 의료를 구현한다.

맞춤형 건강관리는 맞춤 식단, 건강기능식품, 화장품, 피트니스 등 다양한 디지털 헬스케어 플랫폼과 연계해 확산하고 있다. 유전체 분석 기반 건강관리는 단순 질병 예방을 넘어, 국민 삶의 질을 높이고 의료비를 절감하는 데도 도움이 될 것으로 보인다.

암이나 심혈관 질환 같은 고비용 질환을 조기 예측·예방하면 질병 진행을 막고, 과잉진단·과잉처방 문제도 줄일 수 있다. 축적된 데이터를 바탕으로 질병 위험을 예측하고, 개인별 맞춤형 건강관리 솔루션을 제시해 정밀의학의 가치를 전달한다. 이를 통해 많은 사람이 자신의 유전체를 이해하고, 스스로 건강을 관리할 수 있는 의료 민주화 환경이 조성될 것으로 기대된다.

AI와 유전체 분석의 융합은 의료계에 새로운 패러다임을 제시하며 개인 맞춤 치료를 현실로 만들고 있다. 이 변화는 단순한 기술 발전을 넘어 인류의 건강한 미래를 위한 근본적인 전환점이 될 것이다.

송길태 부산대 교수

다재다능한 AI 의사가 온다

의사가 되려면 얼마나 많은 정보를 봐야 할까?

응급실에 심장마비 환자가 실려 온다. 의사는 환자의 얼굴색을 보고, 심전도 그래프를 읽고, 가족의 말을 듣고, 엑스레이 사진을 분석하며, 과거 병력까지 확인한다. 눈으로 보고, 귀로 듣고, 손으로 만지며 종합적으로 판단하는 것이 의사의 역할이다.

지금까지 AI는 이 중 한 가지 일만 할 수 있었다. 엑스레이만 보거나, 텍스트만 읽거나, 음성만 듣는 식이었다. 그런데 이제 AI도 의사처럼 여러 정보를 동시에 보고 듣고 분석할 수 있게 됐다. 이를 '멀티모달 AI'라고 부른다.

> "멀티모달 AI 기술 기반 의료 연구가 활발히 진행되고 있다. AI가 의료 현장에서 할 수 있는 일은 아직 시작에 불과하다."

송길태 부산대 AI융합혁신대학원장의 이 말은 앞으로 의료 분야에서 AI 기술이 보여줄 변화가 빙산의 일각임을 의미한다. 그는 멀티모달 즉 텍스트뿐만 아니라 이미지, 오디오, 비디오 등 다양한 형태의 정보를 이해하고 처리하는 AI가 상용화되면 의료 현장에서 더 많은 혁신이 일어날 것으로 전망한다. 이러한 패러다임의 전환은 현재 의료계가 마주하게 될 커다란 변화를 보여준다. AI는 단순히 기존 의료 행위를 보조하는 단계를 넘어 본질적인 변화를 주도할 것이다.

의료 AI는 의료 인력 부족 문제를 완화하는 데도 중요한 역할을 할 것이다. 임상 노트 작성, 영상 분석, 예후 예측 등 반복적인 업무를 AI가 대신함으로써, 의료진은 핵심 진료에 더 집중할 수 있게 된다. 이미 의료 현장에서는 다양한 형태의 AI 기술이 활용되고 있다. 엑스레이 판독 보조, 진료 기록 요약 같은 기본 업무부터, LLM 기반 판독문 자동 작성, 임상 노트 분석, 의료 영상 정밀 판독까지 적용 중이다. 특히 환자 데이터 기반 예후 예측과 신약 후보 물질 발굴 분야의 실질적 활용이 두드러진다.

지난해 노벨화학상을 수상한 구글 딥마인드 연구팀의 알파폴드 모델은 의료 AI 분야의 획기적 전환점을 만들었다. 예전에는 연구자가 단백질 구조 예측에 평생을 바쳤다면, 이제는 AI 기술로 원하는 단백질 구조를 순식간에 예측할 수 있다. 신약 개발 분야에서 시간 단축과 효율 향상을 동시에 달성한 것이다.

송 교수는 멀티모달 AI가 의료에 꼭 필요한 기술이라고 강조한다. 단일 데이터만으로는 의료 현장의 복잡성을 담아낼 수 없기 때문이다. 임상 전문가들은 진료 시 텍스트, 영상, 생체신호 등 다양한 형태의 데이터를 종합해 판단한다. AI도 이 과정을 모방하려면 다양한 입력을 동시에 분석할 수 있어야 한다는 게 그의 설명이다.

부산대는 포티투마루와 협력해 '멀티모달 기반 임상 차트 자동 생성 AI'를 개발 중이다. 이 기술은 환자의 전자의무기록(EHR), MRI, 초음파 영상, 생체신호 등을 통합 분석해 임상 전문가에게 도움을 주는 임상 노트를 자동 생성한다. 각 데이터 모달리티에 특화된 AI 파이프라인을 개발한 후, 이를 LLM 기반 통합 모델로 결합하는 방식이다. 이런 접근은 단일 모달리티 기반 AI의 한계를 넘어 실제 임상 판단의 복잡성을 반영한다.

송 교수 연구팀의 '하이퍼그래프 기반 유전자 타깃 예측 AI' 연구는 생물학적 상호작용을 복잡하게 모델링하는 시도다. 기존의 실험적 방식으로는 특정 질병 타깃 유전자를 찾기 어려웠지만, 이 기술은 가능성 높은 유전자를 추천해 성공 확률을 크게 높인다.

의료 데이터 품질과 구조 차이는 AI 모델 설계에 큰 영향을 준다. 의료 데이터에는 결측치, 고차원성 문제 등 다양한 변수가 존재하며, 영상·신호·텍스트 등 모달리티 간 형식 차이 극복도 과제다. 이를 위해 결측값 보정, 특징 추출, 차원 축소 등 데이터 전처리 기법 연구가 병행된다.

그는 의료 분야 AI 도입이 가속화될 것으로 전망한다. 단기적으로는 텍스트, 영상, 생체신호 등 대용량 의료 데이터를 학습하는 LLM 모델 개발 경쟁이 심화될 것이다. 구글의 메드팜(Med-PaLM) 같은 의료 특화 대형언어

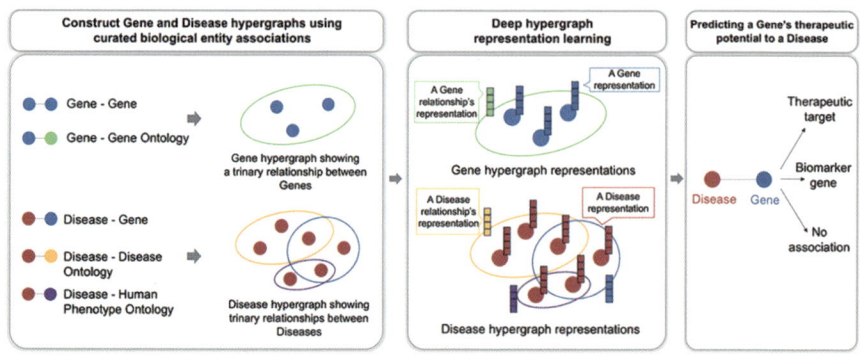

송길태 교수팀의 '하이퍼그래프 기반 유전자 타깃 예측 AI' 연구 개념도

모델 개발도 활발해지며, 의료·바이오 난제 해결에 기여할 전망이다. 중장기적으로는 AI가 암, 신경계 질환, 난치병 등 극복하기 어려운 질병 연구에 실질적으로 기여할 것으로 기대된다. 멀티모달 기술이 기존 의료 AI 연구를 한 단계 도약시킬 열쇠가 될 것이다.

그의 연구 목표는 개별 환자 맞춤형 진단과 처방 지원 시스템 구현, 난치 질환 치료 신약 개발 AI 모델 개발 등이다. 이는 유전체 정보, 생활패턴, 질병 이력 등을 종합 분석해 최적의 치료법을 제공하는 개인 맞춤 의료 실현을 의미한다.

결국 멀티모달 AI는 의료진의 눈과 귀 그리고 두뇌를 동시에 확장하는 기술이다. 의사가 하나씩 확인해야 했던 정보들을 AI가 한 번에 종합 분석하여 더 정확하고 빠른 진단을 가능하게 한다. 이제 AI는 단순한 보조 도구가 아니라 의료진과 함께 생각하고 판단하는 진정한 파트너가 되어가고 있다.

48
유재준 울산과기대 교수

의사의 눈과 손이 된 AI

수술실에서 로봇이 메스를 든다. 이 로봇의 진짜 힘은 칼을 정확히 쥐는 것이 아니라, 환자의 상태를 실시간으로 보고 느끼며 판단하는 데 있다. 카메라로 병변을 찾아내고, 센서로 조직의 단단함을 측정하며, AI로 다음 순간을 예측한다.

이것이 바로 유재준 울산과학기술대학교(UNIST) 교수가 그리는 의료 AI의 미래다. "생성형 AI는 의료 현장에서 보조 수단을 넘어 복합적 의사결정을 돕는 지능형 파트너가 될 것이다"라는 말에 그의 확신이 담겨 있다.

엑스레이 판독을 도와주거나 진료 기록을 요약해 주는 등 현재 의료 현장의 AI는 아직 '보조' 수준이다. 하지만 유 교수는 이런 한계가 곧 극복될 것으로 전망한다. 의료 현장은 본질적으로 '멀티모달 환경'이기 때문이다.

영상 데이터, 진료 기록, 생체신호, 유전체 정보 등 다양한 형태의 데이터가 서로 영향을 주고받으며, 모든 정보를 하나로 통합해 이해하는 AI가 등장하고 있다.

=="생성형 AI는 단순히 이미지를 만드는 기술이 아닙니다. 세상을 정교하게 모델링하고 물리적 환경을 예측하는 핵심 도구입니다."==

유 교수의 설명이다. 그의 연구실에서는 실제로 저해상도 CT나 단시간 MRI를 고해상도로 복원하는 기술을 개발해 의료진의 진단 정확도를 높이고 있다. 특히 의료 로봇 분야에서 이런 변화가 두드러진다. 비전 AI가 의료 로봇의 '눈'과 '두뇌' 역할을 하기 때문이다. 내시경 로봇은 카메라 영상으로 병변을 실시간 탐지하고, 초음파 로봇은 환자의 체형에 따라 최적의 검사 지점을 스스로 찾는다. 단순히 정해진 동작을 반복하는 것이 아니라 상황을 이해하고 예측하며 대응한다.

더 놀라운 것은 AI가 '촉감'까지 갖기 시작했다는 점이다. 유 교수 연구팀은 시각 정보와 촉각 정보를 통합해 학습하는 생성형 모델을 개발하고 있다. 눈으로 본 것만으로도 물체의 재질이나 저항감을 추론하고, 만져본 감각으로 시각적 특성을 보완할 수 있는 AI다.

유 교수는 가까운 미래의 구체적인 변화도 제시한다. 앞으로 1~2년 안에 의료·디자인 등 도메인 특화형 사전학습 생성 모델이 확산할 것으로 전망한다. 의료 영상, 디자인, 로봇 조작 등 특정 응용 분야에 최적화된 생성형 모델들이 사전 학습된 형태로 제공되고, 각 기관에서 손쉽게 자체 데이터에 맞춰 미세 조정할 수 있는 방식이 보편화될 예정이다.

동시에 실시간 멀티모달 생성 시스템이 등장해 의료 응답 시스템 등으로 활용될 수 있다. 이렇게 되면 의료 시스템이 실시간으로 상황을 인식하고, 필요에 따라 영상·언어·3차원 등 다양한 형태의 정보를 동시 생성하는 시스템으로 진화한다. 이와 함께 경량화·온디바이스화된 AI가 초음파 장비 등 단말기 내에서 직접 작동한다.

이런 기술들이 모이면 의료는 완전히 달라진다. 유 교수는 의료가 점점 더 정밀하고 개인화되며 비접촉화할 것으로 전망한다. 환자는 집에서 스마트폰으로 사전 검사를 받고, AI가 실시간으로 분석 결과를 제공한다. 병원에서는 AI가 모든 검사 결과를 종합해 개인 맞춤형 치료 방향을 제안한다.

그는 5년 후 AI가 개별 과제를 해결하는 도구에서 복합적 판단을 내리는 통합 지능 시스템으로 진화할 것으로 내다본다. 이미 텍스트, 영상, 소리, 생체신호, 촉감 정보를 동시에 이해하는 멀티모달 AI 연구가 활발히 진행되고 있기 때문이다.

하지만 장밋빛 전망만 있는 것은 아니다. 첫 번째 과제는 '돌발상황 대응'이다. 현재 AI는 반복 학습에 익숙하며 예상치 못한 상황에 취약하다. 정형화된 데이터로 훈련받은 AI가 의료 현장의 예외적 상황에 유연하게 대처하기는 어렵다.

두 번째는 '기술 격차' 문제다. 생성형 AI는 엄청난 컴퓨팅 자원이 필요하다. 글로벌 대기업과 중소병원 간의 기술 격차가 더욱 커질 수 있다. 고품질 AI를 누구나 활용할 수 있도록 하는 방안이 필요하다.

세 번째는 '신뢰성과 투명성'이다. 의료는 생명과 직결된 분야다. AI가

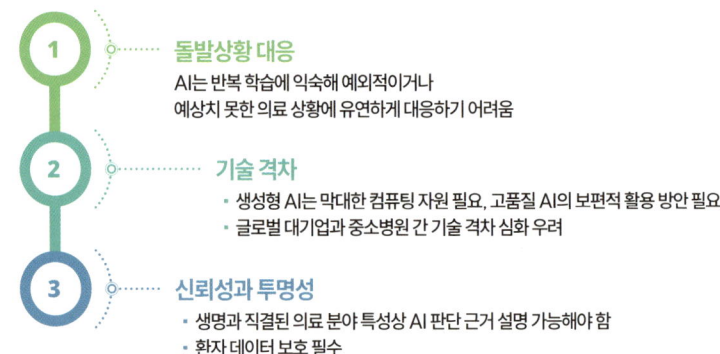

왜 그런 판단을 내렸는지 설명할 수 있어야 하고, 환자 데이터도 안전하게 보호돼야 한다.

유 교수는 이런 과제들을 해결하는 열쇠로 '협력'을 제시한다. 결국 사람의 직감과 AI의 분석이 협력하는 구조가 가장 이상적이라는 것이다.

"더 정확한 AI보다 더 사용할 수 있고, 신뢰할 수 있으며, 더 설명할 수 있는 AI가 중요합니다."

수술실에서 로봇이 메스를 드는 풍경은 이제 낯설지 않다. 하지만 그 로봇이 환자를 보고 느끼며 생각하는 시대는 이제 막 시작됐다. 생성형 AI가 이끄는 개인 맞춤형 치료 시대, 그 중심에는 기술이 아닌 사람이 있다. AI와 인간이 진정한 파트너가 되어 만들어갈 의료의 미래가 우리를 기다리고 있다.

김지향 분당차병원 난임센터장

난임 AI, 저출산 극복 열쇠

2023년 합계출산율 0.72명. OECD 38개국 중 유일하게 1명 미만의 출산율을 기록한 나라, 한국. 지금 우리는 세계 어느 국가도 겪어보지 못한 인구 절벽 앞에 서 있다.

단순히 아이가 줄고 있는 게 아니다. 청년 인구가 빠르게 줄고 있고, 고령 인구는 기하급수적으로 증가하고 있다. 교육, 노동, 복지, 국방까지 국가 시스템 전반이 지금처럼 유지되기 어려운 상황이다. 국가의 지속 가능성이 근본적으로 흔들리고 있다.

그 원인 중 하나로 떠오른 난임 문제는 이제 개인의 고통을 넘어 사회적 위기가 되었다. 고령화, 환경 변화, 일·가정 양립의 어려움이 복합적으로 작용하면서 건강한 임신과 출산이 쉽지만은 않다. 특히 출산 연령이 점

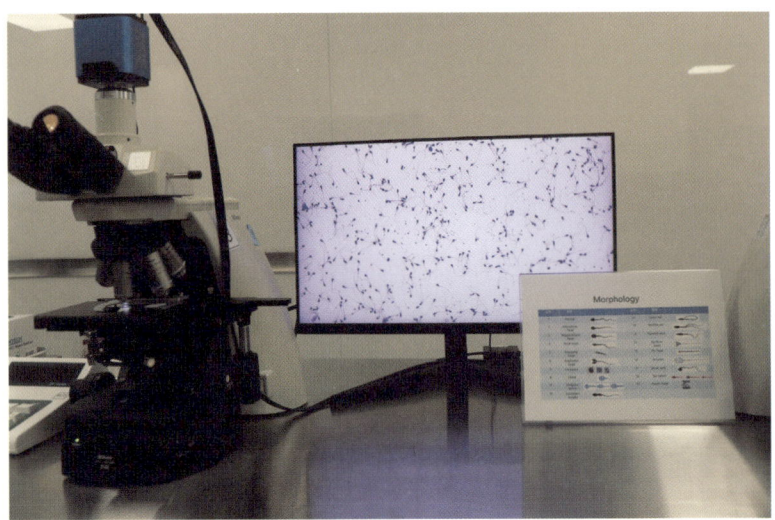

경기 성남 판교 차바이오컴플렉스에서는 출산 연령이 늦어지며 정자와 난자에 이상이 있는지 확인하고 분석하는 시설을 구축했다.

점 늦어지는 현실 속에서 난임은 특정 세대만의 문제가 아니라 전 세대가 함께 풀어야 할 공동의 과제로 떠올랐다. 김지향 분당차병원 난임센터장은 이처럼 복잡하게 얽힌 문제를 해결하기 위해 의학의 발전과 AI 기술이 함께 해법을 모색해야 할 시점이라고 강조한다.

김 센터장은 난임 치료의 해법이 특정 의료인의 역량이 아니라 누구에게나 동일하게 적용될 수 있는 '표준화된 치료'에 있다고 강조한다. 환자가 어느 병원을 선택하든 같은 품질의 치료를 받을 수 있도록 하는 것, 그것이 오늘날 의료가 지향해야 할 기본이라고 말한다. 이를 가능케 하는 열쇠가 바로 AI 기술이다.

난임 치료는 단순한 시술이 아니다. 하나의 생명을 탄생시키기까지 수많은 결정을 거쳐야 한다. 배란 유도, 시술 시점, 배아 선택 등 모든 단계가 환자 상태에 따라 미세하게 달라야 하고, 그 선택들이 누적돼 최종 결과를 바꾼다. 김 센터장은 이 과정을 '디시전 메이킹의 나무'에 비유한다.

"의사의 머릿속에는 수천 가지의 치료 경로가 그려지며, 그중 어떤 길이 환자에게 가장 적합한지를 찾아야 한다. AI는 이 복잡한 구조를 정량화하고 분석해 최적의 선택을 도와주는 역할을 한다. 감에 의존하던 판단을 데이터 기반으로 구조화하는 것이다."

이미 실현된 대표적인 사례는 난자와 정자의 선별이다. 건강한 임신을 위해 필수적인 이 과정에서 AI는 사람의 판단과 유사한 수준의 평가를 수행할 수 있을 만큼 정교해졌다. 수많은 이미지와 데이터를 학습한 AI는 생식세포의 형태와 움직임을 분석해 임신 가능성이 높은 대상을 선별하는 데 활용된다.

물론 최종 결정은 의료진이 내리지만, 판단이 모호한 상황에서는 AI가 유용한 보조 수단이 된다. 무엇보다 AI는 지역과 환경의 격차를 줄이며 어디서든 동일한 수준의 진단과 치료를 가능케 한다. 의료진의 숙련도나 병원의 규모에 상관없이, 환자가 어느 병원에 가더라도 안심하고 치료받을 수 있는 환경이 조성된 셈이다.

김 센터장이 이끄는 연구팀은 현재 디지털 트윈 기술을 기반으로 한 난임 치료 시뮬레이션의 상용화를 앞두고 있다. 이는 환자의 생체 데이터를 바탕으로 가상공간에서 다양한 치료 시나리오를 실험할 수 있는 기술이다. 환자의 '디지털 복제본'을 만들어 다양한 치료 방법을 시도한 후 그중 성공 확률이 높은 전략을 실제 치료에 적용하는 것이다.

배아의 유전적 이상을 검사할 때, 지금처럼 침습적으로 세포를 채취하지 않아도 되는 방식으로의 전환 가능성도 커지고 있다. AI가 인간이 하지 못했던 부분까지 학습하며, 새로운 진단 기준을 만들고 있다. 이는 단순히 기존 진료방식을 효율화하는 수준을 넘어, 난임 치료의 패러다임 자체를 근본적으로 바꾸는 접근이다.

한편 스포츠 의학 등에서 활용되던 PRP(자가 혈소판 풍부혈장) 치료를 난임 분야에 적용한 연구도 진전을 보이고 있다. 자궁 내막과 난소 기능 개선에 효과가 입증됐고, 100명을 대상으로 한 임상 연구에서는 30% 이상이 긍정적인 반응을 보였다.

자궁 내막이 얇아 착상이 어려운 환자의 경우, 혈류 개선과 조직 재생을 통해 내막을 두껍게 하여 임신 성공률을 높이는 데 기여하고 있다. 시술이 간단하고 접근성이 좋아서 환자의 심리적 부담을 줄일 수 있다는 점도 장점이다. 비용이나 시간의 제약으로 고가의 치료를 포기했던 이들에게는 새로운 치료 옵션이 되고 있다.

더 나아가 AI는 환자의 곁에서 더 가까운 동반자가 될 것으로 보인다. 김 센터장은 LLM 기술을 활용한 '난임 특화형 대화형 AI'를 구상 중이다. 병원 문턱을 넘기 전부터 환자들은 자신의 상태를 가늠하고 궁금증을 해소할 수 있어야 한다는 것이다.

"환자들이 언제든 질문할 수 있고, 잘못된 온라인 정보를 대체할 수 있는 정확하고 신뢰도 높은 상담 도우미가 필요합니다."

전문 의료진의 지식을 바탕으로 구축한 소형 LLM이 정서적 지지와 정보 제공을 동시에 수행할 수 있다면, 이는 단순한 기술을 넘어 심리적 치료 역할도 수행할 수 있다.

장기적으로 그는 단 하나의 난자만으로도 임신과 출산이 가능한 기술 개발을 추진하고 있다. 난자 동결 기술의 정밀도를 높이고, 해동 이후 시술의 성공률을 끌어올리는 연구에 집중하며 인공 난자나 자궁을 통한 생식 기술 혁신도 구상 중이다. 이는 단순한 치료를 넘어 생식의 정의 자체를 다시 쓰려는 과학적 도전이라 할 수 있다. 과학기술의 발전이 생명의 시작 방식을 바꾸는 시대가 온다면, 그 출발점에 바로 이런 연구들이 있을 것이다.

0.72명이라는 절망적인 숫자 앞에서 AI와 의학이 함께 찾고 있는 희망의 싹. 그 작은 변화가 대한민국의 미래를 바꿀 수 있다.

교육

요즘 교육 현장은 완전히 달라졌다. 교실에서는 AI 튜터가 학생들과 대화하고, 직장인들은 AI가 추천하는 맞춤형 강의로 업무 능력을 키운다. 교육 기업들은 '교육 회사'에서 'AI 회사'로 변신하며 치열한 경쟁을 벌이고 있다.

왜일까? 간단하다. AI를 잡지 못하면 앞으로 교육 시장에서 살아남기 어렵기 때문이다. 에듀테크는 AI 덕분에 전례 없는 속도로 성장 중이다. 생성형 AI 튜터, 실시간 맞춤 피드백, 자동 학습 경로 설계 등 이전엔 상상하지도 못했던 교육 방식이 현실이 되고 있다.

AI 시대, 학습은 단순한 지식 전달을 넘어 'AI 리터러시' 교육으로 진화하고 있다. 교사도, 직장인도, 학생도 AI를 모르면 경쟁에서 밀릴 판이다. 현직 교사들은 재교육에 뛰어들고, 직장인들은 AI 활용법을 배우며, 학생들은 학교보다 먼저 AI를 익힌다.

교육 박람회 현장도 달라졌다. 예전에는 교재와 커리큘럼이 주인공이었다면, 지금은 누가 더 뛰어난 AI 솔루션을 내놓느냐가 승부를 가른다. 누가 더 빠르고 정교하게 학습 효과를 높일 수 있는지가 가장 중요한 경쟁 포인트다.

AI와 함께라면 학습은 개인 맞춤형으로 바뀌고, 교사의 부담은 줄어든다. 감정까지 읽는 AI도 등장해 '나만을 위한' 학습 경험이 가능하다. 이제

AI를 배우지 않으면 학교도, 직장도, 세상도 버티기 어려운 시대가 됐다.

　AI가 조용히 교육의 판을 바꾸고 있다. 앞으로 교실과 직장은 'AI와 함께 배우고 성장하는 공간'이 될 것이다. 그렇다면 당신은 그 변화에 올라탈 준비가 되었는가?

김승일 모두의연구소 대표

교육 시스템이 무너진다

"앞으로 5년 안에 기존 교육 시스템 자체가 무너질 수 있다."

김승일 모두의연구소 대표의 이 말은 단순한 예측이 아니다. 그는 지금의 교육 방식이 더 이상 미래 세대에게 설득력을 갖지 못할 것이라고 단언한다. 변화의 중심에는 AI 기술이 있다. AI가 단순히 학습 도구를 넘어 교육의 구조 자체를 뒤흔들 것이라는 얘기다.

모두의연구소는 그런 흐름에 가장 민감하게 반응한 실험장이었다. 김 대표는 2015년 '연구실은 반드시 대학원에 있어야 한다'라는 고정관념을 깨며 모두가 참여할 수 있는 커뮤니티형 연구소를 설립했다. 그는 모두의연구소를 '연구계의 에어비앤비'로 비유한다. 누구나 모여 함께 연구하고 배울 수 있는 열린 공간을 만든 것이다.

실제로 이 공간에서 놀라운 일들이 벌어졌다. 그가 꼽은 가장 인상 깊은 프로젝트는 '케어링노트랩'이다. 약사들이 독거노인 복약 지도를 할 때 겪는 불편함에서 시작된 프로젝트였다. 상담 내용을 하나하나 수기로 작성하는 데 평균 30분 이상이 걸렸는데, 이를 AI 도구로 해결해 5분으로 줄였다. 김 대표는 프로젝트의 핵심이 자발성에 있다고 강조한다. 연구자들이 직업이나 신분을 떠나 단지 문제 해결의 필요성과 공동의 비전을 공유하며 자발적으로 모였다는 것이다.

김 대표가 보는 전통적인 교육의 문제는 명확하다. 지식 전달형 방식에 머물러 있다는 점이다. 정답이 정해진 문제를 반복적으로 푸는 과정이 교육의 전부였고, 학생은 수동적인 수용자에 불과했다. 하지만 AI가 이러한 구조를 빠르게 대체하고 있다. 정보의 암기나 반복 훈련은 AI가 더 빠르고 정확하게 수행할 수 있기 때문이다.

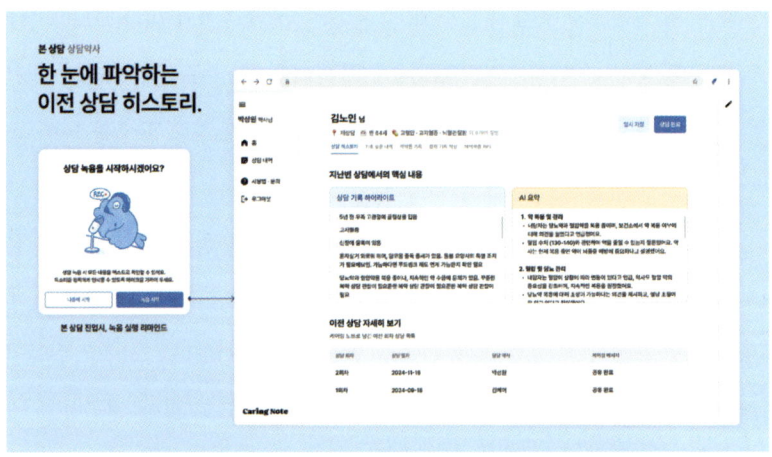

모두의연구소 '페이퍼샵' 프로젝트로 다양한 분야의 사람들이 모여 개발된 케어링노트. 이전 상담 히스토리를 AI가 요약한다. 이 플랫폼을 사용하면 복약 상담 시간을 30분에서 5분으로 단축할 수 있다.

> "이제 교육의 중심은 '얼마나 잘 외우는가'에서 '무엇을 상상하고 어떻게 실행하는가'로 이동하고 있다. AI 시대 사람은 AI로 무엇을 만들지 상상하고, 능동적으로 고민하고 실행하는 것에 집중해야 한다."

이미 이러한 변화는 현실에서 시작되고 있다. 사람들은 이제 AI 기술을 통해 정보를 배우는 것을 넘어 세상을 바꾸는 기술을 함께 연구하기 시작했다.

흥미롭게도 김 대표는 AI 발전 역시 커뮤니티 문화에서 비롯됐다고 강조한다. AI는 몇몇 거대 기업이나 천재 개발자에 의해 단독으로 만들어진 기술이 아니라는 것이다. 전 세계 수많은 연구자와 개발자가 자발적으로 모여 오픈소스를 공유하고, 서로의 실험과 실패를 나누는 커뮤니티 속에서 진화한 기술이라고 설명한다. 그는 AI를 '초대형 커뮤니티의 산물'로 표현한다.

그렇다면 우리나라가 AI 강국으로 도약하려면? 김 대표는 커뮤니티형 연구 생태계가 꼭 필요하다고 말한다. 단지 인프라나 자본을 투입하는 것만으로는 기술 선도국이 될 수 없다. 커뮤니티가 커질수록 더 많은 연구 결과와 논문이 나오고, 다양한 분야 간의 융합과 새로운 실험이 일어날 수 있다고 본다.

김 대표가 강조하는 미래 인재상은 명확하다. 결국 내가 팀장이 돼서 AI를 부릴 수 있는 사람이 돼야 한다는 것이다. 단순히 지식을 많이 아는 '지식인'이 아니라, 상상력을 바탕으로 실제로 무언가를 실행할 수 있는 사람이다. 하지만 이러한 인재는 현재의 주입식 교육으로는 결코 길러낼 수 없다. 그는 앞으로의 사회는 AI를 잘 활용하면서 상상력을 바탕으로 실제로 무언가를 실행할 수 있는 사람을 원한다고 말한다.

그는 커뮤니티형 교육의 핵심을 '재미'에서 찾는다. 앞으로 1~2년 안에 커뮤니티형 교육을 얼마나 재밌게 만들 수 있는가에 따라 미래 교육이 달라질 것으로 전망한다. 성장과 성과가 눈에 보이고 먹고사는 데 도움이 되는 구조로 이어진다면 교육의 판도가 바뀔 것이라는 얘기다.

"만약 지금처럼 비효율적이고 수동적인 교육이 계속된다면 학생들은 AI 시대에 어울리지 않는 지금의 교육 시스템을 스스로 외면하게 될 것이다."

김 대표의 예측은 급진적이다. 그가 그리는 교육은 이제 정답을 가르치는 일이 아니라 함께 질문하고 함께 길을 찾는 여정이다. 그리고 그 여정은 발전된 AI 기술, 커뮤니티 문화와 공유, 사람과 사람 사이에서 시작된다.

51

현준우 아이스크림미디어 대표

교실 주도권이 바뀐다

AI 기술이 교육 현장에 스며들면서 지금까지 당연하게 여겨졌던 '선발 중심' 교육의 구조가 흔들리고 있다. 현준우 아이스크림미디어 대표는 이제는 모든 아이를 인재로 키워야 할 시대라고 단언한다.

AI 시대의 교육은 선발이 아니라 성장 중심으로 전환되어야 한다고 강조한다. 기존의 교육 시스템은 경쟁을 전제로 지식을 암기하고, 시험 성적이 우수한 학생을 선별하는 데 초점을 맞췄다. 하지만 이제는 상황이 다르다. 국내 학령인구는 급감하고 있고, AI는 지식 전달의 효율성을 비약적으로 높이며 지식인의 역할을 대체하고 있다.

이런 시대에는 선택받는 몇 명이 아니라 각자의 속도로 성장할 수 있도록 돕는 교육이 필요하다. 학생 개개인의 흥미, 수준, 학습 스타일을 기반

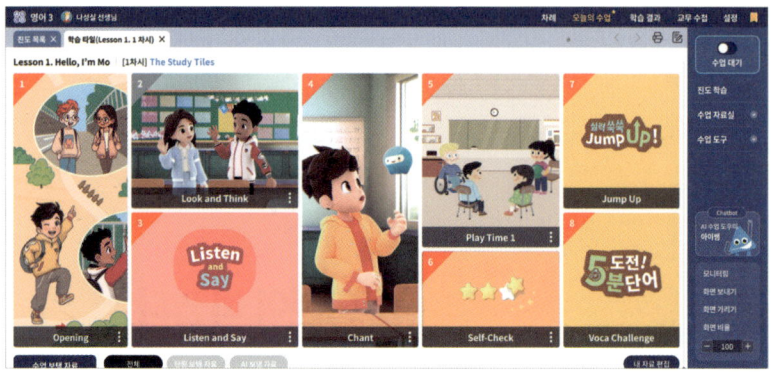
아이스크림미디어 영어 AI 디지털교과서 화면

으로 맞춤형 학습 경로를 설계하는 것이 더욱 중요해지는 이유다. 그리고 바로 그 지점을 가능하게 만드는 것이 AI 기술이다.

그는 실제로 아이스크림미디어 콘텐츠를 제작하면서 이러한 변화를 체감한다고 말한다. 과거에는 영어 학습용 챈트 하나를 만들기 위해 작곡가, 성우, 디자이너가 협업하고, 며칠씩 시간을 들이고, 제작비도 수십만 원 이상 들었다. 하지만 이제는 AI를 활용해 단 10분 만에 챈트를 완성할 수 있다. 교육 콘텐츠를 만드는 시간과 비용이 과거에 비해 획기적으로 줄었고, 단시간에 더 많은 콘텐츠를 생산할 수 있는 환경이 현실이 된 것이다.

그는 AI 시대는 교육의 중심이 '교사 중심의 티칭'에서 '학생 중심의 러닝'으로 전환돼야 한다고 말한다. 교사는 더 이상 지식을 일방적으로 전달하는 게 아니라 학습자의 자율성과 창의성을 이끌어주는 역할을 해야 한다. AI는 이러한 교사의 새로운 역할을 지원하는 기술이자 교사와 학생 간 상호작용을 풍부하게 만들어주는 동반자다.

하지만 이러한 전환은 기술만으로 일어나는 것은 아니다. 기술의 발전이 아무리 빨라도 현장 수용도나 정책 기반이 따라주지 않으면 공허한 구호에 그치게 된다.

아이스크림미디어는 AI 디지털교과서 발행사로 2025년 3월부터 영어 과목을 공교육 현장에 본격적으로 공급하고 있다. 하지만 과정이 순탄하지만은 않았다. 현준우 대표는 도입 초기부터 마주한 제도적 장벽들을 솔직하게 털어놓았다. 선행학습을 금지하는 규정은 AI 튜터의 개별 맞춤 콘텐츠 제공에 한계를 만들었고, 해외 클라우드 사용 금지는 글로벌 기술 연동의 폭을 좁혔다. 또한 챗GPT 같은 생성형 AI 모델을 직접 연동할 수 없다는 조항은 콘텐츠의 진화 가능성을 구조적으로 제약한다.

그는 AI 교과서가 현재 시점에서 완전하지 않더라도, 장기적인 관점에서는 공교육의 경쟁력을 높이는 핵심 도구가 될 수 있다고 예상한다. 시행착오와 초기의 불완전함은 새로운 기술이 교육 현장에 안착하는 데 피할 수 없는 과정이다. 중요한 것은 이 과정에서 얻은 피드백을 바탕으로 지속적인 개선과 조정이 이루어져야 한다는 점이다.

그는 공교육이 단기적 성과보다 더 긴 호흡으로 AI 기술을 수용해야 한다고 말한다. 정치적 변동이나 행정적 속도에 흔들리지 않고, 교육의 본질에 맞닿은 방향으로 꾸준히 나아가야 한다는 메시지다.

그는 공교육이 단기간 내에 급격하게 바뀌지는 않을 것이라고 조심스럽게 진단한다. 교육 현장은 기술보다 훨씬 느리게 움직이고, 이미 반영된 2022년 개정 교육과정이 몇 년간 지속되는 구조이기 때문이다. 그러나 AI 기술은 점진적으로 스며들어 수업의 설계 방식부터 학생 맞춤형 피드백, 학습 동기 유발 방식까지 교육의 생산성과 설계 구조를 천천히 재편할 것이다.

　미래의 교실이 당장 사라지지는 않겠지만 교실 안의 주도권은 확실히 변화할 것이다. 과거에는 교사가 중심이 돼 지식을 일방적으로 전달했다면, 앞으로는 학생이 중심이 되어 학습의 방향을 스스로 설계하고 탐색하는 구조로 전환될 것이다.

　"AI는 교육의 본질을 바꾸진 않겠지만, 교육이 작동하는 방식 전체를 바꿀 것입니다."

　이 모든 흐름에도 불구하고, 그는 AI가 교육의 본질을 대체할 수는 없다고 말한다. 아이들이 자신의 삶을 주체적으로 설계하고, 인간답게 성장하는 것이 가장 중요하다고 강조한다. AI 시대일수록 창의력과 사고력, 문제 해결력을 키워주는 교육이 더욱 중요해질 것이다. 그는 AI가 이러한 성장을 가능하게 만드는 지렛대 역할을 할 수 있다고 말한다. 지렛대는 본질을 대신하지 않는다. 다만 본질이 더 멀리, 더 높이 나아가게 도와줄 뿐이다.

52

김재원 엘리스그룹 대표

AI 못 쓰면 문맹이다

서울의 한 제조업체에서 30년 넘게 일한 베테랑 생산직 김 씨는, AI 로봇과 일하게 된다는 통보에 해고 걱정이 앞섰다. 하지만 실제로는 로봇이 무거운 부품을 나르고, 김 씨는 정교한 조립과 품질 검사를 맡게 되었다. 숙련된 기술의 가치가 높아졌다는 기쁨과 함께 로봇과 소통하는 새로운 기술을 배워야 한다는 과제가 생겼다.

김재원 엘리스그룹 대표는 AI 기술이 빠르게 발전하고, 인간이 하는 일을 AI가 일부분 대체할 수 있을 정도의 능력을 갖추면서 재교육의 필요성도 그 어느 때보다 커지고 있다고 말한다. 그는 이러한 변화에 대응하기 위해 산업 재편의 속도에 맞춰 교육이 먼저 혁신해야 한다고 강조한다.

생성형 AI의 확산이 글과 이미지, 언어 등 정보 중심의 작업을 빠르게 자동화시켰다면, 다음 단계인 피지컬 AI는 인간의 신체적 활동까지 대체할 수 있는 기술이다. 똑똑한 지능을 가진 기계가 산업 전반에 도입된다면 기존의 인력 체계를 완전히 바꿀 수 있다.

김 대표는 이 변화를 산업구조 자체의 재편이라고 표현한다. 피지컬 AI는 생산라인에서 로봇과 협업하거나, 물류센터에서 자동화 장비가 인간의 손발을 대신하고, 건설이나 농업 현장에서도 일정 수준 이상의 판단과 반복적 동작을 수행할 수 있다.

김 대표는 이러한 산업 변화 속도에 맞추려면 기존의 일회성 교육으로는 감당할 수 없다고 말한다. 기술에 적응하려면 전 생애에 걸친 지속 가능한 재학습 체계가 꼭 필요하다는 것이다. 특히 피지컬 AI 시대는 단순한 기술 습득을 넘어, 디지털 리터러시와 AI 리터러시가 곧 생존 역량이 되는 시대다. 그는 AI 도구를 이해하고 활용할 수 있는 능력인 AI 리터러시가 문해력만큼이나 중요한 기초 소양이 될 것이라고 말한다.

"미래형 문맹은 글을 모르는 사람이 아니라 AI를 활용할 줄 모르는 사람입니다."

김 대표는 최근 몇 년간 교육 현장에서 AI 재교육 수요가 눈에 띄게 증가했음을 체감하고 있다. 그는 지금이 단순한 기술 트렌드 전환의 시기가 아니라 교육의 방식과 구조 자체가 재편되는 시기라고 말한다. 지난 100여 년 동안 국어·영어·수학 외에 정보라는 과목이 공교육의 필수 학문으로 추가된 유일한 사례였다는 점을 강조하면서, 지금은 교육이 AI 중심으로 확장되고 있는 전환기에 있다고 진단한다.

그가 이끄는 엘리스그룹은 이러한 관점에서 AI 교육 솔루션을 개발해 제공한다. 학교뿐만 아니라 재직자 대상의 직무 교육을 하고 있다. 2025년 3월 처음 학교에 도입된 AI 디지털교과서도 개발했다. 중학교 정보 과목에 개발사로 참여해 2종이 검정에 합격했다. 자체 개발한 생성형 AI 튜터 'AI 헬피'도 해당 AI 디지털교과서에 적용됐다.

엘리스그룹이 지향하는 미래 교육 모델은 더 이상 정답을 맞히는 시험 중심의 교육이 아닌 양방향 소통 기반의 실습형 학습, 그리고 프로젝트 중심의 협업형 교육이다. 학습자가 단순히 콘텐츠를 소비하는 수동적 존재가 아니라 문제를 제기하고, 질문을 던지며, 실시간 피드백을 통해 학습을 스스로 설계해 나가는 구조를 지향한다.

무엇보다 AI 교육에서 중요한 것은 데이터와 인프라다. 김 대표는 AI 기술이 제대로 작동하려면 안정적이고 탄탄한 데이터와 인프라가 필요하다고 강조한다. 이 때문에 엘리스그룹은 최근 이동형 데이터센터(PMDC, Portable Modular Data Center) 사업에도 진출했다.

이런 관점에서 김 대표는 재교육이 일회성 특강이나 단기 캠프 수준을 넘어, 생애주기별 교육 체계로 제도화돼야 한다고 본다. 특히 기존의 교육 인프라만으로는 이 모든 수요를 감당할 수 없으므로, 기업과 정부 그리고 민간이 유기적으로 협력하는 생태계가 필요하다고 말한다.

"앞으로는 변화에 맞춰 자기 능력을 재정의하고, 새로운 역할을 할 수 있는 유연성이 AI 시대의 인재를 규정짓는 기준이 될 것입니다."

53

이강민 데이원컴퍼니 대표

미래를 바꾸는 자,
AI 챔피언

"AI를 제대로 쓸 줄 아는 '챔피언'이 현장에 필요한 AI를 만들어가면 세상이 바뀐다."

이강민 데이원컴퍼니 대표가 한 말이다. 불과 1~2년 전까지만 해도 일부 IT 업계와 개발자들의 전유물이었던 AI가, 이제는 일반 직장인에게도 '업무의 기본 도구'로 자리 잡고 있다. AI 기술은 더 이상 선택이 아니라 생존을 위한 역량이 되고 있는 것이다.

그는 성인 AI 교육 콘텐츠 수요가 급증하는 현장을 가장 가까이에서 목격하고 있다. 그가 이끄는 데이원컴퍼니는 성인 실무 교육을 제공하는 기업이다. 성인 교육 시장에서 나타나는 변화의 속도는 예상을 훌쩍 뛰어넘는다. 최근 AI 관련 콘텐츠 매출이 1년 반 만에 5배 가까이 성장했다. 전체 매출의 30% 이상을 차지하게 된 AI 교육 분야는 과거 영상, 모바일 콘텐츠, 마케팅 등 그 어떤 인기 교육 콘텐츠보다 교육 수요 속도가 빠르게 증가하고 있다.

눈에 띄는 점은 이 흐름에서 한국이 가장 빠르게 움직이고 있다는 것이다. 그는 미국이나 일본보다 한국이 실용적인 AI 사용 역량 면에서 가장 앞서 있다고 말한다. 국내 사용자들은 챗GPT 같은 생성형 AI를 단순한 대화용 도구가 아닌 실질적인 업무 파트너로 활용하고 있고, 이 흐름이 성인 교육 시장에 그대로 반영되고 있다.

데이원컴퍼니의 사내독립기업(CIC) 가운데 AI 교육 콘텐츠 개발을 담당하는 패스트캠퍼스는 AI 관련 교육 강의를 월 20개 이상 새롭게 선보이고 있다. 그는 사람들이 AI가 중요하다는 것은 알고 있지만, 아직 AI를 일에 어떻게 활용해야 하는지는 모른다고 말한다. 강의 중 '직장인을 위한 700가지 AI 활용법'이 한 달 만에 1억 원 이상의 매출을 올릴 정도로 이에 대한 궁금증이 높다.

직장인들은 이를 실질적인 업무에 어떻게 활용할 수 있을지 절실히 알고 싶어 한다. 이들은 전문가이기도 하고, 일반 직장인이기도 하다. 데이원컴퍼니가 제공하는 AI 교육 콘텐츠는 세 가지 방향으로 나뉜다. 첫째는 의료, 법률 등 도메인 전문가를 위한 AI 교육, 둘째는 일반 직장인을 위한 생산성 향상 중심의 교육, 셋째는 개발자를 위한 인프라 구축 중심의 기술 교육이다.

이 중에서도 가장 빠르게 성장하고 있는 분야는 단연 엔지니어링 영역

이다. 기업들이 AI 환경을 빠르게 도입하고 있는 가운데, 이를 뒷받침할 수 있는 기술 인력 확보가 절실한 과제가 됐다. 실제로 개발자를 대상으로 한 교육 수요는 매우 즉각적이고 실질적인 성격을 띤다. 단순한 이론보다는 실무 적용과 관련된 학습이 핵심이다. 실습 중심의 콘텐츠 구성은 이러한 니즈에 부합한다.

대기업을 중심으로 도메인 전문가에게 AI 기술을 접목해 새로운 역할을 부여하려는 움직임도 활발하게 진행 중이다. 예를 들어, 법무팀에서는 반복적이고 규칙 기반으로 진행되던 계약서 검토 업무를 AI에 맡기고 있다. 이 과정에서 도메인 전문가는 더 이상 단순한 실무자가 아니라 AI를 이해하고 설계할 줄 아는 'AI 챔피언'으로 거듭난다.

AI 기술은 이제 단순한 '기술'이 아닌 일하는 방식 전반을 바꾸는 촉매로 작동한다. 그는 이러한 기술적 전환의 흐름이 교육 수요의 폭발적 증가를 이끄는 주요한 원동력이라고 분석한다. 새로운 기술이 등장할 때마다 이에 발맞춘 학습 수요는 폭발적으로 증가해 왔다. 컴퓨터가 보급되면서 엑셀과 워드를 배우는 것이 당연한 일이 됐고, 스마트폰이 일상화되면서 모바일 콘텐츠 제작이나 앱 활용 교육이 대중화된 것처럼, 지금은 AI를 반드시 배워야만 한다는 분위기가 사회 전반에 퍼지고 있다.

그는 현재의 AI 교육 시장을 19세기 골드러시에 비유한다. 금을 캐는 사람들 못지않게 곡괭이와 청바지를 판 이들이 성공을 거두었듯이, AI 기술을 개발하거나 직접 활용하는 이들뿐만 아니라, 이를 제대로 가르치고 설명할 수 있는 교육 기업 역시 새로운 기회의 중심에 서 있다고 말한다.

향후 4~5년 안에 AI는 지금의 컴퓨터 혹은 스마트폰처럼 직장인의 기본기가 될 것이다. 다시 말해 AI 없이 일하는 걸 상상할 수 없는 환경이 도래할 것이라는 전망이다. 그리고 이 시기에 AI 교육을 받는 일은 단순한 스킬 습득을 넘어, 새로운 시대에 살아남기 위한 첫 번째 생존 전략이 될 것이다.

결국 교육 기업의 경쟁력은 변화의 속도를 얼마나 빠르게 감지하고, 그에 맞는 콘텐츠를 얼마나 신속하게 제공할 수 있는지에 달려 있다. 금을 캐는 사람보다 곡괭이와 청바지를 먼저 내놓은 자가 성공했듯이, 지금은 AI 교육을 잘 공급하는 자가 진짜 기회를 거머쥘 순간이다.

❺ 국방 & 안보

2030년 어느 날, 적군 기지를 향해 날아가는 미사일이 갑자기 진로를 바꾼다. 목표 지점에 민간인이 감지됐기 때문이다. 미사일은 스스로 판단해 옆 건물로 경로를 수정하고, 정확히 군사 목표물만 타격한다. 이 모든 과정에서 인간은 단 한 번도 개입하지 않았다.

공상과학 영화 같은 얘기? 천만에! 지금 전 세계 군대가 이런 미래를 위해 혈안이 되어 있다.

우크라이나 전쟁이 터지면서 세상은 깨달았다. 21세기 전쟁은 더 이상 사람이 방아쇠를 당기는 게 아니라는 것을. 하늘에서 윙윙거리는 드론들이 전장의 주인공이 되었고, AI가 누구를 공격할지 결정하기 시작했다. 마치 체스 게임처럼 기계와 기계가 싸우는 시대가 열린 것이다.

가장 충격적인 변화는 속도다. 예전엔 적의 위치를 파악하고, 상부에 보고하고, 명령을 받아 공격하는 데 몇 시간이 걸렸다. 지금은? AI가 0.1초 만에 적을 식별하고, 0.2초 만에 공격 계획을 세우고, 0.3초 만에 미사일을 발사한다. 인간의 사고 속도로는 따라갈 수 없는 영역이다.

더 무서운 건 AI가 사람보다 냉정하다는 점이다. 공포도 없고, 분노도 없고, 망설임도 없다. 오직 데이터와 확률로만 판단한다.

"적군일 확률 97.3%, 민간인일 확률 2.7%, 공격 개시."

이런 식으로 말이다. 전쟁에서 인간적 오류를 줄이는 완벽한 도구라는 건 인정하지만, 다른 관점에서는 섬뜩하기 그지없다. 물론 한국군도 가만 있는 건 아니다. 출생률 0.72명이라는 절체절명의 위기 앞에서 AI는 선택이 아닌 필수가 됐다. 줄어드는 병력을 AI로 보완해야 하고, 북한의 미사일을 막으려면 사람보다 빠른 AI 방어 시스템이 필요하다.

하지만 현실은 녹록지 않다. 정부에서는 'AI 강군'을 외치지만, 정작 최전방 GOP(일반전초)에서는 챗GPT조차 쓸 수 없다. 보안이라는 이름으로 모든 게 차단돼 있다. 북한군이 우크라이나에서 최신 드론 전술을 배우고 있는 동안, 우리 군인들은 여전히 아날로그 시대에 갇혀 있다.

아이러니하게도 가장 앞서가는 건 민간 게임 회사들이다. 실시간 전략 게임에서 AI가 수천 개의 유닛을 동시에 조종하며 복잡한 전술을 구사하는 기술을 이미 상용화했다. 군대보다 게임이 더 미래적인 상황이다.

전문가들은 말한다. 5년 후면 대부분의 무기에 AI가 기본으로 탑재될 거라고. 총알 하나하나가 GPS를 달고 스스로 목표를 찾아가는 시대가 온다는 것이다. 우리가 준비되어 있지 않으면, 전쟁은 시작되기도 전에 끝날지도 모른다.

미래 전쟁은 더 이상 누가 더 용감한지를 묻지 않는다. 누가 더 똑똑한 AI를 갖고 있느냐만 묻는다. 그리고 그 답을 찾기 위한 경주는 이미 시작됐다.

54

유용원 의원

AI 강군 육성, 지금이 전환점

북한군은 실전 경험을 쌓는데, 우리 군은 챗GPT도 못 쓴다.

우크라이나 동부 전선에서 북한군 특수부대원이 러시아제 FPV(일인칭 시점) 드론을 조종해 우크라이나군 진지를 공격하고 있다. 몇 개월 전만 해도 구식 무기로 무장한 채 인해전술에만 의존한다고 여겼던 북한군이 21세기 첨단 전쟁에 직접 뛰어들어 있는 것이다.

같은 시각, 휴전선 남쪽 최전방 GOP에서는 한국군 병사가 북한군 동태를 감시하고 있다. 하지만 드론도, AI 분석 도구도, 심지어 챗GPT 같은 기본적인 AI 서비스조차 사용할 수 없다. 보안을 이유로 모든 것이 차단된 상태다.

이것이 2025년 한반도의 현실이다. 북한군은 최신 실전 데이터를 축적하며 미래전에 대비하는데, 한국군은 'AI 강군'을 외치면서도 정작 현장에서는 AI와 담을 쌓고 있다.

문제는 이러한 첨단 전장의 경험을 북한군이 그대로 습득하고 있다는 점이다. 우크라이나에 파병된 북한군 1만 2,000명은 드론전, 전자전, 하이브리드전 등 최신 전쟁 양상에 대한 실전 데이터를 계속해서 축적하고 있다. 더욱 우려스러운 것은, 이들 대부분이 11군단이나 정찰총국 소속 특수부대원이라는 사실이다. 유사시 한반도 후방으로 침투해 교란·공격 임무를 수행하는 정예 병력이다. 일부라도 생환한다면 북한군은 차세대 기술 기반의 현대전을 경험한 군대로 발전할 가능성이 크다.

반면 한국군은 인구 감소로 병력 급감이 불가피한 상황에 직면해 있다. 출생률 0.72명이라는 충격적인 수치는 국방력에도 직격탄이 되었다. 지금도 DMZ 최전방 지역에는 수많은 병력이 경계를 서고 있지만, 그 인력들이 줄어드는 건 시간문제다. 이에 대한 대안으로 떠오른 것이 바로 국방 AI다. AI 기반 과학화 경계 시스템을 구축해 줄어드는 병력 문제를 보완하고 첨단화된 전력 체계를 갖추자는 것이다.

전장에서 AI는 이제 '게임체인저'로 자리 잡고 있다. 대표적인 사례가 팔란티어의 고담(Gotham) 프로그램이다. 정책 결정자의 '결심'을 지원하는 시스템으로 적의 위치, 무기 움직임, 방공망 상태 등 수많은 데이터를 실시간으로 분석해 요격 우선순위나 방어 방향을 빠르게 제시한다. 탄도미사일, 순항미사일, 드론이 동시에 날아오면 AI는 어떤 무기를 먼저 요격할지 신속하게 판단해 준다.

31년간 국방부를 출입한 군사 전문 기자 출신 유용원 국민의힘 의원은 이 같은 전쟁 양상의 변화를 직접 보기 위해 2025년 2월 우크라이나를 방문했다. 현직 국회의원의 단독 방문으로는 처음이었다. 그는 짧은 기간이었지만, 현대전이 확실히 드론전과 전자전이 주도하는 전장이라는 사실을 체감했다고 전했다. 드론 대 드론 기술이 창과 방패처럼 맞물려 발전하고, 전자전을 위한 장비가 등장하면 그에 대응해 광섬유 기반 드론이 출현하는 등 기술이 곧 무기였다.

하지만 한국의 국방 AI 현실은 첨단 기술과는 거리가 멀다. 유 의원은 국방 강화를 위해 AI 기술이 필요하다고 강조하지만, 지금 한국이 과연 AI를 국방에 적용할 준비가 되어 있는지는 의문이다. 한국 국방 AI가 직면한 가장 큰 문제는 보안을 명분으로 한 과도한 제약이다. 정부 차원에서는 AI를 강조하지만, 현장에서는 이를 전혀 체감하지 못하고 있다. 부대 내에서는 챗GPT 같은 기본적인 AI 도구조차 사용할 수 없으며, AI 전문 인력도 전무하다.

군은 여전히 폐쇄적인 인트라넷 환경에 갇혀 있다. 핸드폰 사용도 보안 프로그램과 방화벽으로 엄격히 제한된다. 이런 상황이라 군 장병들은 'AI 강군'이라는 목표에 전혀 공감하지 못하고 있다.

이러한 현실은 방산 기업에도 그대로 반영된다. AI 강군을 육성하려면 방산 기업과의 협업이 필수지만, AI 전문가에게 방산 기업은 매력적인 선택지가 아니다. 다른 기업들은 재택근무로도 AI 개발이 가능한데, 방산 기업은 보안상 지정된 공간에서만 업무를 할 수 있다. 유연한 근무를 선호하는 고급 인재들에게는 큰 제약이고, 결국 이들이 회사를 떠나면 국방 AI는 인재 부족으로 제대로 된 추진조차 어려운 상황이 될 수 있다.

국방 AI 발전의 또 다른 걸림돌은 데이터 접근성이다. AI는 학습을 위한 데이터가 필요하고, 이를 저장·처리하기 위해 클라우드 인프라도 필수적이다. 하지만 보안을 이유로 국방 분야에서의 클라우드 활용은 극히 제한되어 있다. 미국 펜타곤은 클라우드를 적극 활용하며 국방 AI 기술을 도약시켰지만, 한국은 민간 연구기관이나 기업들이 국방 데이터를 다루는 클라우드에 접근하지 못해 개발 환경 자체가 뒤처진 것이다.

"정부가 보안을 이유로 막고만 있어선 안 된다. 일정 수준의 융통성이 필요하다."

유 의원은 데이터를 '보안'이라는 이름으로 가둬놓기만 할 게 아니라, 안전하게 활용할 수 있는 방안을 모색해야 한다고 강조한다. 대통령 직속 국방혁신위원회를 통해 이 문제를 다뤘고, 국정원 등과도 여러 차례 회의를 거쳤지만, 실질적인 진전은 더디기만 하다고 지적했다.

이런 상황에서 AI 기술이 핵무기에 비견될 정도로 강력한 무기로 인식되고 있는 만큼, 통제할 수 있는 방식으로 개발되어야 한다는 목소리도 커지고 있다. 영화 〈터미네이터〉의 '스카이넷'처럼 AI가 인간의 통제를 벗어나 전쟁을 일으킬 수 있다는 우려 때문이다. AI 무기체계의 발전과 동시에 통제 기술과 정책 마련이 병행돼야 한다는 것이 유 의원의 조언이다.

향후 무기체계의 발전 방향 중 하나는 '유무인 복합체계'다. 유인 전력과 무인 전력이 AI를 매개로 협업하는 구조를 말하는데, 사람이 위험에 직접 노출되지 않고 AI가 임무를 분담하거나 먼저 상황을 파악해 전달하는 체계다. 이를 구축하려면 단순한 기술개발을 넘어 AI 인재 양성, 국방 R&D 투자 확대, 윤리 기준 마련 등 전방위적인 정책 접근이 필요하다.

북한군이 우크라이나 전장에서 실전 데이터를 쌓고 있는 지금, 한국은 여전히 보안과 개방성 사이에서 갈등하고 있다. AI 강군을 실현하기 위해서는 기술 도입을 넘어 인식의 전환과 구조적인 기반 마련이 시급하다.

보안과 개방성 사이에서 균형을 잡고, AI 인재들이 일할 수 있는 환경을 만들어야 한다. 안전한 클라우드 활용 방안을 마련하고, 현장에서 체감할 수 있는 AI 도구들을 단계적으로 도입해야 한다. 그렇지 않으면 AI 기술 발전과는 무관하게 한국 국방은 과거의 틀에 머물 수밖에 없다.

미래 전쟁은 이미 시작됐지만, 한국은 아직 출발선에도 서지 못한 상황이다. 북한군이 첨단 무기 다루는 법을 배우고 있는 동안, 우리 군은 여전히 챗GPT조차 사용할 수 없는 현실을 바꿔야 할 때다.

55

심병섭 KAI 개발팀장

모든 무기에 AI가 탑재된다

5년 후 대부분의 무기체계에는 AI가 기본적으로 적용된다는, 심병섭 한국항공우주(KAI) AI개발팀장의 전망은 단순한 예측이 아니다. 그는 AI 기술의 발전으로 미래 무기체계에 AI가 기본 탑재되며, 이는 전장 환경을 근본적으로 바꾸는 변화가 될 것이라고 강조한다.

전통적인 군사적 위협을 넘어 초군사적·비군사적 위협으로 현대 전쟁의 양상은 급격히 변화하고 있다. 육·해·공을 넘어 우주와 사이버 영역까지 전장의 범위가 확장되는 변화의 중심에는 바로 AI 기술이 있다.

AI는 국방 분야에서 대량의 정보를 신속하게 처리할 수 있어 인간의 판단을 돕는 핵심 도구로 자리 잡았다. 곽기호 국방과학센터 국방AI센터장에 따르면, AI는 정보를 빠르고 정확하게 분석함으로써 인간이 이성과 경험에 기반해 판단하고 수행할 수 있도록 돕는다. 또한 인간의 인식, 판단, 결심 능력을 보강해 전투력을 향상시키는 지능형 정보체계 개발도 가능하게 한다.

현재 AI 기술은 어느 수준까지 적용되고 있을까? 심병섭 팀장은 목표를 발견하고 표적을 식별한 후 대응하는 전 과정을 일괄적으로 수행하는 수준의 AI는 아직 실현되지 않았다고 말한다. 지금은 영상이나 이미지 정보를 이용한 객체의 탐지, 표적 식별 등에서 주로 활용되고 있다. 이는 AI 기술이 아직 초기 단계지만, 빠른 속도로 발전하고 있음을 시사한다.

AI 기술의 장점은 명확하다. 대량의 정보를 신속하게 처리하고, 다양한 정보를 융합해 분석할 수 있다. 하지만 한계도 존재한다. 심병섭 팀장은 AI의 추론 과정을 논리적으로 설명하기 어렵기 때문에 결과에 대한 신뢰성과 안전성 확보에 한계가 있다고 설명한다.

더욱 우려되는 점은 AI 기술의 민주화다. AI를 누구나 쉽게 만들 수 있게 되면서, 안보를 해치는 기술까지 보편화될 수 있다. 테러단체 등이 AI를 악용하면 전방과 후방이 따로 없는 전쟁터가 될 수 있다는 뜻이다.

AI 기술개발에 가장 큰 어려움은 데이터 확보와 학습 환경 구축이다. 심병섭 팀장은 무기용 AI 개발을 위한 전략적 데이터 확보와 물리적 학습 환경 조성이 가장 큰 과제라고 말한다. 예를 들어 북한의 이동식 미사일 발사대를 식별하려면 다양한 상황에서의 이미지와 영상 데이터가 필요하지만, 현실적으로 그런 데이터를 확보하기가 쉽지 않다.

그렇다면 AI를 어떻게 학습시킬 수 있을까? 그는 자율비행과 전투 분야에서도 주로 강화학습이 활용된다고 설명한다. 실제 비행이나 전투 훈련을

KAI가 전시한 KF-21과 유무인 전투복합체계

통해 데이터를 축적할 수 있다면 좀 더 정밀한 AI를 개발할 수 있겠지만, 실제로 이런 환경을 구축하기엔 학습 비용이 기하급수적으로 증가한다는 문제가 있다.

 KAI는 이러한 도전에 발맞춰 적극적인 연구개발을 진행하고 있다. 무인기 분야에서 연구하고 있는 핵심 기술은 'AI 파일럿'이다. 심병섭 팀장은 조종사나 통제자의 지속적인 개입과 통제 없이 자율적으로 임무를 수행할 수 있는 AI 파일럿을 개발하고 있다고 밝혔다. 구체적으로는 센서와 유인기 등 다양한 소스의 정보를 분석해 전장 시황을 판단하는 AI, 주어진 목표까지 자율적으로 비행하는 비행지능, 공대지·공대공 등의 전투지능과 협업지능을 개발 중이다.

양산 준비 중인 KF-21과 FA-50 같은 주력 항공기에 AI 기반의 무인기를 활용한 유무인 복합전투체계를 구축하면 K-방산의 수출 경쟁력이 크게 향상될 것으로 기대한다.

KAI는 단계별 목표를 설정했다. 단기적으로는 소모성 무인기에 적용할 AI 기술을 확보해 사업화와 전력화를 추진한다. 장기적으로는 유무인복합 또는 무무인복합 기반의 차세대 공중전투 체계를 구축해 글로벌 시장에서 경쟁 우위를 확보할 계획이다.

무인기에 AI를 적용했을 때의 효과는 상당하다. 자율성의 증가로 인력 의존도가 감소하고, 위험지역이나 군사적으로 적의 화력이 집중된 지역에서도 임무 수행이 가능해 아군 희생을 최소화할 수 있다. 또한 AI의 대량 정보 처리와 정확한 정보 분석은 임무와 작업의 효율성을 극대화시킬 것이다.

미래전 양상에 대한 심병섭 팀장의 전망은 명확하다. 유인체계에서 무인체계로의 급속한 전환이 이뤄진다는 것이다. 하나의 우수한 무기체계로 전력 우위를 달성하는 것이 아니라, 소모성 무인체계의 양적 우위와 체계의 질적 우위 둘 다 중요한 요소가 될 것으로 본다.

이미 미국과 중국을 비롯한 주요 국가들은 AI 기반의 무인기와 유인기로 구성된 차세대 공중전투체계를 개발 중이다. 현재 AI를 활용한 유무인 복합 전투체계와 무인기는 미래 공중전투체계에서 게임체인저로 평가받고 있다.

향후 1~2년 안에 이뤄질 AI 기술 발전에 대한 전망도 주목할 만하다. 미국 트럼프 정부의 정책 변경으로 AI에 대한 규제보다 기술개발 쪽에 무게가 실리고 있다. AI 안전과 신뢰 확보를 정책 우선으로 삼던 유럽도 기술

개발 우선 정책으로 전환했다. 미국, 중국 및 유럽을 중심으로 AI를 안보와 무기에 적용하려는 기술개발과 투자가 확대될 것으로 보인다.

실제로 러시아-우크라이나 전쟁 및 이스라엘-하마스 분쟁에선 드론을 활용한 전략들도 속속 보이기 시작했다. 러시아의 자체 개발 드론인 'ZALA 란쳇(Lancet)'은 우크라이나 장비들을 요격했고, 우크라이나 또한 드론을 정찰과 물자 수송 등에 활용 중이다. 하마스는 드론을 이용한 '스워밍' 전술로 감시 카메라를 무력화시키거나 로켓 공격 등에 활용한다.

이러한 사례들을 통해 축적된 데이터와 경험들이 AI 기술로 점차 전환될 전망이다. AI 기술 발전에 따라 무인체계로의 전환은 더 빨라질 것이다. 심병섭 팀장은, 방산업계가 이러한 변화에 대응하기 위해 우수한 인적자원 유치와 기술개발에 집중해야 할 시점이라고 강조한다.

"무인체계 전장의 시대는 이미 시작됐다."

심병섭 팀장의 이 말은 AI가 국력인 시대가 도래했다는 것을 보여준다. 이제는 얼마나 빨리, 얼마나 효과적으로 이 변화에 적응하느냐가 국가 안보와 산업 경쟁력을 좌우할 핵심 요소가 될 것이다.

서상덕 S2W 대표

당신을 겨냥한 완벽한 시나리오, AI 지능형 범죄

"안녕하십니까. 검찰청에서 전화하는 겁니다. 당신 명의로 대출 사기 사건이 들어와서 지금 당장 확인해야 합니다."

예전에는 어색한 억양과 서툰 말투로 금세 들통나는 게 보이스피싱이었다. 그런데 달라졌다. AI가 범죄 대상자의 SNS를 분석해 관심사를 파악하고, 최근 대출 이력까지 조사한 후 완벽한 맞춤형 사기 시나리오를 짜낸다. 심지어 가족의 목소리까지 정교하게 흉내 내며 긴급상황을 연출한다. 기술의 진보가 범죄의 진화로 이어지는 아이러니한 상황이 펼쳐진 셈이다.

AI는 분명히 우리 삶을 편리하게 만들었다. 챗GPT가 업무 효율을 높여주고, 음성 인식 기술이 일상을 스마트하게 바꿔놓았다. 하지만 동시에 이 기술들은 범죄자들에게 강력한 무기가 되기도 했다. 어설픈 번역투와 어색한 문장 구성만 봐도 피싱 메일을 알아챌 수 있었지만, 생성형 AI의 등장으로 상황이 완전히 달라진 것이다.

AI는 이제 개인의 관심사, 직업, 대출 이력까지 학습한 후 그 사람만을 노리는 사기 메시지를 정교하게 만든다. 천 명이면 천 명 모두에게 각각 다른 내용을 담은 맞춤형 이메일을 보내는데, 비용도 거의 들지 않는다. 주식에 관심 많은 사람에게는 투자 사기로, 최근 대출받은 사람에게는 금리 인하 사기로 접근하는 식이다. 개인의 주의력만으로는 더 이상 막을 수 없을 정도로 정교하다.

AI 범죄의 진화는 여기서 그치지 않는다. 프롬프트 인젝션을 통해 생성형 AI에서 마약 제조법을 빼내려는 시도부터, 딥페이크를 활용한 영상 조작까지 그 양상이 갈수록 다양해지고 있다. 완벽한 가짜 문서, 진짜 같은 음성 합성, 개인 맞춤형 사기까지 등장하면서 무엇이 진실인지 판단하기 어렵다. 이는 단순히 기술적 문제를 넘어 사회 전체의 신뢰 체계를 흔든다.

마약 거래, 보이스피싱, 가상자산을 이용한 자금 세탁 등 디지털 범죄는 점점 더 지능화되는데, 그 흐름의 중심에는 다크웹과 암호화 메신저가 있다. 범죄자들은 텔레그램 같은 플랫폼을 통해 마약을 유통하고, 다크웹에서 원료를 거래한다. 추적을 피하려고 계속 새로운 계정을 만들고, 아이디를 바꿔가며 활동하는 패턴도 보인다.

이런 위협에 맞서기 위해 AI 기술 자체를 방패로 삼는 접근법이 등장했다. KAIST에서 시작된 S2W 같은 보안 기업들은 다크웹과 텔레그램 등 기존 검색으로는 접근하기 어려운 영역의 데이터를 수집·분석해 수사기관에 솔루션을 제공한다. N번방 사건이나 마약 수사에서도 이런 기술들이 활용되었다.

> "챗GPT 같은 생성형 AI의 등장은 범죄 양상을 완전히 바꿔놓았다. AI가 만들어낸 위협을 막기 위해선 이제 AI 자체를 방패로 삼아야 한다."

서상덕 S2W 대표의 경고다. 백신 프로그램처럼 새로운 공격 방법이 알려질 때마다 이를 분석해 대응책을 만들어야 한다고 조언한다. 악의적인 사용자가 시스템을 마비시키려는 시도나 과도한 자원 사용을 유도하는 질문들을 미리 차단하는 방어 체계를 구축하는 것이다.

하지만 기술적 대응만으로는 한계가 있다. 개인의 주의력에만 의존할 수 없는 현실이 되었으니 대응 전략도 시스템 차원으로 진화해야 한다. 사기범들이 사용하는 해외 가짜 핸드폰이나 대포 통장 같은 범죄 인프라 자체를 원천 차단해야 한다는 뜻이다. 스마트폰 회사, 통신사, 인터넷 회선 업체들이 협력해 수상한 루트로 들어오는 전화를 추적하고 차단하는 시스템이 필요하다. 사기를 치려면 엄청난 비용과 노력이 들도록 만든다는 전략이다.

동시에 AI 범죄 탐지 기술의 고도화도 필요하다. 범죄자들이 AI를 악용하는 속도만큼 이를 탐지하는 AI 기술도 발전해야 한다. 가짜 음성을 구별하는 기술, 조작된 이미지를 찾아내는 알고리즘, 비정상적인 통신 패턴을 감지하는 시스템 등이다. 다만 개인정보 보호와 범죄 예방 사이의 균형점을 찾는 것도 중요하다. 과도한 감시는 프라이버시를 침해하지만, 너무 느슨하면 범죄를 막을 수 없다.

프롬프트 인젝션 공격이란

- **정의**: AI에 악성 명령이나 조작된 입력을 삽입해 AI가 의도와 다르게 행동하도록 만드는 공격
- **공격 방식**: 정상 입력 뒤에 숨겨진 악성코드나 명령어를 삽입해 AI를 오작동시키거나 민감 정보 노출 유도
- **위험성**: 개인정보 유출, 부적절한 답변 생성, 시스템 오작동, 악성 행위 수행 가능성
- **대응책**: 입력 데이터 검증 강화, AI 출력 감시 및 필터링, 권한 제한, 보안 교육 및 정기 점검
- **사례**: 유명 AI 챗봇에서 악의적 프롬프트 삽입으로 잘못된 정보 생성이나 기능 남용 발생 사례
- **주의사항**: 신뢰할 수 없는 입력에 주의, 보안 강화 및 AI 모델 취약점 지속 모니터링 필요

교육과 인식 개선도 빼놓을 수 없는 대응책이다. AI가 만든 완벽한 사기를 방어하기엔 개인의 주의력만으로는 한계가 있지만, 그렇다고 모든 걸 기술에만 의존할 수도 없다. 디지털 리터러시 교육을 통해 AI 시대의 새로운 위험을 알리고, 의심스러운 상황에서 어떻게 대응해야 하는지도 알려야 한다. 특히 노년층이나 디지털 취약계층에 대한 맞춤형 교육이 절실하다.

한국이 이런 AI 안보 경쟁에서 살아남을 전략도 고민해야 할 시점이다. 엄청난 돈과 데이터가 필요한 AI 개발에서 한국은 불리한 상태다. 하지만 다른 길이 있다. 미국과 중국이 서로 견제하며 독자적 AI를 개발하는 동안, 우리는 공개된 오픈소스 AI를 가져다 특화된 용도로 빠르게 개조할 수 있다. 새로운 기술을 빨리 받아들이고 응용하는 한국의 전통적 강점을 살린 빠른 적용 전략이다.

AI가 범죄의 새로운 도구가 되는 시대, 기술로 기술을 막는 전쟁이 시작됐다. 이 전쟁에서 중요한 것은 단순히 더 좋은 기술을 개발하는 것이 아니다. 기술적 대응, 제도적 개선, 사회적 인식 변화가 모두 함께 이뤄져야 한다. 양날의 검이 된 AI 시대에서 누가 칼날을 쥐느냐가 미래를 결정한다.

❻ 물류 & 교통

미래 도시는 오늘도 분주하다. 새벽어둠 속 물류창고에서는 로봇들이 바쁘게 움직이고, 도로 위에서는 자율주행차들이 길을 찾아 달린다. 차들은 서로 소통하며 사고를 막고, 무인 드론은 주문에 맞춰 정확히 배송을 시작한다. 사람은 더 이상 무거운 짐을 나르거나 운전대 앞에서 긴장할 필요가 없다.

이 장면은 먼 미래가 아니다. 이미 우리 일상 곳곳에 자리 잡은 변화다. AI는 물류 재고를 실시간으로 분석해 최적 경로를 제시하고, 교통 신호를 조절해 도심 혼잡을 줄인다. 현장에서 사람이 자연어로 로봇에게 작업을 요청하면, 로봇은 즉시 이해하고 움직인다. 이런 협력 덕분에 에너지와 시간을 아끼고 사고 위험도 줄어든다.

기술 발전은 물류와 교통을 넘어 해양 산업으로까지 확장됐다. 무인 자율운항 선박이 바다를 누비고, AI는 날씨와 해류를 분석해 최적 항로를 찾아낸다. 항구에 도착하면 자동으로 접안하고, 다음 여정도 이미 계획되어 있다. 2028년부터는 국제 규정에 따라 이런 자율운항 선박들이 본격적으로 운항할 예정이다.

이제 우리는 질문해야 한다. 이 빠른 변화 속에서 어떤 미래를 만들고 있는가? AI가 할 수 있는 일은 무엇이며, 인간의 역할은 어떻게 달라져야 하는가? 우리는 여전히 많은 기술을 시험 단계에 머물게 하고 있는 것은 아닌가?

스마트 도시, 스마트 물류는 더 이상 꿈이 아니다. 충분한 검증을 거친 기술이 우리 곁에 있고, 필요한 것은 실행의 속도다. AI가 이미 현장에 도착한 지금, 이 변화를 이끌 준비가 되었는지를 점검할 시간이다.

이 장에서는 물류, 교통, 해운 분야에서 AI가 불러온 변화와 그 중심에서 펼쳐지는 사람과 AI, 로봇의 협업 이야기를 들려준다. 변화하는 세상 속, 우리는 새로운 미래의 주인공이 될 것이다.

57

남대식 인하대 교수

사람 + AI + 로봇이 만든 물류혁명

물류창고에서 자율주행 로봇이 사람의 말을 알아듣고, 요청한 작업을 수행하는 풍경이 머지않았다.

"온도 25도 이상에서 정지한 무인 운반 차량 리스트를 보여줘."

이것은 남대식 교수가 제시한 미래 물류 현장의 한 장면이다. 기술은 진화하고 있고, 물류 산업은 그 진화의 최전선에 서 있다. 그는 AI가 물류의 판을 완전히 바꾸고 있다고 말한다. 안전을 높이고, 효율을 개선하고, 운영을 예측할 수 있게 만들고 있다.

사실 물류는 전통적으로 디지털 전환이 느린 분야였다. 낮은 수익률과 높은 노동 의존도 때문이다. 하지만 팬데믹 이후 이커머스 시장이 폭발적으로 성장하면서 사람의 손만으로는 감당이 어려워졌다. 현재 물류 분야에서는 비전 인식, 예측, 강화학습, 센서 기반 고장 인식, 로봇 경로 탐색 등 다양한 AI 기술이 쓰이고 있다. 컴퓨터 비전 기술은 창고 내 QR 코드 인식, 상품 분류, 재고 위치 추적 등에서 이미 활발하게 사용 중이다.

물류는 더 이상 사람이 관리하는 창고가 아니다. AI가 자산 추적, 자동 주문, 적재 최적화, 글로벌 공급망 예측까지 도맡고 있다. 남 교수는 물류의 AI 기술이 이제는 단순한 데이터 처리를 넘어서 사람이 말로 요청하면 실시간 분석과 실행까지 가능한 수준으로 발전하고 있다고 설명한다.

그가 바라보는 물류의 미래는 사람과 AI 그리고 로봇이 실시간으로 협업하는 하나의 유기체다. 물류 현장에서 작업자와 AI 시스템이 실시간으로 상호작용하며, 공동 작업을 수행하는 구조가 필요하다. 다양한 국적의 작업자가 함께 일하는 환경에서는 다국어 인식과 번역, 시각 자료 제공이 동시에 이뤄져야 하며, 기업·작업자·로봇이 각각의 역할을 하면서 피드백을 주고받는 통합 운영체계가 필수적이다.

기업은 물류 운영의 전반을 기획하고, 정책을 설정한다. 작업자는 현장 경험을 바탕으로 AI 시스템의 개선 방향을 제안하고, 로봇은 실제 작업을 수행하며 데이터를 축적·공유한다. 이 모든 과정은 디지털 트윈 기반의 운영 시뮬레이션, AI 운영 보고서 자동 생성 시스템, 현장 피드백 수렴 루프를 통해 세 주체 간 지속 가능한 상호작용 구조로 발전해야 한다.

이 모든 것을 가능하게 할 열쇠는 '엣지 AI 기술'이다. 복잡한 연산을 클라우드에서가 아니라 현장 장비가 직접 처리하게 하는 것이다. 물류센터나 배송 환경에서 활용되는 AI는 작업자의 안전과도 직결되기 때문에 자율주행 수준의 실시간 반응속도가 요구된다. 예를 들어 무인운반차, 자율주행 로봇 같은 이동형 장비는 주변 사물, 작업자, 장애물 등을 인식하고 순간적으로 회피하거나 이동 경로를 재설정해야 하는 상황이 자주 발생한다.

물류창고의 설계도 AI 기술과 함께 진화하고 있다. 과거에는 단순히 건축 도면을 그리는 일이었다면 지금은 물류 동선, 자동화 설비, 인허가 등 복잡한 사항이 얽혀 있다. 이러한 설계에 생성형 AI를 도입하면 초기 요구사항을 정리하고, 다양한 시나리오를 자동으로 제시할 수 있어 설계자의 부담이 확 줄어든다는 설명이다. 현재 AnyLogic 같은 시뮬레이션 도구가 물류창고 운영과 설계에 도입되고 있고, 세계 유수의 기업들은 물류센터 설계를 사전 검증하고 시나리오 기반 운영을 테스트하고 있다.

"앞으로 1~2년 안에 분석형 AI와 생성형 AI가 물류 운영 전반에 본격적으로 적용될 것이다."

남 교수는 분석형 AI는 입출고 기록, 재고 회전율 등을 정밀하게 분석할 것이고, 생성형 AI는 자연어 기반의 설계·운영 시뮬레이션에 활용될 것으로 예상한다. 5년 후에는 자율운영 기술과 무인화 설비가 더 넓은 영역에 자리 잡을 것으로 본다. 이제 물류 현장은 관리자 한 명의 명령만으로도 전체 설비가 자율적으로 작동하는 시대를 준비하고 있다.

하지만 기술의 발전이 모두에게 똑같은 기회를 주는 것은 아니다. 그는 중소 물류기업의 기술 격차를 걱정한다. 그래서 대기업, 스타트업, 학교, 정부가 각자 역할을 나눠야 한다고 강조한다. 스타트업은 혁신을, 대기업은 확산을, 학교는 인재 양성과 테스트베드를, 정부는 제도적 뒷받침을 맡

사람과 로봇이 함께 일하는 물류 창고 모습

아야 한다. 그래야만 이 기술적 불균형이 사회적 격차로 확대되는 것을 막을 수 있다.

그는 기술의 가능성에 누구보다 기대를 걸면서도, 기술 만능주의에는 선을 긋는다. AI는 어디까지나 보조자일 뿐이며, 최종 판단은 인간이 내려야 한다고 강조한다. AI가 수집한 데이터는 관리자에게 유용한 참고 자료일 뿐 결국 현장 판단은 사람이 해야 한다는 것이다.

그는 학생들과 함께 AI와 로봇이 사람과 협업하는 시뮬레이션을 실험하고 있다. 수업에서는 학생들이 자연어로 AI에 직접 작업을 요청하면, AI는 이를 즉시 해석해 로봇에게 전달하거나 시각 자료로 안내하는 시스템을 실습한다. 생산성과 작업자의 만족도를 동시에 높이는 방안이다. 그가 이 과정에서 얻은 것은 명확하다.

"기술은 정밀하지만, 감각은 사람만이 가질 수 있다."

미래의 물류는 단순한 자동화가 아니다. 그것은 사람과 AI, 로봇이 실시간으로 협업하며 공동의 목표를 향해 나아가는 구조다. 그리고 그 구조는 지금, 우리가 만드는 중이다.

58

최봉준 HD현대마린솔루션 상무

AI, 해양산업의 지속 가능한 엔진 되다

대형 원유 운반선 한 척이 AI 시스템을 도입한 결과 연료를 5.3% 절감했다. 연간 1만 톤의 연료를 사용하는 이 선박은 약 3억 5,000만 원이라는 연료비를 아낄 수 있게 된 것이다. 단순히 기름값을 아낀 게 아니다. 탄소배출량이 줄면서 각종 환경 규제 비용도 함께 절약했다.

이것이 바로 해양 산업이 직면한 현실이다. 국제해사기구(IMO)와 유럽연합(EU)을 비롯한 전 세계 규제기관들이 탄소배출에 대한 강도 높은 제재를 가하면서, 단순한 운항 효율성을 넘어 '지속 가능성'이 산업 경쟁력의 핵심 척도로 자리 잡았다.

"단순한 기술 제공을 넘어, 해양산업의 지속 가능한 미래를 함께 설계해 나가는 것이 우리의 목표다."

최봉준 HD현대마린솔루션 상무의 말이다. 그는 이 회사의 디지털기술센터장을 맡아 AI와 빅데이터를 기반으로 한 해양 데이터 솔루션 '오션와이즈' 개발을 주도해 왔다. HD현대마린솔루션은 2016년 HD현대중공업 내 조선, 엔진기계, 전기전자 사업부의 서비스 조직을 통합해 출범한 종합해양 솔루션 기업으로, A/S부터 친환경 개조, 디지털 운항 솔루션까지 해양 산업 전 주기 서비스를 제공한다.

지금 해운 산업은 단순한 보고서 작성을 넘어 실질적인 운항 전략의 전환을 요구받고 있다. IMO는 에너지효율지수(EEXI), 탄소집약도지수(CII), 탄소배출량 보고제도(DCS) 등 복합적인 탄소 규제를 시행 중이다. EU는 지난해부터 해운 산업을 EU 탄소배출권 거래제(EU ETS)에 포함시켜, 선사들이 이산화탄소배출량에 따라 탄소배출권을 구매하도록 했다. 이제 탄소가 진짜 '비용'이 된 것이다.

이 변화 속에서 오션와이즈는 기존 항로 최적화 솔루션과는 다른 차원의 해법을 제시한다. AI 알고리즘은 선박의 연료 소비량과 이동 경로, 기상 조건까지 고려해 탄소배출량을 예측하고, 이에 최적화된 운항 가이드를 제공한다. HD현대가 수십 년간 축적해 온 선박 설계와 시운전 데이터, 기상과 해역 정보를 통합한 AI 모델은 선박 운항의 전 주기를 분석하고 예측한다.

"우리는 단순히 데이터를 수집해 보여주는 것을 넘어서, 실제 의사결정을 지원하는 솔루션을 만들고 있다."

SK해운의 31만 8,000t(톤)급 초대형 유조선 씨브레이브(C.BRAVE) 호가
HD현대마린솔루션의 '오션와이즈'를 장착하고 최적 항로 운항 실증에 나선 모습

　　AI는 해양 데이터와 기계학습, 시계열 예측, 강화학습을 접목해 선박의 탄소배출을 실시간으로 시뮬레이션할 수 있도록 한다. 오션와이즈는 선박 운영자가 규제 리스크를 예측하고, 비용을 줄이며, 운항 전략을 사전에 수립할 수 있도록 돕는다.

　　최봉준 상무는 기술을 개발하면서 가장 큰 도전이 '신뢰'였다고 말한다. 고객으로부터 데이터를 제공받고, 이를 분석해 다시 유의미한 정보로 되돌려주는 과정이 단순하지 않았기 때문이다. 이를 위해 세계 최초로 '쌍둥이 선박' 검증 방식을 적용했다. 동일 조건에서 AI 알고리즘의 효과를 비교·분석하며 과학적 신뢰성을 높인 것이다.

　　그 결과가 바로 앞서 언급한 5.3% 연료 절감 효과다. 알고리즘 개발에는 HD한국조선해양 미래기술연구원 및 AI 센터와 협력하고 있으며, 선주

뿐만 아니라 화주, 선급 등 다양한 파트너와 기술 생태계를 구축하고 있다.

오션와이즈는 지금도 진화 중이다. AI가 운항 전략을 판단하고 제안하는 '제어형 AI 에이전트 기술'을 개발하고 있다. 선박이 기상 변화나 선박 상태 등 실시간 데이터를 연동해 자동으로 항로를 조정할 수 있게 하는 기능이다. 운항 판단 자동화를 통해 의사결정 효율성까지 함께 향상시킬 예정이다.

최봉준 상무는 단순한 기술 고도화가 아니라 'AI 기반 해양운항 생태계' 구축이라는 더 큰 목표를 바라보고 있다. HD현대의 자산인 설계·건조·운영 전반의 데이터와 경험을 하나로 통합한 해양 AI 솔루션 표준을 만드는 것이다.

그는 향후 1~2년 안에 AI가 더 많은 데이터를 실시간으로 통합하고, 인간의 운항 결정을 실질적으로 보조할 수 있을 것으로 전망한다. 또 2028년 자율운항선박 국제규정(MASS Code)이 발효되면, AI와 데이터 기반의 소프트웨어정의선박(SDV)이 시장의 중심이 될 것으로 전망한다. 그 변화의 엔진이 될 기술을 지금 만들고 있다고 밝혔다.

데이터는 사실을 말하고, AI는 그 사실을 전략으로 바꾼다. 해양 산업의 지속 가능한 미래는 이제 가능성이 아닌 필수 선택이 되었다. 그리고 HD현대마린솔루션은 그 선택지를 먼저 제시하고 있다.

59

이한빈 서울로보틱스 대표

자율주행,
인력난 해결의 핵심 인프라

물류와 생산 현장은 지금 근본적인 변화의 문 앞에 서 있다. 저출산과 고령화는 더 이상 통계가 아닌 현실이 됐고, 이는 산업 전반에 걸쳐 인력난이라는 구조적 위기를 초래하고 있다. 여기서 사회 시스템을 지탱할 핵심 인프라로 떠오른 기술이 있다. 바로 '자율주행'이다.

이한빈 서울로보틱스 대표는 이 흐름의 중심에 서 있다. 그가 그리는 자율주행의 미래는 단순히 도로 위의 자동차가 스스로 움직이는 풍경을 넘어선다. 실제로 서울로보틱스가 개발하는 기술은 기존 자율주행과는 완전히 다르다. 차량에 센서와 AI를 탑재하는 방식이 아니라, 공간 자체에 지능을 부여하는 '인프라 기반 자율주행'이다. 마치 드론 군집을 하나의 시스템으로 제어하듯이, 수백 대의 차량을 공간에 설치된 센서와 CCTV, AI 시스템으로 통합 관제한다.

"온라인 게임에서 유닛을 조종하듯이 우리 솔루션은 차량을 움직인다. 수십에서 수백 대에 이르는 차량을 하나의 컨트롤타워에서 동시에 작동할 수 있다."

이 기술의 진가는 특히 인력 수급이 어려운 물류센터, 항만, 공장 등에서 발휘된다. 공장이나 물류센터는 24시간 운영이 필수지만, 외진 지역에 위치해 인력을 구하기 어려운 곳이 많다. 그 공백을 자율주행 시스템이 메울 수 있다는 의미다. 이 대표는 AI 기술을 통해 인력난 해소라는 산업적 과제를 직접적으로 해결할 수 있다고 말한다.

서울로보틱스의 핵심 기술인 '레벨5 컨트롤타워'는 기존의 자율주행 시스템과는 구조적으로 다르다. 차량 비탑재 방식의 솔루션으로, 공간에 자율성을 부여한다. 실외 자율주행의 기술적 장벽을 넘기 위해 7~8년간 데이터를 축적한 결과, 현재는 외부 환경에서도 안정적으로 작동하는 시스템을 구현했다.

이 기술력은 이미 글로벌 시장에서 인정받고 있다. 첫 고객사는 독일의 BMW였고, 현재는 일본 수출에 주력하고 있다. 이한빈 대표는 일본 시장이 국내보다 2~3배 크고 기술 수용성도 높다고 설명한다. 캐나다, 미국, 북유럽 등과도 접촉을 이어가며, 글로벌 네트워크 확장에 적극적으로 나서고 있다.

그는 서울로보틱스를 B2B 자율주행 글로벌 1위 기업으로 성장시키는 것이 목표라고 강조한다. 테슬라나 웨이모가 B2C 자율주행의 아이콘이라면, B2B 분야에서는 서울로보틱스가 중심 브랜드가 되겠다는 포부다.

서울로보틱스의 ATI 솔루션인 레벨 5 컨트롤타워(LV5 CTRL TWR) 기술
자율주행차가 아닌 기존 차량을 자율주행차로 전환한다. 이 솔루션은 각 차량에 센서를 따로 설치하지 않아도, 통제된 지역 내에서 차량을 자율적으로 안내할 수 있는 인프라 기반 센서와 컴퓨터의 메시 네트워크를 활용한다.

"우리는 자율주행 기술을 단지 운송수단으로만 보지 않는다. 미래 사회가 마비되지 않고 잘 돌아갈 수 있게 하는 국가 핵심 인프라가 될 것이다."

그는 자율주행의 진화 방향에 대해서도 명확한 시각을 가지고 있다. 차량 기반 자율주행과 인프라 기반 자율주행은 각기 뚜렷한 장단점이 있으며, 특정한 조건에서 이 둘이 하이브리드 형태로 결합될 수 있다고 말한다.

그는 자율주행 기술이 머지않아 산업 운영의 판을 바꿀 것으로 전망한다. 앞으로 1~2년 안에 자율주행 시스템은 지금보다 안정화될 것이고, 상용화 가능성 역시 크게 확대될 것이다. 특히 물류 분야를 중심으로 인프라 기반 자율주행 시스템이 본격적으로 도입되기 시작할 것이며, 실외 환경 활용도가 빠르게 높아질 것으로 전망한다.

더 나아가 그는 기술의 진화를 넘어, 사회 구조의 재편까지도 내다본다.

"5년 후에는 자율주행이라는 개념이 우리 삶에 완전히 녹아들 것이다. 공장, 물류센터는 물론이고 중소형 도시의 교통 운영 시스템까지 자율화될 가능성이 크다."

그는 자율주행 기술이 AI와 함께 발전하면서 더 안전하고 정교한 형태로 진화할 것이라고 말한다. 단순한 기술 발전을 넘어, 인력난으로 고통받는 산업 현장의 구원투수이자, 미래 사회를 떠받칠 핵심 인프라로 자리 잡을 것이라는 확신이다.

게임에서 유닛을 조종하듯 차량을 움직이는 시대. 그 시대를 여는 열쇠를 서울로보틱스가 쥐고 있다.

❼ 농업

AI 농부가 등장했다.

새벽 5시, 경기도의 한 딸기농장에는 사람이 없다. 대신 센서가 토양 습도와 온도를 체크하고, AI가 "3동 구역 토양 습도 부족, 2시간 후 관수 필요"라며 스스로 판단한다. 70대 박 씨가 스마트폰에서 AI의 분석 결과를 확인하며 웃는다. "이놈이 나보다 농사를 더 잘 짓는구먼."

서울 강남에 앉은 20대 김 씨는 점심시간에 멀리 떨어진 상추농장을 스마트폰으로 점검한다. AI가 24시간 농장을 돌보니 주말에 수확만 하면 된다. 농사도 직장도 가능한 새로운 삶이다.

이것이 AI가 만든 농업의 새 풍경이다. 한국 농업이 절체절명의 위기에서 희망을 찾은 순간이기도 하다. 통계청이 발표한 '2024년 농림어업조사 결과'에 따르면, 한국의 농가 수와 농가 인구는 지속적으로 감소하고 있다. 농가 수는 97만 4,000가구로 전년 대비 2.5% 감소, 농가 인구는 200만 4,000명으로 전년 대비 4.1%나 감소했다. 매년 농가 인구가 급격히 줄어드는 상황에서 누가 우리 밥상을 책임질 것인가?

답은 AI였다. AI는 단순한 자동화 도구가 아니다. 농부의 든든한 파트너가 됐다. 농부의 경험과 직감을 데이터로 학습하고, 때로는 인간 농부보다 더 정확한 판단을 내린다. 언제 물을 주고, 언제 거름을 주고, 언제 수확해야 하는지 조언한다.

가장 혁신적인 변화는 '경험의 민주화'다. 수십 년 농사꾼의 노하우를 AI가 학습하면, 농업 초보도 명인급 기술을 쓸 수 있다. 농업 진입장벽이 확 낮아지는 것이다. 젊은이들이 농업에 뛰어들 수 있는 길이 열린다.

더 흥미로운 건 농업 자체의 패러다임 전환이다. 과거엔 '반응하는 농업'이었다. 병이 생기면 치료하고, 가뭄이 오면 물을 주는 식이었다. 하지만 AI는 '예측하는 농업'을 만든다. 병충해가 생기기 전에 미리 차단하고, 비가 오기 전에 대비한다.

AI 덕분에 도시 직장인도 농장을 원격 관리할 수 있게 되었다. 주말 농부, 부업 농부가 현실로 찾아왔다. AI와 함께하는 농업은 이제 위기를 넘고 새로운 가능성을 향해 달려가고 있다.

"농업이 이렇게 멋진 일인 줄 몰랐지." 젊은이들의 목소리가 그 변화를 증명한다.

성제훈 경기도농업기술원장

농업, 모든 산업의 플랫폼이 되다

월요일 아침 7시, 알람 소리에 잠이 깬 김 대리가 정수기 앞에 선다. '삐' 소리와 함께 얼굴 인식 센서가 작동하고, 물과 함께 혈압약 한 알이 톡 떨어진다. 어젯밤 치킨과 맥주로 늦은 저녁을 해결한 그에게 AI가 보내는 무언의 경고다.

스마트폰 화면에는 이미 주문 완료 알림이 떠 있다. 부족한 비타민C와 식이섬유 보충을 위해 브로콜리와 시금치를 주문했다는 메시지다. 전날 찍어둔 음식 사진을 분석한 AI가 알아서 처리한 결과다. 인근 로컬푸드 매장에서는 그의 유전자 정보에 맞춘 맞춤형 채소들이 이미 포장을 기다리고 있다.

공상과학 소설 같은 이야기지만, 성제훈 경기도농업기술원장이 그리는

10년 후 우리의 일상이다. 농업 현장에서 30여 년을 보낸 그에게 농업은 단순히 먹거리를 기르는 1차 산업이 아니다. 개인의 건강까지 책임지는 미래형 헬스케어 산업이다.

하지만 이런 미래를 실현하기 위해서는 먼저 해결해야 할 문제가 있다. 바로 데이터다. 지금 한국 의료 데이터는 마치 각각 다른 금고에 보관된 보물들과 같다. 의료기관의 진료 기록, 질병관리청의 질병 데이터, 건강보험공단의 건강검진 결과, 심사평가원의 처방 정보가 모두 따로 놀고 있다. 개인정보보호법과 의료법이라는 높은 장벽 때문에 정작 환자 본인도 자신의 흩어진 건강 정보를 한눈에 볼 수 없는 아이러니한 상황이다.

그런데 디지털 헬스케어 관련 법적 기반이 마련되면 이 모든 데이터가 안전하게 연결될 수 있다. 상상해 보자. 당신의 유전자 정보, 20년간의 건강검진 기록, 최근 복용 중인 약물 정보가 모두 연결된다면 AI가 당신에게 필요한 영양소를 정확히 계산해서 맞춤형 농산물을 추천하는 게 어려운 일이 아닐 것이다. 성 원장의 눈이 반짝이는 이유다.

미래의 농업은 이렇게 작동한다. 아침에 일어나면 스마트 미러가 얼굴색과 컨디션을 확인한다. 한 달간 축적된 식사 데이터와 최근 건강 상태를 종합 분석해서 오늘 필요한 영양소를 계산한다. 부족한 성분이 발견되면 자동으로 해당 농산물을 주문한다. 그런데 여기서 주문되는 농산물은 그냥 평범한 브로콜리가 아니다. 당신의 유전자 타입에 맞춰 특별히 재배된 맞춤형 브로콜리다.

이런 개인 맞춤형 농업이 가능해지면 또 다른 문제가 대두된다. 누가 이런 고품질 농산물을 재배할 것인가. 농촌에 가면 쉽게 만나던 장면이 있다.

구부정한 허리로도 30년 넘게 농사를 지어온 70대 할아버지가 젊은 농업인보다 훨씬 좋은 작물을 길러낸다. 언제 물을 주고, 언제 거름을 주고, 날씨를 보고 언제 수확해야 하는지 몸으로 체득한 노하우가 있기 때문이다.

하지만 이런 명인들이 하나둘 은퇴하고 있다. 농업인 평균 연령은 계속 높아지고, 젊은 농업인들은 경험 부족으로 시행착오를 겪는다. 수십 년간 쌓인 농업 기술이 사라지는 안타까운 현실이다. 성 원장의 해법은 의외로 간단하다. 이 노하우들을 디지털로 보존하자는 것이다.

지금까지 농민들이 의무적으로 작성하는 영농일지는 정부 보조금을 받기 위한 형식적 서류에 불과했다. 하지만 음성 인식 AI 기술을 도입하면 이야기가 달라진다. 오늘은 비가 와서 물을 안 줬고, 진딧물이 좀 보여서 친환경 방제제를 뿌렸다고 농민이 밭에서 혼잣말을 하면, 스마트폰이 영농일지로 자동 변환한다.

1년이 지나면 흥미로운 패턴이 보일 것이다. 농사를 잘 짓는 사람과 평범한 사람의 차이가 데이터로 드러난다. 명인이 언제, 어떤 조건에서, 어떤 판단을 했는지 모두 기록된다. 이 데이터를 AI가 학습하면 디지털 농업 명인이 탄생하게 된다. 신규 농업인들은 이 AI 멘토의 조언을 받으며 시행착오를 줄일 수 있다.

성 원장의 생각은 여기서 그치지 않는다. 그가 그리는 미래에서는 약국에서 약과 함께 농산물을 살 수 있다. 고혈압 환자가 약국에 처방전을 들고 가면, 약사가 혈압약과 함께 혈압에 좋은 특수 재배 셀러리를 권한다. 약사가 QR 코드를 스캔하면 인근 로컬푸드 매장과 연결돼 30분 내 배송이 완료된다.

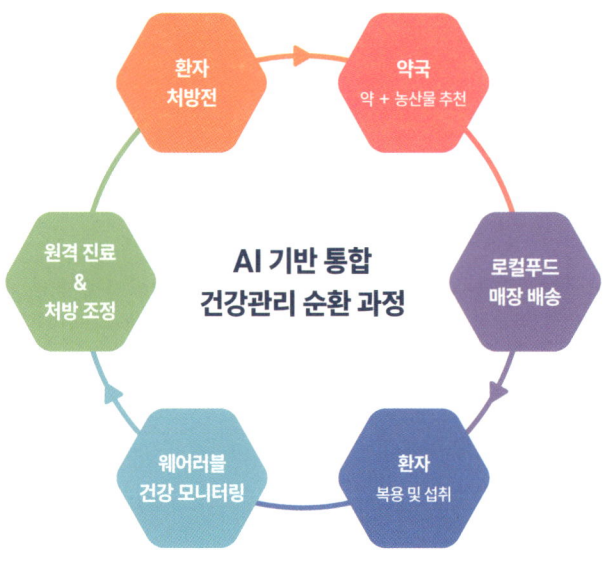

　단순한 상상이 아니다. 관련 법규가 개선되면 충분히 가능한 시나리오다. 약국은 새로운 수익원을 확보하고, 로컬푸드는 판로를 확장하며, 농민은 안정적인 소비처를 얻는다. 환자는 약물과 식품을 통한 통합적 건강 관리를 받는다. 더 나아가 웨어러블 기기가 실시간으로 건강 상태를 모니터링한다. 혈압이 평소보다 높게 측정되면 자동으로 담당 의사에게 알림이 간다. 의사는 원격으로 처방을 조정하고, 필요한 약물과 농산물이 집까지 배송된다. 병원에 가지 않고도 24시간 맞춤형 건강관리를 받는 것이다.

　이런 변화가 가능한 이유는 농업이 다른 어떤 산업보다 다양한 분야와 연결될 수 있는 특성이 있기 때문이다. 우주에서 식물을 기르는 기술이 지구의 식물공장으로 내려왔고, 군사용 GPS가 농기계의 필수 장비가 됐다.

3D 프린팅으로 개인 맞춤형 영양제를 만들고, 블록체인으로 농산물의 이력을 추적한다.

하지만 이런 기술적 진보와 함께 농업 정책도 패러다임을 바꿔야 한다. 많이 생산하면 많이 팔린다는 과거의 공식은 더 이상 통하지 않는다. 농산물은 공급이 조금만 늘어도 가격이 급락하는 특성이 있다. 소비자가 원하는 것만 딱 필요한 만큼 생산하는 수요 맞춤형 농업으로 전환해야 농민도 소비자도 모두 만족할 수 있다.

이런 관점에서 보면 농업은 단순히 배고픔을 해결하는 산업이 아니다. 인류의 건강과 장수를 책임지는 핵심 산업이다. 개인 맞춤형 기능성 농산물이 새로운 의료 서비스가 되는 시대, 농민이 의료진과 협력하는 시대가 오고 있다. 성 원장이 그리는 농업의 미래는 단순한 기술 발전 이야기가 아니다. 기술과 인간이 조화롭게 어우러지고, 생산자와 소비자가 상생하며, 건강한 먹거리를 통해 모두가 더 나은 삶을 살아가는 이야기다.

농업이 모든 산업과 연결되고, 개인의 건강을 책임지며, 지속 가능한 미래를 만들어가는 중심 역할을 하게 될 것이다. 단순히 1차 산업이라고 불렸던 농업이 21세기 가장 혁신적이고 매력적인 융합 산업으로 거듭나는 순간을 우리는 목격하고 있다. 어쩌면 10년 후, 우리 아이들은 농업이 이렇게 멋진 일인 줄 몰랐다며 농업에 뛰어들지도 모른다. 그때가 되면 농민은 단순히 농사만 짓는 사람이 아니다. 개인 맞춤형 건강 솔루션을 제공하는 만능 전문가일 것이다.

61

김영국 충남대 교수

AI가 일구는
미래 농업과 축산

농업 현장에 AI가 들어오면서 변화의 바람이 거세다. 김영국 충남대 바이오AI융합연구센터장은 AI가 단순한 보조 도구를 넘어 농작물 재배와 축산, 유통, 환경 관리까지 전방위로 혁신을 일으키고 있다고 말한다.

그가 이끄는 충남대 바이오AI융합연구센터에서는 한우 체중을 95% 이상의 정확도로 예측하는 AI 모델부터, 생애주기 데이터를 바탕으로 사료 배합과 도축 시점까지 딱 맞게 알려주는 정밀 사육 플랫폼, 그리고 토양 상태에 따라 자동으로 물을 주는 관수 로봇에 이르기까지 다양한 프로젝트가 활발하게 진행 중이다. 소를 촬영하기만 하면 AI가 체중을 예측하는 기술이라니 축산업에도 첨단 과학이 깊숙이 들어온 셈이다.

농업 현장에선 AI가 작물 생장 상태와 주변 환경 정보를 한데 모아 스마트하게 관리한다. 이를 통해 에너지, 물, 노동력 같은 자원을 알뜰하게 절약하면서도 생산성을 높인다. 이게 다가 아니다. 농산물의 생장량과 기능성 성분 함량을 예측하는 AI 기술은 앞으로 농산물 유통과 저장 시스템에 혁신을 가져올 것으로 기대된다. 농업에서 스마트라는 말이 이제 더 이상 낯설지 않은 이유다.

품종 개발도 AI의 손길을 받으며 진화하고 있다. 유전자 정보와 작물 이미지 데이터를 AI가 분석해 좋은 품종을 더 빠르고 정확하게 선별한다. 축산 분야 역시 AI가 씨수소와 암소의 유전 능력을 평가해 우수한 개체를 고르는 데 큰 역할을 하고 있다. 이런 기술들이 농업과 축산의 품질과 효율성을 함께 끌어올리고 있다.

친환경 농업도 AI의 도움을 받는다. 토양 속 양분과 수분을 정밀하게 측정하고, 필요한 만큼만 비료와 물을 주는 '맞춤 급수' 시스템이 이미 개발돼 현장에 적용되고 있다. 토양의 다양한 환경 정보를 실시간으로 분석해 작물이 가장 잘 자랄 수 있는 환경을 만드는 AI 의사결정 알고리즘도 점차 확산 중이다.

드론과 위성에서 얻은 영상, 토양과 작물의 생체신호, 심지어 식물의 소리까지 모두 AI가 한꺼번에 분석하는 멀티모달 AI 기술도 농업 혁신의 핵심으로 떠오르고 있다. 이를 통해 작물이 스트레스를 받는 시점을 미리 파악하고, 기후 변화에 강한 내성을 보이는 품종 개발에 큰 도움을 준다. 이런 기술은 기상이변으로부터 농작물을 보호하고, 생산량 감소를 막는 '비상 대책' 역할을 해낼 전망이다.

그는 앞으로 1~2년 안에 AI 기반 복합환경제어 시스템이 중소형 스마

중소 스마트팜 예시

트팜에도 적용될 것으로 기대한다. 농생명 바이오 분야에서 스마트팜은 온실 내 복합환경제어 기술이 핵심 역할을 맡고 있다. 중소형 스마트팜에서는 고가의 제어 시스템을 도입하는 게 큰 부담이다. 이를 위해 연구센터에서는 LLM을 활용한 생성형 AI 기술로 저비용 복합환경제어 시스템을 개발하는 연구를 진행 중이다. 이 기술이 개발되면 가까운 미래에 중소형 스마트팜에서도 스마트한 환경 제어가 가능할 것이다.

그는 농업이 맞닥뜨린 노동력 부족과 기후 변화 문제를 AI가 해결할 핵심 열쇠로 꼽는다. 정밀 관수부터 자원 최적화, 저장과 유통의 효율화까지 AI와 로봇 기술이 농업 전반의 생산성과 지속 가능성을 높일 것으로 기대한다.

"AI는 이제 농업 현장의 단순한 도구를 넘어, 생명을 이해하고 자연과 조화를 이루는 창의적 연구 파트너가 되고 있다."

그는 앞으로 더 많은 젊은 연구자들이 다양한 분야의 전문가들과 협력해 농업의 미래를 새롭게 열어가길 기대한다. 미래 농업은 단순한 기계와 기술의 결합을 넘어, AI와 사람이 함께 '지속 가능한 지구'를 위해 힘쓰는 새로운 이야기의 시작이다.

그는 기술의 발전이 단순한 혁신이 아니라 우리 사회의 책임 있는 성장으로 이어지려면, AI에 대한 윤리적 인식과 사회적 책임감 역시 함께 성장해야 한다고 말한다. AI와 인간은 서로를 보완하면서 건강하고 지속 가능한 미래를 만들어가야 한다.

⑧ 예술

"그냥 마우스만 '딸깍' 하면 나오는 게 예술이야?"

AI가 그린 그림 앞에서 사람들이 가장 많이 하는 말이다. 하지만 정작 그 그림을 본 순간, 우리는 숨을 멈춘다. 놀라울 정도로 정교하고, 상상을 뛰어넘는 아름다움에 감탄한다. 그러다 문득 생각한다.

'이게 정말 예술일까?'

80만 곡을 만든 AI 작곡가, 몇 주 만에 우주 대작을 완성하는 AI 영화감독, 텍스트 몇 줄로 걸작을 만드는 AI 화가. 불과 10년 전만 해도 상상할 수 없던 일들이 현실이 되고 있다.

"예술은 신이 내린 선물"이라던 플라톤의 말이 무색한 시대다. 그렇다면 AI가 만든 음악, 그림, 영화는 예술이 아닌 걸까? 아니면 우리가 예술에 대한 정의를 다시 써야 하는 걸까?

변화의 한복판에 서 있는 사람들이 있다. AI와 함께 새로운 예술의 영역을 개척하고 있는 창작자들이다. AI에 대해 어떤 이는 "오랜 창작 동반자를 만난 느낌"이라고 말하고, 어떤 이는 "5년 후엔 엔딩크레딧에 함께 이름이 올라갈 것"이라고 예언한다.

그들에게 AI는 단순한 도구가 아니다. 때론 협력자고, 때론 영감의 원천이며, 때론 예상치 못한 돌발 변수다. 사진이 발명됐을 때 화가들이 느꼈을 혼란과 흥분, 영화가 탄생했을 때 선구자들의 설렘과 두려움을 지금 이들이 고스란히 겪고 있다. 기술은 빠르게 발전하지만, 여전히 남는 질문들이 있다.

창작의 본질은 무엇인가.
인간의 역할은 어떻게 변해갈 것인가.
그리고 무엇보다 우리는 이 변화를 어떻게 받아들여야 할까.

AI 예술의 최전선에서 활동하는 전문가들이 들려주는 솔직한 이야기를 통해, 예술의 현재와 미래를 엿본다. 그들의 목소리에서 답을 찾을 수 있을지도 모른다.

62

안창욱 GIST 교수

AI 창조 시대 온다

AI 작곡가가 있다. 이름은 '이봄(Evom)'. 현재 80만 개 이상의 곡을 작곡한 경력직이다. 이봄이 AI라고 단순히 기존 음악을 따라 만드는 표절 작곡가라고 생각하면 오산이다. 이봄은 음악 이론과 작곡 지식을 기반으로 설계됐다. 음악을 배우는 학생처럼 작곡 이론부터 차근차근 학습했다고 보면 된다. AI 작곡 시스템 대부분이 수십만 곡의 데이터를 학습해 유사한 곡을 양산하는 것과 달리, 사람이 작곡하는 것처럼 새로운 곡을 창조한다.

저작권 이슈에서도 자유롭다. 이봄은 자체 곡을 제작하고, 이렇게 제작한 베이스 10~50여 곡을 학습해 새로운 곡을 만들기 때문이다. 미국에서 AI 음악 생성 업체들이 수많은 소송에 휘말리고 있지만, 이봄은 80만여 곡을 작곡하면서도 저작권 문제에서 자유로운 이유다.

AI 작곡가 이봄과 연결돼 AI가 작곡한 음악을 연주하는 피아노

    AI인 만큼 컴퓨터학 요소도 제공한다. 사용자에게 완성된 곡뿐만 아니라 멜로디, 코드, 악기 구성 등을 담은 소스 파일까지 함께 제공한다. 창작자는 이를 기반으로 편곡하고, 가사를 바꾸며, 자신만의 스타일로 재창작할 수 있다.

    이봄의 아버지는 안창욱 GIST 인공지능연구소장이다. 그는 지난해 8월 영화 〈말할 수 없는 비밀〉의 피아노 배틀 장면을 AI로 재현하기도 했다. 피아노끼리 겹쳐놓고 서로 연주 실력을 경쟁하는 장면이다. 안 교수는 이봄이 한 곡을 작곡하고 사람이 주고받는 구조를 설계해 마치 AI끼리 피아노

배틀을 하는 것처럼 연출했다. 완전 자동화 방식은 아니었지만, 사람들의 반응은 좋았다.

최근 이봄은 작곡가에서 아티스트로 활동 반경을 넓혔다. 뮤직비디오 〈스트레인저〉를 공개하며 본격적인 아티스트 활동을 선언했다. AI 작곡가에 실체를 부여해 사람들이 더 몰입할 수 있는 환경을 제공하기 위해서다.

더 놀라운 건 이봄의 감정 표현 능력이다. 2년 전만 해도 AI가 영감이나 감정까지 다룰 수 있냐는 질문에 안 교수는 아니라고 답했을 것이다. 하지만 지금은 다르다. 현재 이봄은 사용자가 입력한 감정 정보를 반영해 곡을 만들 수 있다. 슬프다는 입력에 맞춰 위로하는 곡을 쓸 수 있고, 멀티모달 AI 기술을 이용해 사람들의 슬픔을 달래주는 맞춤형 음악까지 생성한다.

여기서 중요한 건 창조의 방식이다. AI의 창조성은 모방 창조와 창의적 창조로 나뉜다. 현재 AI 대부분은 기존 데이터를 학습해 모방 창조를 하지만, 이봄은 지식 기반으로 창의적 창조를 지향한다. 인간이 지식과 세계관으로 새로운 장르를 만들듯, 이봄도 추론과 교육을 통해 창의적으로 발전하고 있다.

그렇다면 AI 창작자 시대가 본격적으로 시작됐을까? 안 교수의 답은 미묘하다. "전문가가 AI를 이용해 창작하고, 이를 유통해 돈을 버는 시대는 왔다. 하지만 일반인이 소비할 수준에는 아직 도달하지 않았다." AI 도구는 여전히 창작 활동에서 보조 도구로 활용되지만, 돈을 주고 살 정도의 완성도는 전문가의 가공이 필요하다는 뜻이다.

인간 예술가는 어떻게 될까? 안 교수는 변화가 아니라 선택의 문제라고 말한다. AI를 활용해 효율적으로 창작하는 예술가와 전통 방식을 고수하는 예술가가 공존할 것이라는 게 그의 견해다. 하지만 여전히 인간의 감각은 중요하다. AI가 곡을 제공해도 이 곡의 성공 여부를 선별하는 것은 인간의 몫이고, 그렇기에 인간만이 느낄 수 있는 감각이 중요하다고 강조한다.

5년 후 전망은 더욱 흥미롭다. AI 작곡가가 집, 차, 사무실 등에 자연스럽게 녹아들어 사용자의 기분에 맞춘 음악과 복합 콘텐츠를 자동으로 제공할 것이다. AI 에이전트와 결합해 서비스 완성도는 더욱 높아질 전망이다. 그는 이미 AI 작곡 기술은 거의 성숙 단계에 도달했고, 기술적 발전보다는 활용이 관건이라고 판단한다.

예술계는 어떻게 변화할까? 안 교수는 콘텐츠가 더 풍성해질 것으로 본다. 국악처럼 침체한 장르도 활성화할 수 있고, 누구나 직접 곡을 만들어 유통하며, 새로운 장르를 개척하는 것도 가능하다. 공연 형식 역시 자동 연주 등과 결합해 새로운 볼거리가 생기는 등 예술계는 전반적으로 더 다채로워지며 접근성도 크게 높아질 것으로 전망된다.

예술의 주체에 관한 질문도 새롭게 대두되고 있다. 단순히 AI에 프롬프트를 입력해 만든 곡이라면 사용자를 예술의 주체로 보기 어렵다. 그러나 이봄처럼 편집 가능한 결과물을 받아서 사용자가 이를 가공하는 방식이라면 예술의 주체는 사용자일 수 있다는 것이 그의 견해다. 마지막으로 그가 전하는 조언은 명확하다.

"AI는 심리적 장벽이 있지만, 사용하면 새로운 세상이 열린다. 다만 과도한 의존은 창의성을 떨어뜨릴 수 있으니, 경계선을 잘 지켜가면서 사용해야 한다."

AI는 예술을 대체하는 존재가 아니라 누구나 음악을 창작할 수 있는 파트너로 자리매김할 것이라는 그의 믿음이 새로운 창작의 시대를 열어가고 있다.

이재성 중앙대 교수

AI, 맞춤형 콘텐츠의 새 지평 연다

"앞으로 사람들은 AI를 통한 맞춤형 콘텐츠만 소비하게 될 것이다."

이재성 중앙대학교 인공지능학과 교수의 전망이다. 그는 그냥 보는 콘텐츠는 사라질 것이고, 모든 콘텐츠가 나만을 위해 맞춤 제작되는 시대가 온다고 강조한다. AI가 단순히 창작 도구를 바꾸는 게 아니라 우리의 소비 방식 자체를 재편하고 있는 지금, 콘텐츠 산업은 어떤 변화를 맞이할까?

이 교수팀은 기계학습 자동화를 연구한다. 어린이 동화 자동생성 챗봇 '테일GPT(TaleGPT)'와 웹툰 캐릭터 스타일로 이미지를 바꾸는 '웹툰 스타일 트랜스퍼(Webtoon Style Transfer)'를 선보인 바 있다. 특히 흥미로운 것은 특정 사진을 원하는 스타일로 바꿔주는 '스타일 트랜스퍼' 기술이다. 2025년 3월부터 유행하기 시작한 챗GPT의 지브리풍 사진 변환 기술들을 일컫는다.

이 교수는 같은 제품이나 서비스도 어떤 스타일로 포장하는지에 따라 소비자 반응이 달라질 수 있다고 강조한다. 우주 콘텐츠를 좋아하는 사람에게 어떤 콘텐츠를 우주 스타일로 입히면 그 콘텐츠가 소비될 가능성이 높아진다는 것이다. 그는 스타일 트랜스퍼가 콘텐츠 산업이 점점 마케팅 산업에 편입되는 현상을 가속한다고 설명한다.

가장 극적인 변화는 일본에서 일어나고 있다. 전통적으로 만화가는 어시스턴트와 함께 작업했지만, 이제는 AI와 함께 혼자 작업하는 작가들이 늘고 있다. 스토리텔링은 인간이, 작화는 AI가 담당하는 새로운 분업 구조가 탄생한 것이다.

예전에는 만화나 애니메이션 같은 콘텐츠를 만들 때 여러 사람이 필요했지만, 이제는 어시스턴트 역할에 AI가 쓰이고 있다. 이재성 교수는 이런 변화는 콘텐츠 창작의 진입장벽을 극적으로 낮췄다고 말한다. 누구나 생산자와 소비자를 넘나드는 '프로슈머(prosumer)'가 될 수 있는 시대가 된 것이다.

그러나 이 변화에는 그림자도 있다. 'AI에 의한 사다리 걷어차기' 현상이 현실이 되는 중이다. 과거에는 창작자가 되기 위해 일정한 과정을 거쳐야 했고, 그 과정에서 자연스럽게 성장할 수 있었다. 하지만 이제는 AI를 활용해 처음부터 완성도 높은 결과물을 만들 수 있다.

그는 이러한 흐름이 기존 도제식 창작 구조를 없애고, 신인 창작자가 성장할 수 있는 사다리까지 없앨 수 있다고 경고한다. AI가 80점짜리 콘텐츠를 손쉽게 만들어주는 시대에 단순한 기술력만으로는 경쟁력을 갖기 어려워진 셈이다.

웹툰 스타일 트랜스퍼 구동 화면

그렇다면 창작자들은 어떻게 살아남을 수 있을까? 그는 지브리, 심슨 등 자신만의 창의적인 콘텐츠를 브랜드로 만들어야 경쟁력을 가질 수 있다고 설명한다. 창작자의 정체성이 그 어느 때보다 중요해졌다는 뜻이기도 하다. 작화 능력은 AI가 앞설 것이고, 다른 사람의 스타일을 그대로 따라 만드는 콘텐츠는 결국 AI로 대체될 수밖에 없다.

미래의 창작자는 두 부류로 나뉠 것이다. 첫 번째는 송소희 국악가처럼 국악과 록(rock)을 섞어 자신만의 아이덴티티를 만드는 극소수의 예술가다. 이들은 AI가 따라올 수 없는 영역에서 예술혼을 키우면 된다. 두 번째는 AI와 친구(파트너십)가 될 대다수의 창작자다. AI가 만들어주는 80점짜리 콘텐츠에 나머지 20점을 어떻게 덧붙이느냐가 이들의 핵심 역량이 된다.

현재 이 교수의 연구실에서는 더욱 고도화된 스타일 트랜스퍼 기술을 개발하고 있다. 목표는 전혀 다른 성격의 이미지와 스타일을 결합해 창의적인 결과물을 생성하는 것이다.

예를 들어 괴기스러운 이미지에 아기들이 좋아할 법한 파스텔톤 스타일을 입힌다. 전례 없는 조합이라 시스템도 당황해서 결과물이 괴상하게 나오곤 한다. 기존 레퍼런스 이미지에 과도하게 종속되는 스타일 전이를 완화하고, 더 자연스러우면서도 창의적인 이미지를 생성하는 기술을 개발 중이다.

그는 1~2년 안에 AI 콘텐츠 기술은 멀티모달 능력을 키우는 방향으로 발전할 것으로 전망한다. 이미지에서 이미지로 바꾸는 데 초점이 맞춰져 있던 기술이 이미지, 소리, 영상을 통합해서 생성하는 단계로 진화하는 것이다. 화면의 입 모양과 소리를 맞추는 조정 같은 게 핵심이다. 이런 기술은 이미 존재하지만, 앞으로는 이것을 어떻게 잘 조합해서 통합된 콘텐츠를 만드느냐가 관건이 될 것이다.

5년 후에는 콘텐츠 생성 과정 대부분에 AI가 활용되거나 대체될 것으로 전망한다. 특히 CG나 특수효과처럼 비용이 많이 드는 분야가 먼저 대체될 것으로 본다.

AI 시대의 콘텐츠 산업은 분명 기회와 위기가 공존한다. 하지만 한 가지는 확실하다. 변화를 받아들이고 자신만의 정체성을 확립한 창작자들에게는 이전보다 더 큰 가능성의 문이 열릴 것이라는 점이다.

"브랜드처럼 정체성 있는 콘텐츠만이 살아남는다. 소수의 사람이 이 시장을 차지하는 그림이 될 수 있다."

이재성 교수의 마지막 말은 AI 시대에도 결국 사람의 역량이 중요하다는 울림을 줬다. AI 콘텐츠 산업, 결국엔 진정한 창작자들만의 무대가 되지 않을까.

박은지 서울벤처대 교수

붓을 든 AI,
창조와 휴머니티의 경계

"AI를 활용한 예술 활동이 늘어나는 만큼 우리는 휴머니티를 잊지 말아야 한다."

박은지 서울벤처대학원대학교 AI문화경영연구소장의 이 말에는 AI 시대 예술가들이 가져야 할 마음가짐이 담겨 있다.

2025년 2월 프랑스 파리에서 열린 AI정상회의 기간, 한국관에서는 특별한 전시가 펼쳐졌다. 'AI Artists 展: 미래의 결, 한국성' 전시회였다. 12명의 한국 AI 아티스트들이 기후 위기, 전쟁, 경제난 같은 인류의 고민을 예술로 승화한 작품들을 선보였다. 이 전시의 총괄 큐레이터로 참여한 박은지 교수는 첨단 기술과 예술의 경계에서 새로운 가능성을 탐구해 온 인물이다.

불과 몇 년 전만 해도 창작은 인간만의 고유 영역으로 여겨졌다. 예전에는 AI가 마지막으로 대체할 산업으로 문화예술을 꼽았다. 하지만 지금은 그 생각이 완전히 뒤집혔다. AI가 만든 이미지와 영상이 영화계를 넘어 광고계까지 장악하고 있다. 심지어 'AI 슈퍼바이저'라는 새로운 직업까지 등장했다.

현재 생성형 AI 소프트웨어는 수천 가지에 달한다. 매일 새로운 도구들이 쏟아져 나오고 있어 정확한 집계조차 어렵다. 예전에 미드저니가 손가락을 제대로 그리지 못하거나 한국인 특징을 잘 표현하지 못했던 한계 등은 이제 과거가 됐다. 박 교수는 2025년 4월을 기준으로 뭔가를 표현하고 싶은데 표현하지 못하는 어려움은 대부분 없어졌다고 설명한다.

AI 기술이 예술계에 가져온 가장 큰 변화는 진입장벽의 파괴다. 예전에는 화가가 되려면 최소한 그림을 그릴 줄은 알아야 했다. 하지만 이제는 예술을 전공하지 않은 사람도, 예술과 전혀 관계없는 삶을 살아온 사람도 문화예술 콘텐츠를 생성할 수 있다.

하지만 이것이 예술을 쉽게 만든다는 뜻은 아니다. "진입장벽이 낮아졌다고 해서 쉽게 보시는 분들이 있는데, 감동을 불러일으킬 수 있는 작품의 퀄리티를 뽑는 데는 굉장히 오랜 시간이 걸립니다."

박 교수가 강조하는 것은 접근성이 아니라 지속 가능성이다. 누구나 시작할 수 있지만, 양질의 콘텐츠를 지속적으로 생산할 수 있는가가 진짜 관건이다.

새로운 기술의 등장은 언제나 기존 질서와의 충돌을 부른다. AI 기술에 대해 심한 거부감을 가진 예술가도 적지 않다. 박 교수는 이를 산업혁명 시기 기계를 파괴하며 일자리를 지키려 한 '러다이트 운동'과 비교한다. 실제 작업해 온 노하우와 경험이 있으니 당연히 반발할 수 있다는 것이다.

여기서 또 하나의 걱정은 저작권이다. 예술가들의 작품이 AI에 의해 무분별하게 학습되는 것은 아닌지 우려한다. 스튜디오 지브리가 자신들의 순수 손그림 화풍을 자랑스러워하는 것처럼, 전통 예술가들은 자신만의 색을 중시한다. 이러한 창작권과 저작권은 단순한 법적 문제를 넘어서는 예술적 정체성의 문제다.

AI 아트에 대한 대중의 반응도 극명하게 갈린다. 한쪽에서는 단순히 마우스 클릭의 결과물로 치부하는 반면, 다른 쪽에서는 작품 속 메시지를 진지하게 받아들인다. 박 교수는 예술의 역사를 보면 신기술에 대한 혼란은 언제나 있었다고 말한다. 영화라는 기술이 처음 나왔을 때 영화감독이라는 직업이 없었던 것처럼, 기술이 발전하고 대중화되면 새로운 직업이 생길 것이다.

박은지 교수가 내다보는 미래의 예술은 현재와는 차원이 다르다. 지금까지 예술은 주로 시각과 청각에 의존해 왔다. 하지만 그는 브레인-컴퓨터 인터페이스(BCI) 같은 신기술들이 발전하면 완전히 새로운 세계가 열릴 거로 예측한다. 후각·미각·촉각 등의 감각 데이터가 쌓이고 AI가 그것을 학습하면, 작품을 직접 만져보고 향기를 맡을 수 있는 시대가 온다는 것이다.

더 나아가 그는 피지컬 AI, 즉 물리적 신체를 가진 AI에 주목하고 있다. 신체를 가진 AI가 대중화된다는 것은 새로운 인류가 만들어지는 것이나 다름없다는 게 그의 의견이다.

변화의 물결 앞에서 우리는 어떤 자세를 취해야 할까? "거스를 수 없는

위 박은지 서울벤처대학원대학교 교수의 〈고아하고 다사롭게1〉
아래 박은지 서울벤처대학원대학교 교수의 〈꽃과 새와 우주와 우리1〉

대세에 직면했을 때 하루빨리 받아들이는 것이 이점이 크다"라는 것이 박 교수의 답이다. AI 기술이 발전하면서 일자리를 잃는 사람이 있겠지만, 사라지는 직업만큼 새로 생기는 직업에 대한 수요도 늘어날 것이라고 그는 설명한다.

그가 가장 중요하게 여기는 것은 기술 자체가 아니라 그 너머에 있는 가치다. 과학과 예술이 융합하고 있는 지금, 우리는 휴머니티에 대한 고민을 이어 나가야 한다고 강조한다. 과학 분야든, 예술 분야든, 두 분야의 융합적 관점에서든 인류를 생각하지 않는다면 그것은 해악이 될 수 있다.

과학자들은 본능처럼 기술을 발전시키고, 예술가들은 본능적으로 예술 작품을 만든다. 그러나 이 두 분야가 융합되는 지금, 우리가 잊지 말아야 할 것은 '인류'에 대한 깊은 고민이다. 기술의 파급력이 확대될수록, 그로 인해 울고 웃는 사람들의 양극화는 더 심해질 것이다. 이럴 때 인류를 생각하는 마음이 전개되지 않는다면 해악으로 작용할 것이라는 그의 경고가 무겁게 다가온다.

AI와 예술의 만남이 가져올 미래는 분명 흥미진진하다. 하지만 그 미래가 인류 전체에게 축복이 될지, 아니면 새로운 분열의 씨앗이 될지는 결국 우리의 선택에 달려 있다.

권한슬, 조은산 감독

AI가 바꾼 영화 제작의 판도

"한때 수백만 달러의 예산과 수십 명의 전문가가 필요했던 우주 배경이나 화산 폭발 장면들이 이제는 프롬프트 몇 줄로 구현된다."

권한슬 감독의 이 말은 영화계에 불어닥친 변화를 단적으로 보여준다. 스튜디오 프리월루전의 권한슬 감독과 조은산 감독은 2025년 2월 프랑스 파리에서 열린 'AI Artists 展: 미래의 결, 한국성'에 AI로 제작한 단편 영화들을 출품했다. 두 감독이 AI 기술에 주목한 이유는 명확하다. 기존 독립영화 제작에서 마주했던 현실적 한계 때문이다.

조은산 감독은 〈스타워즈〉 같은 거대한 작품을 만들고 싶어서 영화를 전공했지만, 짧은 단편 영화 하나를 찍는 것만으로도 너무나 많은 돈과 시간, 인력이 필요했다고 고백한다. 권한슬 감독 역시 판타지나 공포 장르를 선호하지만, 컴퓨터그래픽 예산의 한계로 표현에 제약이 많았다고 말한다.

현재 두 감독이 활용하는 핵심 기술은 '이미지투비디오(Image to Video)'다. 프롬프트로 만든 이미지를 비디오로 전환하는 이 기술을 통해 영상 클립들을 제작하고, 이를 편집해 최종 결과물을 완성한다.

발전 속도는 놀랍다. 조은산 감독은 "기존에는 개인 창작자들의 놀거리나 아이디어 시안 정도였지만, 최근에는 최종 결과물로 사용해도 어색하지 않을 만큼 퀄리티가 향상됐다"라고 설명한다. 실제로 권한슬 감독의 5분 23초 작품 〈멸망의 시〉는 5명이 2~3주 만에 완성했다. 기존 방식이라면 1년 이상 걸렸을 작업이다.

그렇다면 AI로 인해 영화계 진입장벽이 낮아질까? 두 감독의 시각은 다르다. 권한슬 감독은 회의적이다. DSLR을 구매해 영화를 만드는 일과 봉준호, 박찬욱 감독처럼 대작 영화를 만드는 일이 다르듯이, 전문성이 요구되는 영역에 대한 허들은 여전할 것이라고 본다.

반면 조은산 감독은 낙관적이다. 기술적 장벽이 낮아짐으로써 기획력, 연출력 등이 더 돋보이는 기회가 되고 있다고 평가한다. 연출과 기획력은 충분하지만, 기술력과 기회가 부족했던 새로운 창작자들이 주목받을 것으로 본다.

흥미로운 것은 대중의 반응이다. 조은산 감독에 따르면 관객들의 반응은 극명하게 갈린다. AI에 관심 있는 사람들은 제작 과정에 호기심을 보이지만, 그렇지 않은 사람들은 큰 관심이 없다고 한다. 특히 일반 관객들에게 AI 작품은 다소 어색하고 완성도가 떨어지는 작품일 뿐이라는 분석이다.

권한슬 감독의 〈멸망의 시 POEM of DOOM〉

조은산 감독의 〈아버지의 책 Tales Untold〉

두 감독 모두 AI 기술의 한계를 인정한다. 권한슬 감독은 미세한 조정이 힘들어 현재 수준에서 상업적인 장편 영화를 만들기는 어렵다고 토로한다. 조은산 감독은 AI에 모든 작업 과정을 일임해야 하는 점이 큰 단점이라고 지적한다. 현재 수준에선 AI 기능을 완벽히 조작할 수 없어 아티스트들이 자신만의 상상력을 작품에 고스란히 담아낼 수 없다는 것이다. 특히 창작 자체의 즐거움이 훼손되는 박탈감에 대한 그의 언급은 AI 시대 창작자들이 직면한 새로운 고민을 보여준다.

미래 전망에서 두 감독의 의견은 비슷하다. 권한슬 감독은 실사나 CG와 구분이 힘들 정도의 퀄리티가 나올 것으로 예측한다. 조은산 감독은 현재 가장 큰 문제인 캐릭터의 일관성 확보와 조작성 부족이 1~2년 안에 해결될 것으로 전망한다.

5년 후에 대한 전망은 더 급진적이다. 권한슬 감독은 장편 영화를 전부 AI로 만들 수 있을 것이며, 제작뿐만 아니라 배급까지 가능할 것이라고 본다. 조은산 감독은 단 하나의 툴로 모든 작업을 손쉽게 하고, 대화 형태로 모든 것을 조작하는 방식으로 사용성이 크게 개선될 것으로 예상한다.

그렇다면 AI 시대 창작자는 어떤 자세를 가져야 할까?

권한슬 감독의 조언은 명확하다. "AI 창작자들은 그런 기술들에 매몰되지 말고 창작의 본질을 지키는 것이 더욱 중요하다. 기술의 흐름을 인지하고 활용할 줄 알아야 하지만, 기술에 매몰되면 그 기술이 도태될 때 같이 도태될 수 있다."

조은산 감독도 비슷한 맥락에서 "AI 영화감독이 아닌, 그냥 재미있고 감동적인 작품을 만드는 창작자로서 인정받는 날이 오기를 고대한다"라고 말했다.

AI 기술은 더 많은 사람들에게 창작의 기회를 제공하는 도구다. 조은산 감독의 작품 〈아버지의 책〉이 보여주듯, 기존에는 아무도 주목하지 않았던 이야기를 주목할 만한 영화로 만들 수 있는 것이 AI의 진정한 가치다.

권한슬 감독이 대표로 있는 스튜디오 프리윌루전이 운영하는 'AI-카이브' 플랫폼을 통해 AI 기술과 튜토리얼을 무료로 배포하는 이유도 여기에 있다. 미래에는 현재 우리가 스마트폰을 사용하듯이 AI가 우리 일상에 스며들 수 있기 때문이다.

기술은 발전하고, 창작의 문턱은 낮아지고 있다. 하지만 여전히 '무엇을 말할 것인가'는 창작자의 영원한 숙제다. AI는 그저 그 이야기를 더 자유롭고 아름답게 펼칠 수 있는 새로운 붓일 뿐이다.

현직 AI 아티스트 이야기

AI 아티스트 8명의
남다른 이야기

'AI Artists 展: 미래의 결, 한국성'에 참가한 아티스트들은 단순히 기술을 활용하는 것을 넘어, AI와 함께 새로운 예술의 길을 개척하고 있었다. 그중 8명의 아티스트와 나눈 대화에서 발견한 것이 있다. 바로 AI가 도구를 넘어 진정한 창작 파트너로 자리 잡아간다는 현실이다. 이들의 목소리를 통해 예술계의 현재를 마주하고 미래를 들여다보자.

Q. 처음 AI를 접했을 때 어땠나?

루다 작가 "항상 새로운 시각적 언어를 찾고 발전시키는 과정에서 우연히 생성형 AI를 만났다. 마치 오랜 창작의 동반자를 만난 느낌이었다."

김땡땡 작가 "'늘 보이지 않는 것들'을 시각화하는 데 관심이 있었지만, 직접 표현하는 데 한계를 느끼고 있었다. AI는 내가 원했던 작업을 도와주는 이상적인 협력자이자 훌륭한 파트너로 다가왔다."

혜서늬 작가 "다양한 문화·예술 행보를 콘텐츠화해 무한 공유할 수 있을 뿐 아니라 다양한 변주와 획기적인 창조까지 가능했다. AI 기술은 새로운 시대를 관통하는 사회적인 메신저 역할을 할 것으로 생각한다."

킵콴 작가 "직장인으로 재직 당시 미래 먹거리를 발굴하던 중 AI가 미래 먹거리라는 것을 '증명'하기 위해 이미지 생성형 AI를 사용해 봤다. 당시에 엄청난 충격을 받았고, 이것이라면 미래를 바꿀 게임체인저가 되리라 확신하게 되었다."

Q. AI, 만나보니 어땠나? 느낀 점이 있다면?

최돈현 작가 "이미지 생성 분야에서는 미드저니, 달리, 크레아(Krea), 플럭스(Flux), 스테이블 디퓨전 같은 도구들이 예술가의 텍스트 프롬프트만으로도 복잡한 시각적 작품을 만들어낸다. 영상 분야에서는 Gen3, 생성형 AI 기술이 비디오 합성, 편집, 특수효과 제작에 혁명을 가져왔다고 느꼈다."

김미라 작가 "그림 그리기와 글쓰기에 깊은 애착이 있지만, 이 작업에 생각보다 많은 시간과 노력이 필요했다. 지난 2022년에 생성형 AI 기술이 등장했고, 이미지 AI 툴 미드저니를 통해 이미지를 생성하면서 새로운 가능성에 눈 뜨게 되었다."

엘리사 작가 "AI 예술 분야의 큰 특징 중 하나는 장르의 경계가 허물어졌다는 점을 꼽을 수 있다. 회화를 하는 사람은 화가로 불렸고, 영화를 만들면 감독으로 불렸다. AI 기술은 창작자의 정체성을 더 유연하게 만들고 있다."

김땡땡 작가 "과거에는 불가능했던 창작 스케일과 상상력의 한계를, AI를 활용해 뛰어넘을 수 있었다. 인간이 직접 표현하기 어려웠던 시각적·감정적 표현을 훨씬 자유롭고 효율적으로 시도할 수 있게 해줬다."

Q. AI가 예술계에 미칠 영향은 긍정적일까?

최세훈 작가 "AI가 보급되기 전에는 재능이나 교육에 따라 상상을 표현하는 데 한계가 있었다. AI 기술의 발전으로 표현의 장벽은 낮아지고, 더 많은 사람이 자신만의 창작을 시도할 수 있게 되었다."

엘리사 작가 "긍정적인 측면은 AI를 활용하면 누구나 예술적인 작품을 제작할 수 있어서 예술의 저변 확대가 가능하다는 것이다. 부정적인 측면은 기존 예술계와 갈등 구조가 생길 것으로 예측된다. 저작권 문제가 그 예다."

루다 작가 "표현의 다양성을 확장하는 점에서는 긍정적이라고 생각한다. 특히 창의적인 아이디어를 빠르게 다양한 방식으로 시도해 볼 수 있다는 점에서 예술 시장 역시 더 역동적으로 변할 것으로 기대된다."

최돈현 작가 "AI는 예술가가 전달하려는 메시지와 감정을 시간과 공간의 제약 없이 표현할 수 있는 도구를 제공한다. 짧은 시간 안에 다양한 시각적 아이디어를 실험해 볼 수 있고, 관객 역시 작품을 통해 더 깊이 있는 경험을 할 수 있게 된다."

Q. AI는 만능이 아니다. 마주친 한계점은?

루다 작가 "이미지에 담기는 정서적 밀도나 맥락에 따른 섬세한 표현에는 창작자의 개입이 꼭 필요하다는 한계가 보인다. AI는 표현의 가능성을 확장해 주는 도구일 뿐, 그 방향성과 메시지를 설계하는 주체는 결국 사람이다."

김미라 작가 "가장 두드러진 것은 AI가 생성하는 콘텐츠를 예측하는 게 불가능하고, 일관성을 유지하기 어렵다는 점이다. 같은 인물이나 배경을 연속된 장면에서 일관되게 표현하려면 상당히 정교한 프롬프트 작업과 수정 과정이 필요했다."

Q. 5년 후 AI는 어떻게 발전해 나갈까?

김땡땡 작가 "5년 후 AI는 도구를 넘어서 실질적인 공동 창작자로서 자리 잡을 것으로 생각한다. 만약 정말로 공동 창작자로서 역할을 다한다면 엔딩크레딧에서 AI 모델이 인간 창작자와 나란히 이름을 올리는 게 어색하지 않을 것이다."

최돈현 작가 "5년 후에는 AI가 단순 보조를 넘어, 창작 과정에서 인간과 함께 '자율적 협업자'로 기능하게 되지 않을까 싶다. 예컨대 스토리텔링, 음악, 인터랙티브 디자인까지 AI가 초기 기획부터 참여하고, 크리에이터는 더 높은 차원의 창의적 결정에 집중할 수 있을 것이다."

킵콴 작가 "5년 후를 상상해 보면 시·청각을 넘어 인간의 오감을 모두 생성할 수 있는 시대가 될 것으로 생각한다. 그렇게 된다면 우리는 영화를 보는 게 아니라 창작자가 창조한 세계 속에서 실제로 살아갈 수 있을 것 같다."

Q. AI 시대가 도래했다. 인간 창작자의 역할은?

킵콴 작가 "1~2년 후에는 어지간한 표현은 다 가능하겠다 싶을 정도로 기술은 계속해서 발전하고 있다. 그래서 점점 더 중요해지는 건 인간 창작자 그 자체가 아닐까 싶다. 창작자의 기획과 철학, 세계관의 중요성이 더 커지고, AI가 할 수 없는 감정적인 부분을 프레임 안에서 어떻게 구성하느냐가 더 중요해질 것이다."

루다 작가 "인공지능(AI)은 미래를 바꾸고 있지만, 그 중심에는 언제나 '사람'이 있다. 아무리 기술이 발전해도 결국 기본은 인간의 감정과 경험에서 출발하기 때문이다. 앞으로도 AI라는 새로운 언어를 통해 예술의 경계를 넓히고, 다양한 시도와 실험을 이어 나갈 것이다."

김땡땡 작가 "AI를 단순 도구로 생각하지는 않지만, 창작의 진정한 힘과 책임은 여전히 인간에게 있다고 생각한다. AI 창작의 시대가 열렸음에도 '우리는 무엇을 표현하고, 왜 그것을 표현하는가'라는 본질적인 질문을 잊지 말아야 한다."

혜서늬 작가 "AI 작가로서 내 목표는 실버세대 AI 작가의 저변 확대다. 실버세대는 AI 작가적 역량을 갖추기에 적합한 요소가 많다. 그들이 살아온 시대의 다양성과 다채로운 경험은 그 자체만으로도 소재가 될 수 있고, 작품 활동을 통해 노년의 삶에 정신적 풍요로움을 더 할 수 있다."

Q. AI 예술가로선 개척자라고 할 수 있다. 강조하고 싶은 말이 있다면?

최세훈 작가 "AI가 빠른 속도로 발전하는 지금 기술의 태풍에 휩쓸리지 말아야 한다. 내가 세상에 던지고 싶은 이야기를 찾아내고 놀라운 기술과 협업해 자신의 방식으로 현실화하는 게 중요하다."

최돈현 작가 "AI는 단순한 '기술의 발전'이 아니라 '진화의 발견'이라고 표현하고 싶다. AI를 활용하면 우리가 얻은 통찰은 새로운 차원의 아이디어를 여는 열쇠가 된다."

김미라 작가 "AI 예술의 미래는 다양한 분야의 협업에 달려 있다고 생각한다. 기술개발자, 예술가, 역사학자, 윤리학자 등 여러 분야의 전문가들이 함께 대화하며 AI 예술의 방향성을 모색해야 한다."

엘리사 작가 "패스트푸드가 처음 등장했을 때, 사람들은 그것을 단순히 '싸고 빠른 음식'으로만 보지 않았다. 그것은 그 시대의 속도와 리듬, 생활방식이 만들어낸 새로운 '먹는 방식'이었다. 예술도 마찬가지다. AI로 만든 예술은 단순히 '빠르게 만든 예술'이 아니다. 중요한 것은 기술이 아니라, 그 짧은 접촉 속에 얼마나 많은 진짜 이야기를 담아낼 수 있느냐다."

이들과의 대화에서 발견한 것은 굉장히 흥미롭다. 지금은 AI가 단순한 도구로 쓰이지만, 미래에는 창작 파트너로 진화할 것이라는 전망이다. 이들은 기술의 한계를 인정하면서도, 그 가능성에 대해 끊임없이 고민하고 있었다.

결국 AI 시대의 예술은 기술과 인간이 조화롭게 협력하는 새로운 창작의 패러다임을 제시한다. 이 아티스트들이 보여주는 것은 단순히 새로운 도구를 사용하는 것이 아니라, 기술을 통해 인간의 창의성을 더욱 확장하는 것이다.

미래의 예술은 어떤 모습일까? 이들의 이야기를 통해 한 가지는 분명해졌다. 기술이 아무리 발전해도, 예술의 중심에는 여전히 인간의 감정과 이야기가 있을 것이라는 점이다. AI는 그 이야기를 더 풍부하고 다양하게 표현하게 해주는 새로운 언어일 뿐이다.

최돈현 작가
〈아빠와 아들〉

킵콴 작가
〈일월오봉도〉

루다 작가
〈공허한 메아리 Empty Echo〉

혜서늬 작가
FOOD VARIATION Series 중
〈음식 변주 - 달리에게 헌정하는
복숭아케이크〉

엘리사 작가
Portrait of Korean Food Series 중
〈한국음식들의 초상 - 빙수의 초상화〉

김미라 작가
〈머나먼 여정 A Long Journey〉 섬네일

김땡땡 작가
〈에그 EGG〉 섬네일

최세훈 작가
〈한국전통건축 광화문〉

『THE AI가 묻고 미래가 답하다』를 함께 만든
75인의 동행자를 소개합니다.

PART 1
AI 현재와 미래

디팍 싱
AWS 개발자 에이전트 및
경험 부문 부사장

존 쿠세라
세일즈포스 제품관리 수석부사장

세바스찬 슈뢰텔
유아이패스 제품총괄 부사장

김민현
커먼컴퓨터 대표

김기응
국가AI연구거점센터장

제임스 데이비슨
테라다인로보틱스 CAIO

마니쉬 쿠마
다쏘시스템 솔리드웍스 CEO

장병탁
서울대 AI 연구원장

강경태
한양대에리카 교수

고민삼
한양대에리카 교수

김용재
위로보틱스 대표

최정규
LG AI연구원 랩장

김동환
포티투마루 대표

이민아
시카고대 교수

이성환
고려대 교수

박규병
튜닙 대표

박승재
인텔코리아 상무

PART 2
AI 준비 (AI와 동행 방안)

이준석
국회의원

이해민
국회의원

조경현
뉴욕대 교수

토비 월시
뉴사우스웨일스대 교수

가브리엘레 마치니
MIT 박사

주 샤오민
퉁지대 교수

김명주
AI안전연구소장

박지환
씽크포비엘 대표

탄운셍
난양기술대 교수

김봉제
서울교대 교수

정제영
KERIS 원장

이지형
성균관대 교수

김종원
GIST AI대학원장

조민성
인텔코리아 이사

이상현
성균관대 교수

최수혁
어드밴텍 부사장

PART 3
AX (AI로 변하는 산업)

서영주
포항공대 교수

정운성
다쏘시스템코리아 대표

지앙 파올로 바씨
다쏘시스템
고객 경험 부문 수석부사장

윤성호
마키나락스 대표

오병준
지멘스DISW 한국지사장

채교문
슈나이더일렉트릭코리아
본부장

권오혁
로크웰오토메이션코리아
부문장

마크 스토에즈
GE헬스케어 인터내셔널
엔터프라이즈 솔루션 부문 사장

진공용
전북대 교수

노영균
한양대 교수

주성훈
뷰노 CTO

박영용
제이앤피메디 CTO

알렉산더 어반
스탠퍼드대 교수

이승빈
마크로젠 CSO

송길태
부산대 교수

유재준
울산과기대 교수

김지향
분당차병원 난임센터장

김승일
모두의연구소 대표

현준우
아이스크림미디어 대표

김재원
엘리스그룹 대표

이강민
데이원컴퍼니 대표

유용원
국회의원

심병섭
KAI 개발팀장

서상덕
S2W 대표

남대식
인하대 교수

최봉준
HD현대마린솔루션 상무

이한빈
서울로보틱스 대표

성제훈
경기도농업기술원장

김영국
충남대 교수

안창욱
GIST 교수

이재성
중앙대 교수

박은지
서울벤처대 교수

권한슬
영화감독

조은산
영화감독

루다
작가

김땡땡
작가

혜서늬
작가

킵콴
작가

최돈현
작가

김미라
작가

엘리사
작가

최세훈
작가

THE AI가 묻고 미래가 답하다

2025년 6월 24일 초판 1쇄 인쇄
2025년 7월 1일 초판 1쇄 발행

지은이 | 김동원, 구아현, 유덕규
기획 | 황민수
펴낸이 | 이종춘
펴낸곳 | (주)첨단

주소 | 서울시 마포구 양화로 127 (서교동) 첨단빌딩 3층
전화 | 02-338-9151
팩스 | 02-338-9155
인터넷 홈페이지 | www.goldenowl.co.kr
출판등록 | 2000년 2월 15일 제2000-000035호

본부장 | 홍종훈
편집 | 문다해
교정 | 주경숙
표지 디자인 | 유어텍스트
본문 디자인 | 조수빈
전략마케팅 | 구본철, 차정욱, 오영일, 나진호, 강호묵
온라인 홍보마케팅 | 이지영
제작 | 김유석
경영지원 | 이금선, 최미숙

ISBN 978-89-6030-649-3 13320

- BM 황금부엉이는 (주)첨단의 단행본 출판 브랜드입니다.

- 값은 뒤표지에 있습니다. 잘못된 책은 구입하신 서점에서 바꾸어 드립니다.
- 이 책에 나오는 표현, 수식, 법령, 세법, 행정 절차, 예측 등은 오류가 있을 수 있습니다. 저자와 출판사는 책의 내용에 대한 민/형사상 책임을 지지 않습니다.
- 이 책은 신저작권법에 의거해 한국 내에서 보호를 받는 저작물이므로 무단 전재 및 복제를 금합니다.

황금부엉이에서 출간하고 싶은 원고가 있으신가요? 생각해보신 책의 제목(가제), 내용에 대한 소개, 간단한 자기소개, 연락처를 book@goldenowl.co.kr 메일로 보내주세요. 집필하신 원고가 있다면 원고의 일부 또는 전체를 함께 보내주시면 더욱 좋습니다. 책의 집필이 아닌 기획안을 제안해주셔도 좋습니다. 보내주신 분이 저 자신이라는 마음으로 정성을 다해 검토하겠습니다.